新编儒林典要

慈湖家記

［宋］杨简 撰

尚之煜 宋紫真 导读 整理

图书在版编目(CIP)数据

慈湖家记 / (宋) 杨简撰; 尚之煜, 宋紫真导读、整理. —上海: 上海古籍出版社, 2023.1
(新编儒林典要)
ISBN 978-7-5732-0548-3

Ⅰ.①慈… Ⅱ.①杨… ②尚… ③宋… Ⅲ.①杂著—中国—宋代 Ⅳ.①Z429.44

中国版本图书馆 CIP 数据核字(2022)第 216584 号

新编儒林典要
慈湖家记

[宋] 杨简 撰
尚之煜 宋紫真 导读、整理

上海古籍出版社出版发行
(上海市闵行区号景路 159 弄 1-5 号 A 座 5F 邮政编码 201101)
(1) 网址: www.guji.com.cn
(2) E-mail: guji1@guji.com.cn
(3) 易文网网址: www.ewen.co

印刷 苏州市越洋印刷有限公司
开本 890×1240 1/32
印张 13.875 插页 5 字数 205,000
印数 1—1,800
版次 2023 年 1 月第 1 版
2023 年 1 月第 1 次印刷
ISBN 978-7-5732-0548-3/B·1294
定价: 69.00 元

目 录

丛书序：以工夫的眼光重看经典

时至今日，伴随外部环境的大动荡，时代精神正发生转折；风气的变化随处可见，比如电影和文学，从现实主义占主流到科幻、奇幻、仙幻之类持续风行。“由实转虚”所表征的其实是由外转内，不满足于物质的平面的生活，转而寻求立体的生命体验，寻求超越的精神之路。“举头望明月，低头思故乡”，我们周围弥漫的复古风，来自对古人生活的好奇和向往，更根本的原因则是对于曾经的立体丰富的生命生活的追怀。它在每个人内心涌动，起初并不自觉，更进一步，就有了追究生命精神来源的需求，这是我们今天重读经典的根本动力。

一、经典的本义

文化的核心是经典，因为经典蕴含着文化的根本精神和核心内容。此当无疑义。但什么是根本，什么是核心，每个人的认识可能不同，因此，各个时代对经典的认识（也就是那个时代的主流认知）也可能不同，有时候还会差异很大。在此意义上说，学问确有古今之别。换言之，古今学问变异的原因不在于学科的分类或使用工具的变化，而来自对经典的认识不同。

具体说来，不同时代对于经典的认知不同，有两种情况：一是对哪些书属于经典的认定有差别；比如儒家经典从“五经”到“四书五经”再到“十三经”，是经典范围的扩大。二是对经典的解释的差异，比如对于权威注疏的认定发生改变；举一个典型的例子，朱熹《四书章句集注》在成书的年代连同作者一起被排挤打击，后来地位逐步上升，到了明代则被定为官方意识形态的标准解释。

从古今之别的视野来看，首先是第一种情况，经典的范围明显扩大了，主要是将自然科学和社会科学的重要著作划入经典，同时人文经典的数量也有所扩充。而传统意义上的经典，虽然受重视的程度有所下降或起伏摇摆，但依然不可替代。这里透露出的信息是人类生活空间的扩张，以及重心的转移，其与第二种情况的古今变化紧密相连，而不若后者之深切著明，此不赘论。

就第二种情况的古今之别而言，二十世纪以来对经典的解释发生了巨大的变化。近人程树德曾说："今人以求知识为学，古人则以修身为学。"这句话见于程先生撰于1940年代的《论语集释》，概括了古今对经典的不同理解，推扩一层，实则是古今之学的本质性差异。

以下就以《论语》为例，来看看经典解释的古今变异。朱熹的《论语集注》的权威地位，伴随着科举考试教科书的身份一直延续到清末；1905年废除科举之后，随同读经在教育系统中的弱化乃至取消，该书地位则持续走低乃至被彻底抛弃。及至今日，朱注重新被学界重视，但是以它为代表的经典解释并未回到原先的主流地位。当今在读书界影响最大的《论语》解读，以杨伯峻《论语译注》和李零《丧家狗》为代表；前者以其浅显易懂，译文流畅，在普通爱好者中流行数十年，且被作为文科学生的入门书，后者主要受到相对高阶的知识阶层的青睐。两本书写作形式和读者群体不同，对经典的认识理路却如出一辙。

就如这个书名，《丧家狗》说得直白，就是要去神圣化，还孔子“知识分子”的本来面目。杨著《论语译注》比较温和，因形式所限也没有直接阐发自己的见解，但是通过其译注，描画出的孔子也是一个具有人文主义精神的“知识人”形象。不消说，杨李心目中的孔子都是以他们这一两代知识分子的形象为蓝本的。不能说孔子身上没有这些因素，但以这个整体形象比附孔子，则不啻天壤。这背后的根源是现代性的问题，彻底追溯分析不是本文的任务，简言之，现代人是扁平化的生命，生命应有的丰富层次和可能达到的高度被“二维化”了，物质性生活和头脑性知识是此扁平化人生的表征；现代知识人超出普通人的主要是“量”的增加（知识、专业技能或逻辑思维能力的增加），而非“质”的变化（生命的净化提纯）或“性”的改变（生命层次的提升）。古代文化人（不论中西）以追求精神境界的提升为人生目的，其间或许有层次的差别，比如立足人间的君子贤圣，立足出世的得道证果，其共同点是生命的净化和高度层级的提升，而此质和性的跃升需要付出持续的努力乃至毕生的精力。

或许有人会说："所谓精神追求我们不是一直都在提倡吗？现代人并未抛弃精神、道德呀。"是的，这些词我们还在用，但是已经偷换了概念。精神、道德的提高，本义是向上的质的提升，而现代人却是在平面上使用这些词，说一个人道德高尚，只不过是说他遵守伦理规范，做事有原则，有正义感等；说一个人有精神追求，不过是说他文化生活丰富，艺术品位较高等。不错，古人的精神、道德也离不开这些内容，但这些内容最多只是提升自我的起点或方式。究其根源，之所以有这种偷换且不自知，是因为截断了这些词背后的天人连接。在人类各民族的上古神话里，都有天人往来交通的描述，后来"绝地天通"，天人之间断绝了直观形象意义上直接往来，但是精神的连通始终保持，作为人类文化的共同根基，并且成为文化基因灌注在每个词语之中。而现代化以来，这种精神的连接逐渐中断了，词语也成了无根漂浮之物。且以"道德"一词为例，略作讨论。

现代语境下的“道德”与古典的道德，并非一回事。就本义而言，“道”是宇宙万物的本体，“德”是道在具体事物中的呈现。道下落到每个事物中，事物各自以其特有的方式呈现道，称为德。因此德一方面与道连通，一方面又是某一事物之为此事物的根据。如果没有德，某一事物就不成为它自己了，因此一个人如果没有德，就不成其为一个人。德对于人来说，是保证他是一个人的根本，并且是由此上通于道的依据（所以孔子说“志于道，据于德”；由德上通于道则需要“修”，称为修身或修道，所以接着说“依于仁，游于艺”，就是修身的方法），因此是人的第一需要。后来把这两个字组成一个词，表达的正是道的根源性和彼此的关联性，所谓天人之际，所谓万物一体，俱在其中。因此，“道德”在传统话语中是最高序列的词，代表人类精神领域的源头，具有神圣性。

现代语境中“道德”的含义，大致对应古代汉语的“德”字的层面，但道的意义已经被弱化甚至切断了，因此“德”也就不是原来意义的德。现代语境中的道德，一般是指为了使人与人和谐相处，或者维系社会秩序而对个人的伦理要求，进而固化为社会行为规范。这里的德不再与道相连，因此也失去了其为人之根本和第一需要的意义，成为一个附加在自然人身上的，因应社会需要而后起的东西；因此，通过个人的道德修养而上通天道、与道合一的途径也湮灭不彰，此之谓“天地闭，贤人隐”。由此可见，现代一般所谓的道德，是实用主义的产物，与古典的道德相比，成了无源之水。

如是，“道德”“精神”“性命”“心灵”“修身”这些词的本义都连通着天道，是故孔子说“下学而上达”，抽离了“天”之维度，亦不成“人文”；如此“天人合一”的人文，才可以“化成天下”（见《易经·贲》彖辞），此之谓“文化”。现代性的弊病在于将立体的上出的精神维度拉低到平面的“量化”的物质和知识层面，从而取消了人通过自我修炼成为“超人”以自我实现这一向度。因此，古今人的特质不妨分别用“知识人”和“文化人”① 来指称。

① 美籍罗马尼亚裔学者伊利亚德（1907—1986）曾创设“宗教人”概念，用以与知识化的现代人相区别，宗教人所指的内涵略同于本文说的“文化人”，都指向精神的丰富和提升；中国传统“文化”观念所涵甚深广，可以包含一般理解的宗教。伊利亚德有很多宗教文化学、神话学的著作，对此问题多有精辟的分析和洞见，可以参阅。

站在古人的立场上，如果历史定格于此，那就不仅是“三千年未有之大变局”，而是“人将不人”。幸好，对于现代性弊端的认识伴随着现代化进程而逐渐深入，由知识人再到文化人的转折已经悄然来临，而且携着科学这件利器的回归，某种意义上可能是更高层面的回归。就如历史上常见的情况，根本性的变化往往先从边缘地带发生，逐渐渗透到主流文化形成风气，再带动底层民众的转变。当今之际，边缘向主流渗透之势已成，但主流仍旧唱着老调，因此这些话虽然也已不新鲜，还是得一说再说①。

传统的经典，不论中外，都是以精神提升为核心的。经典的类型不同，情况亦有所差别。宗教类经典以出世为目标，当然是以精神提升为主的。世间经典，比如儒家类，则精神提升与世俗生活兼

---

① 笔者深知，这样的论述很难使自居现代知识人者信服，所谓“只缘身在此山中”，道理不难懂也不难验证，问题是障蔽已深，自以为是，正坐孟子“自暴”之病，所谓“自以为是，而不可与入尧舜之道”。本丛书的目标读者是对于传统修身之学心向往之，至少是保持开放的心态，愿意倾听内心的声音的人，固步自封者不足与论。

顾，即“内圣外王之道”，但仍然是以自我的精神提升为主导，以精神生活贯通物质、社会生活，此之谓“吾道一以贯之”，“一是皆以修身为本”。具体说来，就是需要按照一定的修养方法，经过积累淬炼而发生质变，达至某种超越凡俗的精神境界。推己及人，又可以分为自我提升、帮助他人两个方面，即学习与教化，自觉和觉他。

仍旧以《论语》为例。《论语》有两个核心关键词，一个是“学”，就是自我精神提升的过程，用宋儒的话说：学是为了“变化气质”，“读《论语》，未读时是此等人，读了后又只是此等人，便是不曾读”（朱熹《论语集注》引程颐语）。另一个词是“君子”，即学的目标：达到一定的精神高度，成为一个真正的人。君子只是一系列境界坐标中的一个，往上还有贤、圣等。“学不可以已”，学习是无止境的，人生就是不断攀升的过程，孔子现身说法，用自己的一生诠释这个过程：“吾十有五而有志于学，三十而立，四十而不惑，五十而知天命，六十而耳顺，七十而从心所欲不逾矩。”孔子孜孜以学，精进不已，以差不多十年一个台阶的速度将生命提升至极高的地位，生动而明确地示现了学习是精神的提升，是质的飞跃，乃至性的改造。但是如果换成现代的知识化的眼光，则会作出另一种解读。

就如《论语》开篇第一章：

> 子曰："学而时习之，不亦说乎？有朋自远方来，不亦乐乎？人不知而不愠，不亦君子乎？"

字面意思很简单，但是如何理解其真实含义，对于现代人却是一个考验。比如第一句，"学而时习之"，很容易想当然地把这里的"学"等同于现代教育的"学习知识"，那么"习"就成了"复习功课"的意思，全句就理解为学习了新知识、新课程，要经常复习它——直到现在，通行的《论语》译注包括中学课本，基本还是这么解释的。但是，我们每天复习功课，真的会快乐吗？

其实这里发生了根本性的理解偏差。古人学习的目的跟现代教育不一样，其根本目的是培养一个人的德行，成就一个人格完满、生命充盈的人，所以《论语》通篇都在讲"学"，却主要不是传授知识，而是在讲做人的道理、成就君子的方法。学习了这些道理和方法，不是为了记忆和考试，而是为了在生活实践中去运用、在运用时去体验，体验到了、内化为生命的一部分才是真正的获得，真正的“得”即生命的充盈，这样才能开显出智慧，才能在生活中运用无穷（所以孟子说：学贵“自得”，自得才能“居之安”“资之深”，才能“取之左右逢其源”）。如此这般的“学习”，即是走出一条提升道德和生命境界的道路，达到一定生命境界的人就称之为君子、圣贤。养成这样的生命境界，是一切学问和事业的根本（因此《大学》说“自天子以至于庶人，壹是皆以修身为本”），这样的修身之学也就是中国文化的根本。

所以，“学而时习之”的“习”，是实践、实习的意思，这句话是说，通过跟从老师或读经典，懂得了做人的道理、成为君子的方法，就要在生活实践中不断（时时）运用和体会，这样不断地实践就会使生命逐渐充实，由于生命的充实，自然会由内心生发喜悦，这种喜悦是生命本身产生的，不是外部给予的，因此说“不亦说（悦）乎”。

接下来，“有朋自远方来，不亦乐乎”，是指志同道合的朋友在一起共学，互相交流切磋，生命的喜悦会因生命间的互动和感应，得到加强并洋溢于外，称之为“乐”。

如果明白了学习是为了完满生命、自我成长，那么自然就明白了为什么会“人不知而不愠”。因为学习并不是为了获得好成绩、找到好工作，或者得到别人的夸奖；由生命本身生发的快乐既然不是外部给予的，当然也是别人夺不走的，那么别人不理解你、不知道你，不会影响到你的快乐，自然也就不会感到郁闷了。

以上的说法并非新创，从南朝皇侃的《论语义疏》到朱熹的《论语集注》，这种解释一直是主流。今天之所以很多人会误解这三句话，是由于对传统文化修身为本的宗旨不了解，先入为主，自觉或不自觉地用了现代观念去“曲解”古人。

二、工夫路径

经典的本义既是如此，那么其内容组成，除了社会层面的推扩应用之外，重点自然是精神提升的路径、方法，实践过程中的经验总结，以及效果境界、勘验的标准等，所有这些，传统上称为“工夫”（或“功夫”）。

能够写成文字的只是工夫的总结和讨论，可称为“工夫论”，对于工夫本身来说，已落入“第二义”。由此可知，工夫论应该以实际的工夫为准的，实际工夫来自个人的亲身体验。经典中的工夫，既然是用来指导后来者的实操指南，那么此工夫就应来自公认的成就者，即被大家和后人认同的具有极高精神境界的人，中国文化称为圣贤。所以对工夫可靠性的认定，来自对成就者境界的认定，而境界的认定又来自于其人展现出的“效验”和“气象”。

或许有人会问，既然精神境界无形无相，古时候那些圣贤是凭什么认定的？对于普通人而言，对于圣贤的认定需要通过间接、逐次的方法和长期的过程。按照精神高度的差别，人可以分成不同的层级，圣人好比在九层楼，贤人在七层，君子在五层，我们普通人在一层。如果在一层的人想要知道某人是否在九层，一个可行的办法是先认定一些在二三层的人，再通过二三层间接认定更高层的人。

二三层人看到的景观虽然与一层有所不同，但是比较接近和类似，比如不远处一所房子还是一所房子，只是小一点；二三层还可以看到更远处一些景物，一层人虽然看不清但也能看到大致的轮廓；因此可以依据一层的经验判断这些人所描述的景象是否真实可信，以此来认定他们是否真的在二三层。待到多认定一些二三层的人，会发现这些二三层的人会共同认定某些五层的人，在一层的人就可以基本相信那些人是君子；君子虽然高出一层人很多，所描述的在五层楼上看到的景观，有些一层人根本不曾见过，但是既然我们认定的二三层人都说那是真的，那么我们也就愿意相信是那样的。同样道理，我们可以逐级向上，通过君子来认定贤人，通过贤人来认定圣人。如此，被很多同代人认定的圣贤，记录了他们的实践经验的著作会流传下去，后面一代代人则主要通过这些著作再来认定（其实认定的途径不限于此，超时空的感应乃至神通在精神实践层面也是重要的方式，此暂不论），这样经历代反复确认过的人就被公认为此文化传统中的圣贤，他们的著作则被确认为经典。地位确立之后，后来的人们也就会以经典，也就是圣贤的言说当作行为和自我提升的指南，佛教中称为“圣言量”。但是从根本上说，圣言量也只是间接经验，对于我们的本心本性而言，还是外在的参考标准，只是我们目前无法获得直接经验，所以需要先“相信”经典。

如果我们只是作为一个凡人生活一生，并不作自我“升级”之想，那么这些经典确实可以在宽泛的意义上指导我们，使我们维持住现有的水平，不至于堕坑落堑，想要达到这个最低目标，需要对经典和往圣先贤有敬畏之心；如果希望自我提升，走君子圣贤的超越之路，那么这些经典记载的圣贤经验更可以给我们指明方向，引领扶持，这同样需要对经典和圣贤有恭敬心和信心。但是，对于后者，对经典和圣贤的“信”就不是一个固定值，而是一个过程，需要在实修过程中逐步验证落实“信”。回到那个比喻，普通人从一层起步攀登之初，就需要树立顶层的目标，同时对于二层乃至顶层的风景有一种想象和向往——此为起初的“信”，来自圣言量，可称为“虚信”——这非常重要，不仅是确立前进的方向，还是攀登的动力。当来到二三层时，一方面原先对二三层的揣测就落实为亲证，一方面对于四五层的风景也有了更进一步的认识，同时信心也就更落实。等我们到达第五层，就实证了君子境界，并且对贤圣境界有了更亲切的体会、更明确的认识；或许终于有一天，登上了第九层，会完全确证经典上的话。——就是这样，一步一步，以自己的体验逐步印证圣贤的经验，将圣贤的经验化为自己的体验；与此同时，也由最初的“虚信”逐步落实到亲证的“实信”，此为“证量”（与“圣言量”相对）。假如不是这样走亲证的道路，只是站在原地凭借头脑意识或想象、或推断，则始终不脱空想窠臼，现代学者多坐此病，佛家谓之“戏论”。当年大程子批评王荆公只如对塔说相轮，不免捕风捉影，而自己则“直入塔中，上寻相轮，辛勤登攀，逦迤而上”，终有亲见相轮之时（《河南程氏遗书》卷一），可谓切肤入髓，惜乎今人多不察也。

圣贤留下不同的经典，路径和方法有别，体现了各人特性、处境的差异，传统称为“根器”“机缘”。修证的第一阶段，需要确定适合自己的路径和导师，过此方可称“入门”。就儒门而言，孔子身后，儒分为八，表征了学问路径的分化；论其大端，向有“传经之儒”和“传心之儒”之分。所谓传心之儒，并非不传经，而是以修身为本，这样在解经传经之时，以工夫体验作为理解和诠释经典依据，如果修证有方，则虽不中亦不远矣。所谓传经之儒，乃以传经为务，其释经亦以理论推导、文字互释为主，传经者如果缺少实证经验（没有自觉用工夫或工夫境界太低），很可能转说转远。如汉儒说经动辄万言，政府立“五经博士”，解经传经成为学官专业；“传心”式微，转为边缘暗流，可以想见。与此同时，经学乃至儒家本身的衰落也就蕴含其中了。如前所述，文化和经典的根本在于个人身心的实践，亦即须有可操作的修持方法，还要有一代代的成就者保证这些方法的效果和传承。因此传经之儒保证不了经典的鲜活性，当传心一脉中断，工夫路径湮没，经典变异成历史资料集之时（喊出“六经皆史”的，必然是儒学衰微的时代——清代主流自称“汉学”自有其学术依据，亦与汉儒同坐其罪），作为学派的儒家即失去了其根基，很容易沦为统治工具。时代精英亦自然汇聚到佛、道门中，所以有“儒门淡泊，收拾不住”的感慨。

这正是宋儒所要解决的问题。汉宋之变，其实质就是回到“传心”的路径上。曾子、子思、孟子一脉，被宋儒拈出，特为表彰，与《大学》《中庸》《孟子》经典地位的确立一道，成为孔门正宗。其背后的原因，前人多有考论，如果从工夫的角度来看则昭然若揭。支撑宋儒的，并非当今哲学史家看重的一套“性命理气”的理论系统的建立，而是找出清晰的工夫路径和可操作的修身方法，其心、性、理、道等名词概念主要是为了说明工夫原理和实践经验[①]，这里当然有佛、道二教的刺激，但宗教间的竞争根本上不是理论的争辩，为了生存，必须找到自己的修行成圣的路径和方法，如果要竞争，也只能从这里竞争，看谁的方法有实效有保证。并且对抗往往先从内部开始，所以有“道

① 这里当然也涉及现代所谓“宇宙生成论”问题，但并非来自理论的兴趣。“天”“道”既是生命的来处，也是工夫的源头，《中庸》首章说得明白：“天命之谓性，率性之谓道，修道之谓教。”“率”“修”已进入工夫领域，下面紧接着就是工夫的具体展开：“道也者，不可须臾离也，可离非道也。是故君子戒慎乎其所不睹，恐惧乎其所不闻。……”此外，“天”“道”还是修行的目标或人之归宿。儒道二家于此大体一致，只是着眼点不同：儒家重起点和此生，故以人道合天道；道教重目标和去处，故多天界神仙之谈。

统”论的建立。韩愈发其先声，谓“轲之死，不得其传焉”，宋儒接着说，其后千有余年，乃有周、程诸子出，直接孔孟之传，其表征的正是“传心”对于“传经”之儒的拨乱反正。

类似情形在佛教内部亦有发生，不妨参照。唐朝初年玄奘法师载誉归来，翻译大量经典，并开创了中国唯识宗，国主僧俗崇信，一时无两。然而二三传之后，唯识宗即迅速衰落，取而代之的，则是密宗（这里指的是从“开元三大士”入唐开始，从玄宗到德宗皇帝尊崇的唐密）和禅宗。唯识宗不论在印度还是中国，其特长在于理论系统的完备深密，与之相应，其修持方法也以深入细密辨析心相为主，高度依赖于学识和思辨力，难于落实到一般人的修持操作上，因而一个直观的结果就是，如玄奘大师这样的成就者太少，后继乏人。修行路上，普通人要付出艰苦长期的努力；其间的动力，除了获得可以感知的“法效”之外，还需要榜样的力量支撑。相较而言，之后的唐密则不仅有完整的修持仪轨可以凭依，几代祖师所显示的功效和神通令皇室心折，数朝奉为国师；禅宗的修证虽以不落文字著称，但其修持路径和方法是清晰的，对于相应的根器而言，依然有章可循便于操作，且其代代相传，皆有明心见性的宗师作为保证。后来密禅二宗亦相继衰落，其根本原因也是在修证方面的后继乏人，传承中断，① 可见宗教（此取其传统和宽泛意义）的根本在修持，修持须有可行的方法和切实的效果。

三、从浑融到精微

宋儒的使命，是从秦汉以来榛芜已久的荒野之中辟出一条路，由凡至圣之路。

说开辟，毋宁说是恢复。因为由凡至圣的途径，至迟在孔子那里，已然清晰呈现了。如前所述，“学”，就是孔子开辟的这条路的宣言——孔子自己示现了从凡夫（“吾少也贱”）自励修学（“吾十有五而有志于学”，“十室之邑，必有忠信

① 唐密衰败之由，主要是外部环境压迫造成的传承中断，其经唐武宗毁佛教、朱元璋禁习密，遂于汉地中绝，所幸唐德宗时传于日本，兴盛千年，民国年间乃得反哺中国，流传至今。禅宗的逐渐衰落，则主要因为随着时代更替学人根器跟不上了，这也是宋明之后禅净合流，乃至净土独盛的内在原因。

如丘者焉，不如丘之好学也”），逐步提升直至贤圣（三十、四十、五十、六十、七十，十年一个台阶，一个新的生命境界）的全过程。孔子自居于“学者”，即终生学习的人，且只问耕耘不问收获：“若圣与仁，则吾岂敢？抑为之不厌，诲人不倦，则可谓云尔已矣。”“为之不厌”，学也，即自觉；“诲人不倦”，教也，即觉他；更深入一层，所谓教学相长，学也是教，教也是学：均是过程中事，不自居于已成。这里既是表示自我态度，也是为后儒立法，效法天道，永远在“学”的过程中，“天行健，君子以自强不息”，是以《易》终于“未济”。

当然这并不妨碍，或许更使得学生及后人推崇孔子为圣。到了汉代，更是由圣而神（倒也并非无据，孟子说“大而化之之谓圣，圣而不可知之之谓神”），被赋予了很多神通异能；更重大的变化是，孔子被认为是天降圣人，不学而能，其使命乃是为后世立法。因此汉儒说经，重经世而轻心性；演绎神异，乃有谶纬。如此一来，孔子示现的成圣之路既不得信重，《论》《孟》、五经里的工夫路径亦湮没不彰。

究实而论，汉儒那里未始没有工夫。高推圣境，敬天祭神，背后是一种虔敬之情，这是从神话时代延续下来的宝贵资源，其本身也可以成为工夫，但是汉儒对此缺乏自觉的意识，则其自我提升的效用亦微矣（类似于宗教中的善信之众与“修士”之别）。与此对照，相信凡人可以成圣，自觉运用工夫以提升自我，这是孔子提炼出来的中国文化中至为宝贵者，这种自信自觉在汉儒那里重归晦昧，是非常可惜的。在此意义上，儒学在汉代是一个曲折。

接下来的魏晋南北朝至唐、五代，对于儒学而言确乎漫长而晦暗，与之对照的是佛、道二教的蓬勃发展。其间正是二教工夫体系的成熟期，唐代佛教各宗相继而兴，大德高僧灿若群星；道教丹道修炼也逐渐系统化，形成自己的特色。宋儒的异军突起，正是在这样的环境里产生的；所谓“礼失求诸野”，一面是自身传统的失落千年引其奋发，一面是二教工夫修炼的丰沃土壤足资滋养。回看宋儒的道统说，以周程直接孟子，体现的既是传心之儒的认祖归宗，更是身心修养工夫的回归以及贤圣可期的自信自强。“问渠哪得清如许，为有源头活水来”，只有在此意义上，儒学才是真正的活的学问。

宋儒重建的工夫系统，立足于对孔颜曾思孟工夫的回溯和整理，同时融入了时代特色。概括言之，先秦道术皆脱胎于上古之巫①，巫术可谓一切工夫的源头。经过孔子提炼的工夫，乃以人的活动为基，在生活中自觉地以人合天；巫的本质是“降神”，即神灵来合人（当然有高级的“神显”和低级的“附体”之分，此不深论），工夫则是人通过自觉的精神修炼以上合天道。但是孔门工夫中，天人、人神的联系仍然紧密，礼、乐、《诗》、《易》中在在可见。礼乐来源于祭祀，而祭祀则是巫的重要领域。作为孔门工夫的“礼”，保留和强调了其

---

① 此“巫”请勿误解，巫字从字形上看其义显豁，乃是沟通天地人的媒介。远古时代，天人往来畅通，后来“绝地天通”（首见于《尚书·吕刑》），天人的沟通就成为一种专职，由具有灵性能力和专门技术的少数人掌握，这个特殊群体称为“巫”，大巫不仅掌握通灵之能和术，也是文化的传承者和氏族王朝的首领。这种情况，在伏羲女娲等远古传说，《山海经》的各种神异记载，乃至《史记》开篇的《五帝本纪》中，仍然可以窥其大略。

中的虔敬之情，比如“祭如在，祭神如神在”[①]。《乐经》虽不传，乐的精神在《诗经》里尚可想见；乐，就是情感的和乐状态，需要在人之“常情”中体验，比如经孔子删述的《诗》三百，以《关雎》的男女之情开始，以“颂”的敬天娱神结束，合乎《中庸》所言“君子之道，造端乎夫妇，及其至也，察乎天地”之序，亦为“情”之工夫次

---

① 这句话现代人往往简单当做比喻而轻忽，孔子的“如”，只是区别于生人肉体的存在，不妨其为具体生动的鬼神之“在”。《中庸》引孔子的话说“鬼神之为德，其盛矣乎；视之而弗见，听之而弗闻，体物而不可遗”，是说鬼神确乎存在，但不能用肉眼见，不能以耳朵听。如何感知呢？“使天下之人，齐明盛服，以承祭祀；洋洋乎，如在其上，如在其左右。”人以诚敬感格鬼（这里是指祖先）神，切实感受其降临身边，此为精神的感通，其工夫的关键是用心用情。下面的一段描写更具体形象：

> 齐（斋）之日：思其居处，思其笑语，思其志意，思其所乐，思其所嗜。齐（斋）三日，乃见其所为齐（斋）者。祭之日：入室，僾然必有见乎其位；周还出户，肃然必有闻乎其容声；出户而听，忾然必有闻乎其叹息之声。（《礼记·祭义》）

“思其居处，思其笑语，思其志意，思其所乐，思其所嗜”，此为工夫。这里的“思”是思念，不是思考，思考用脑，排除情感；思念用心，有情，用回忆不断加强情感的浓度。“见乎其位”“闻乎其容声”“闻乎其叹息之声”，此为效验。此处的见闻，也不是肉眼、耳朵所得，而是心的感通。

第。[①]孔子韦编三绝，作《十翼》，《易》在孔门工夫中之地位可知，而《易》道幽微，处处皆寓天人感应，为下学上达的高阶教程。一言以蔽之，孔门工夫是天人连通、情理交融的，其形态特征是浑融的。

宋儒的工夫特色，也要从其历史环境变化，及其所处的实际生活状态中理解。相较于先秦，中古时期天人关系进一步疏远，日常生活中具体可感的乃是世间鬼神（民间所说的“三界”中，天界高高在上，与人关系紧密的是人间和冥界的鬼神仙灵）。在宋儒那里，一方面对于祖先以外的世间鬼神持一种疏离或排斥的态度，另一方面“天”高悬

① 《史记·孔子世家》中生动记载了孔子学琴的经过：

> 孔子学鼓琴师襄子，十日不进。师襄子曰：“可以益矣。”孔子曰：“丘已习其曲矣，未得其数也。”有间，曰：“已习其数，可以益矣。”孔子曰：“丘未得其志也。”有间，曰：“已习其志，可以益矣。”孔子曰：“丘未得其为人也。”有间，有所穆然深思焉，有所怡然高望而远志焉。曰：“丘得其为人，黯然而黑，几然而长，眼如望羊，如王四国，非文王其谁能为此也！”师襄子辟席再拜，曰：“师盖云《文王操》也。”

以工夫的眼光看，此是通过操琴，逐步澄明自心的过程，“志于道，据于德，依于仁，游于艺”乃孔门工夫论之总纲，此则生动展示了“游于艺”，即由技入道的工夫路径。同时艺乐不离神人之交感，最后文王之相赫然呈现，亦即“以乐通神”的境界。

为遥望的近乎抽象的存在，这既是时代原因造成的天人远离，也体现了宋儒阐发的“理”的特征。这一转化可称为“以理代天”。

上古时代天人的紧密关系，可以从遗典中窥见，经过孔子删述的五经，依然保留了这样的底色。彼时天人之间通过巫而上达下传，通过祭祀卜筮等建立联系，经孔子转化为礼、乐、《诗》、《书》、《易》的工夫，增加了自觉的修身意识，但其工夫注重感应和情，与上古的巫文化仍是血脉相连。感应的基础是“情”，情既是人的自然需求，又可以作为工夫和教化的重要方式，因此有学者依此精神将诗教礼教称为“情教”。宋儒继承了诗、礼的教化传统，但是其中情感的作用明显减弱了，比如朱子解《诗经》，始终有意识地将人情导归于中正平和之理，可说是“以理化情”。

例如，朱子解释《关雎》，延续汉儒之说，认为此诗主旨乃表“后妃之德”。《关雎》所表达的浓郁的男女情爱，因而转变为以德相配的“理性”态度。“求之不得，寤寐思服，悠哉悠哉，辗转反侧”，其心念相继、情思绵绵之态，朱子解释为：“盖此人此德，世不常有，求之不得，则无以配君子而成其内治之美，故其忧思之深，不能自已，至于如此也。”把春草般自然之情思，加了一个曲折，变成了因寻思其德之稀有难得而求配的“忧思”，此“忧思”无疑含有理性成分（甚至有功利的衡量：“配君子而成其内治之美”），与直接发自身心的“情思”已非同一层次（用佛家言，情思属“现量”，忧思则属“比量”）。从朱子的角度来看，《关雎》表达的世俗之情、男女之爱，须拉到后妃之德上去才能符合“经”的地位。然而，《关雎》乃《诗经》开篇第一首，对照于《论语》首章的开宗明义，地位不可不为隆重，以汉儒、朱子的解释，显然不能相应（“后妃之德”乃《毛诗序》之言，郑玄则走得更远，乃至于有后妃另求淑女为妾以配君子之说）。这里表征了不同时代儒家工夫中，情的地位和作用的差异。在孔子那里，作为天人相应的基础的“情”，并非无源之水，其发端恰在于男女之爱情，就如孝亲之“孝”本是“私情”，却为“仁之本”（《论语·学而》：“有子曰：孝弟也者，其为仁之本与！”）。再如《易经》上经讲天道，下经论人道，并有对应关系；上经以乾坤二卦、下经以咸恒二卦开始，即以男女之情对应乾坤之合。抛开男女之情，不惟不近人情，难于实行，恰恰失去了体会天人相应的良机；真切体会男女相爱慕的自然直接，彼此情思的绵绵不绝，将之延伸到慕天爱神，思念相继，这就成为工夫，而且是根本的直接的工夫。就如印度瑜伽修炼的分类，按照《薄伽梵歌》所示，“敬爱瑜伽”直接与神连接，乃是最简易直截的工夫，礼乐《诗》《易》的工夫庶几类之；宋明理学则类似于“智识瑜伽”，其修持工夫是依据“自力”、偏重“理性”（此处借用理性一词，包含了心性和后天意识）的，其形态特征是精微的。

回顾工夫的发展历程，上古巫术的阶段，巫的身份基本是“天选”的，其天生具有通灵的特质，在某个特殊机缘或经过一定的训练，获得“降神”和“出神”的技能①，起到沟通天人、人神的作

① 此类工夫和技能并未消失，而是不同程度和不同形态地保存在三教和民间宗教中，前者除了与感应、加持有内在联系之外，主要体现在民间扶乩等方术以及巫女神汉的那里，演变成仙灵附体，与上古沟通天人的巫已不可同日而语；后者则成为重要的宗教修炼术，比如道教内丹、佛教密宗等都不乏这样的记载，甚至儒家例如王阳明的传记里也有类似的传说。究实而言，出神或神游乃是修炼到某种境界时的自然效用，不是某家某派专有的，区别只在于是否将此作为自觉的工夫或追求的境界。

用。孔门工夫的意义，则是将少数特别人掌握的特殊技能转化为具有普遍意义的，普通人可以学习的，用于提升精神高度的方法。其与巫术的连接在于，一面保留和提炼礼乐仪式及其内涵的情感作为重要工夫手段，一面不刻意追求但也不排斥天、神（灵）在中间的强化作用——与此类超时空存在保持不即不离的态度——不追求，是因为没有特殊机缘的普通人难以获得，反而容易产生副作用；不排斥，是因为此类作用真实存在，且往往会产生奇妙的效果。汉儒则在此意义上有所倒退，即回到了以天和神为中心的，将孔子视为天选和沟通天地的大巫，从而弱化了儒学的工夫内涵，使得孔子开出的“下学而上达”工夫路径晦昧不明。宋儒重新清理出这条以人为本的工夫路径，且在孔子的基础上进一步强调了人人可以学而至圣；因为强化以普通人为基础的路径，则弱化了天和神在工夫意义上的“加持”之力；工夫转移到对心性的高度自觉的精细磨炼（黄宗羲《明儒学案发凡》所谓“牛毛茧丝，无不辨晰”），同时削弱了作为工夫的“情”的地位和作用，以及与天连通的“礼乐”之本义，使得礼成为心性磨炼的辅助手段——所谓“内外加持”工夫之“外”的一面——或者作为社会规范和“戒律”意义上的外在约束。

宋明儒学内部又有理学、心学的分化。相对而言，从大程子到陆象山到王阳明这一路，更注重“心”的感应、灵明作用，因此被称为“心学”。相对于小程子、朱子一路的更理性化、更重礼的外在规范作用，心学则对于诗的情感特性更有感觉，比如大程说《诗》注重“吟咏情性”，“浑不曾章解句释，但优游玩味，吟哦上下，便使人有得处”（《近思录》3.43，3.44），因此其个人气象更接近孔孟浑融和乐，令学人“如沐春风”，与小程之“程门立雪”恰成对照。这里不当只看作个人气质之别，亦体现出工夫路径的差异。

陆王一路可以看成是在宋明范围之内的“传心之儒”，相对而言，程朱一路则更偏于“传经之儒”。如果借用佛家自称“内学”的含义，用内、外来标识学问与心性工夫的紧密程度，“传心之儒”为内，“传经之儒”为外，同时两派之内又可再分内外，图示如下：

心学在一定程度上对理学起到了平衡中和的作用，使其不至于产生大的流弊。但是理学的工夫路

- 孔门
  - 外——传经之儒：子游、子夏，荀子——汉儒
    - 外中外——古文经学：贾逵、马融、许慎等
    - 外中内——今文经学：申培、伏生、董仲舒等
  - 内——传心之儒：颜回、曾子，子思、孟子——宋明儒
    - 内中外——理学：程颐、朱熹等
    - 内中内——心学：程颢、陆九渊、王阳明等

数也是时代背景下大多数人“心理状况”的反映，随着天人远离，心灵能力普遍退化，或者说灵性充足的人变得稀少，人们越来越习惯于运用脑力（理智）。因此心学兴起的内在动因，即是不满于理学之偏于理性和知识（理学可说是心脑参半，在心学看来则是主次不分），将工夫全部收归当下之“心”，虽则其简易直截大受欢迎，但是当心学普及推广时，其困难也就显现了——普通人难以直接切入灵性层面，容易流于意识的模拟想象，其流弊至于认欲为理，猖狂恣肆。这也是阳明后学分歧的根本原因。理学、心学的差异当然与个人气质特点相关，每个人需要找到适合自己的路径，也就决定了会有偏于理或偏于心的选择；同时，在心上用功也需要找到适合自己的抓手，或当下直入，或迂回而进，或寻求辅助，这又在心学内部造成差异和分化。

到了明末清初，心学困境、流弊加上时代风气的外力影响，使得儒学主流逐渐向理学复归，及至清中后期又进一步成为“礼学”；此时的礼教已经基本丧失了孔门工夫中的情和感通的一面，也就失去了“礼意”，而专成为外在约束的、僵化的教条，从而堕落为统治工具，所以才有“五四”时期“吃人的礼教”这样的控诉。这是礼乐精神一步步失落和变异的过程。与此同时，则有清代“汉学”的兴起，认祖归宗于汉代传经之儒（主要是古文经学），此为儒学的知识化。遭此内外夹击的儒家又一次进入低谷。谁曾想，清末以来又遭遇全球现代化的大潮，以内圣工夫为性命的儒学，连同同气连枝的佛道二教一起，被卷入了前所未有的深渊。此为“三千年未有之大变局”之本质①。

---

① 清代儒学虽肌体逐渐衰弱，其能维持生命保持一口真气，仍是靠的宋明儒学的延续，不绝如缕。所谓同治中兴，其根骨乃是曾国藩师友团体以讲学修身相砥砺，带动振刷朝野风气的结果。无奈时代大环境，就心性实践之学而言，已然踏入一个循环中的“坏、空”之相。作为曾门弟子的李鸿章，无疑是对于儒家运命、现代风潮有双重刻骨感受的人，能说出这句直透骨髓的话实在情理之中。这一时段的相关论述，可以参阅拙文《常道与常识：重估梁启超之路》（载《原学》第一辑，复旦大学出版社，2021 年）。

以熊十力、马一浮、梁漱溟为代表的现代新儒家，以及佛教复兴运动，均属文化“返本开新”思潮的一部分，都应看作对此“大变局”的自觉反应。而现代新儒学需要面对的，表面的一层是中国文化怎样应对现代化的冲击，这是容易看到的层面，而且儒家作为传统文化的代表冲在前面。更深一层的问题，则如同上一次新儒学（海外学者习称宋明儒学为“新儒学”）创立之时所面对的，是工夫路径的湮没和人才的旁落，这一层则容易被忽略。现代新儒家因此产生分化，而大部分人包括后来成为主流的熊牟师弟将主要精力放在了儒学哲学化的理论建设，即应对第一层冲击，对自身加以转化，此固有其时代意义，但如果脱离了工夫（修身）之根本，难免陷入当年唯识宗的困境。①

① 现实情况也是如此，熊、牟（宗三）一系新儒家辗转港台之际，声名远播，然而两三传之后，完全学院化，与一般儒学研究者无异。当年余英时与新儒家意见不合，曾有“游魂说”，认为儒家学说是建立在宗族和政治制度之上的，制度不存，魂无所寄；依本文观点，则儒家精神在修身，工夫不存，其病在“失魂”也。关于现代新儒家的分歧和演变，请参阅拙文《熊十力与马一浮——试论现代儒家的两种取向》（载《马一浮研究》，上海古籍出版社，2008 年）。

四、我们今天怎样用工夫

回到自身，处于这样一个天翻地覆的大环境，怎样学习经典的工夫，改造自我的生命，这是我们的时代命运，必须自己解决。就工夫路径而言，所谓“法无高下，对机则宜”，法门无量，而每个“机”都具有特殊性，需要找出适合自己的那一条路。“机”有两个层面，一是个人的根机（根器），二是外在的机缘；“对机”，意谓修行方法既要适合修行者本人的特点，还要适应当下的时空环境，便于实行。基于此，又可将问题分为两步：第一，弄清楚经典提供的不同路径各自的“对机”；第二，认识今天我们自己的“机”，选择相应的道路，并在修行过程中根据具体情况加以调适。

经典和古人所提供的路径是一些个案，我们读书时需要时刻有这个意识，在还原“当机”（所对之“机”）的前提下理解这些工夫路径，也就是孟子说的“知人论世”：知人，即认识此人的根机；论世，即了解他所处的环境。在此前提下，才能充分把握其路径的本质，才能明白此个案对于自己的参考作用；如其不然，就像拿着别人的药方生搬硬套用到自己身上，不得其利反受其害。

于此有一典型事例且对于我们今天用工夫影响甚大者，不能不有所论列，即如何理解宋明儒之“辟佛老”。

此问题的由来，主要关乎在特殊时代环境中建宗立派。如前所述，宋儒怀抱复兴儒学的强烈愿望，又需要在继承中走出一条新路。彼时儒学虽然表面上还占据国家意识形态的地位，内在已然空虚，面对释道两家精神充足、人才辈出的局面，宋儒的心态是峻急的。因为自身发展停滞了，而别家正在鼎盛期，汲取资源，有所借鉴，所谓“礼失求诸野”，是再自然不过的。此为文化发展和交流的常态，本不必讳言，宋儒采取的严分彼我，乃至非难排斥的态度，实际是体现了在夹缝中求生存，须撑开双脚、扩大领地的宗派意识，对此不妨予以同情之理解。立派之初，或自感危亡之时往往而然；历史上佛教内部各宗之论争，例如印度本土的小乘、大乘之争，空、有二宗之争，唐代的天台、华严之争，后来的禅、净之争，性质与此相同。但究实而论，这种情况类似于当今习见的立场先行，其出发点和论辩内容不是、至少不全是来自学理。

如果不涉及宗派势力的考虑，即使辨明两家学问的立足点和目标有别，工夫和境界层面仍然可以互相借鉴资取，最自然的态度是大方承认，公开交流，或者各行其是也未尝不可，本不必大加攻讦。正是有了压制对方、张大己势的需求，特别是宋儒有拿回失去的地盘的心态，才会有峻急乃至极端的言论，比如援引孔子诛少正卯、孟子辟杨墨，极言佛老之危害有如洪水猛兽。孔子曰“听其言观其行”，从最早严厉辟佛的韩愈到朱子，其私下仍多与释子道士相往还，试想如果佛老真的是邪道，韩朱何可如此言行不一；若说拒斥的只是佛老末流，等于说佛老之流弊是人弊而非法弊，且只要是在世间实行，法法皆有流弊，宋明儒自身的流弊，明末清初之士至于痛心疾首。（至于宋儒所非议佛老的种种观点，有的切中时弊，足可为借镜，有的则实属有意无意的曲解，具体分析留待各书“导读”，读者自行判断可矣。）

这种历史境遇造成的立场先行的情况，亦可由宋明儒态度的变化大略考察。如单就工夫路径而论，理学、心学与佛老的远近关系是有差异的（可参考上面的“内外关系图”，心学既然是“内中内”，自然与佛老“内学”关系更近），大体而言，心学的工夫较为浑沦虚灵，包容性较强，对于佛道也有更多的吸取借鉴，理学的工夫形态距离佛禅较远（有一种说法，理学近道，心学近禅；从工夫的角度看，心学确实与禅宗颇多相通和借鉴之处，而理学对于道教的兴趣多见于理论层面，比如朱子注《参同契》《阴符经》而隐讳本名），实际上程朱一系也多持更为严厉的“辟佛”态度。但在两宋期间，心学一系的从大程到象山，即使在工夫上颇多借用，在立场上仍然与理学保持一致，对于佛老“不假辞色”。这种在立场上的一致，恰恰说明了宋儒的“辟佛老”更多是出于开宗立派的需要。

到了明代中期，三教的地位发生了重大变化。儒学一方面经过近五百年的努力重新从工夫层面立定根基，另一方面随着理学成为科举考试的规定内容，确立了作为官方意识形态的地位，佛道二教转而向儒教靠拢，寻求自身的“合法”地位。举一个象征性的例子，万历年间意大利传教士利玛窦来华，先是穿僧服传教，但是很快发现在中国儒教地位远比二教尊贵，就改易儒服，并确立了“补儒易

（取代）佛”的传教策略。随着势力的彼消此长，明儒在此问题上的态度也发生了很大的变化。王阳明虽然仍表达过区分儒佛乃至贬低二氏的说法，但与宋儒相比，已经缓和多了，更像是不便于公开违反此前数百年的习惯，象征性表示一下。[①] 阳明有一个著名的“三间屋子”的比喻，最能表明他的真实态度。有学生问，世间、出世间学问，儒释道是否各占一块。阳明先生说非也，儒学本是贯通世出世间的，只是后儒不肖，把自己限定在世间法，把儒学弄得狭窄和浅薄了，就好比主动割让了左边一间、右边一间给佛道二氏，其实三间屋子都是圣学

① 比如他说佛氏逃了君臣、父子、夫妇的人伦关系，是“着相”，儒者不逃避，反而是不着相，这不但是引用了佛家的观念——着相——而且此说法指向的只是佛教徒出家的形式，仅是延续二程的一个观点：“敢道此（指禅宗《传灯录》）千七百人无一人达者。果有一人见得圣人‘朝闻道夕死可矣’与曾子易箦之理，临死须寻一尺布帛裹头而死，必不肯削发胡服而终。”（《二程遗书》卷一）此仅为二程辟佛言论之皮相者，不难反驳。因为对于佛教修行，出家并非必须的，唐宋以来很多有成就的大居士，且不乏身居高位颇有政绩者，并且，若出家是为了获得相对清静的修行环境，作为一种方便手段虽有其合理性（类似于宋明儒提倡静坐），但并非出家的本义，照大乘的说法，出家乃表明“荷担如来家业”的志愿，以及为了弘法的需要而取得一个“专业”的身份。

本有的。这里是个包容性的说法，只是说你们有的我也有，我可以包含你们的优势，与当初宋儒的口径不可同日而语。并且说："圣人与天地民物同体，儒、佛、老、庄皆吾之用，是之谓大道。"（见钱德洪编《王阳明年谱·嘉靖二年十一月》）此以儒佛老庄并列，同为大道之用，直与《庄子·天下篇》同调矣①。不妨将此视作三教关系转折的一个标志，此后尽管严守三教门户的声音仍时有发生，三教合流作为明清以来中国文化的主要趋势是没有疑义的。

实则这也是中国文化精神的体现，冯友兰用儒家的语言将之概括为"极高明而道中庸"（参见冯氏《中国哲学简史》），用佛教的话说，"畅佛本怀"之究竟指归，其特质是"即世间而出世间"，世俗生活和超世精神圆融为一，称为"一乘"，为佛教究竟圆融的意旨，佛教的发展可以看作是此宗

① 《庄子·天下篇》："是故内圣外王之道，暗而不明，郁而不发，天下之人各为其所欲焉以自为方。悲夫！百家往而不反，必不合矣。后世之学者，不幸不见天地之纯，古人之大体，道术将为天下裂。"——道本是整全合一的，因后世学者不见全体，而各执一方自以为是，才造成了现在的分裂。

旨不断开显的过程（此即《法华经》所开演的“会三归一”之旨）。就儒释道各自的发展而言，三教通过互相激发借鉴，在各自内部不断趋近之或完善表现之；就文化整体而言，至少从唐宋以来，三教融合成为中国文化发展的大趋势（不管是否承认，这样的融合是实际发生的），其内在理路即是不断趋近此真精神。王阳明的“致良知”教法，从儒家内部发展来说相当于儒家的一乘教，就中国文化而言，则可看作三教融合的成果。阳明诗云“不离日用常行外，直造先天未画前”，其特点是每个人就各自职业和身份的方便，在日常生活中随时随地用工夫修炼；佛、道两家的近现代趋势也是在家居士逐渐成为主流乃至起到中流砥柱的作用，都是这种文化精神的体现。

但是融合并不必然取消各自的独立性，三教可以在保持自己宗旨的前提下吸收融合他教因素，同时承认别家的价值和存在意义。这就涉及到“判教”。这个词起源于佛教，随着历史发展，佛教内部宗派林立，互争短长，乃至存在分裂的危险，此时就有人出来，将各宗各派放在同一个系统之中，分别判定其所处位置，理顺彼此的关系，衡量各派的特点及优劣。判教者往往是一派之宗师，以本派为立足点，对本派和他派分别给予定位和评价，而其他派别的宗师也会站在各自的基点上作出不同的判教。诸如历史上发生的天台与华严的判教，彼此争竞，但是站在第三者的立场上看，他们虽然判教不同，在各自的立足点上可以分别成立，不相妨碍，就像密宗之曼荼罗（意译为坛场，表示在功境中观见的诸佛菩萨金刚的空间排列，可铸成立体的土坛，亦可画成圆或方形的图画，以助修行），每一尊都可作为一个中心（本尊），其余诸尊层层围绕，成立一个曼荼罗；无数的曼荼罗各自成立，不相妨碍。

判教的前提是承认其他宗派也有其价值和意义，大家在大方向上是一致的；通过确立彼此的位置关系，可以更好地认识各自的特点，从而扬长避短，利于发展完善。在佛教历史上，判教也正是发挥了这样的正面作用，虽然从表面上看，各派的判教争论激烈，但这是体系内部的竞争，而非你死我活的正邪之争，并且促进了各自的发展和相互的融合。上述阳明“三间屋子”的说法，其实是基于儒的三教之间的“判教”，这样的态度与宋儒特别是理学一系比较，性质已经改变了——由正邪之争变成了高低、偏圆的中国文化内部之争。现代以来，立足于世界文化作出更大范围的新的“判教”尝试的不乏其人，比如太虚、牟宗三就分别以佛、儒立场判教，皆有较大影响。这是因应时代需要，在政教分离、信仰自由、文化交流密切的大环境下——这是现代化带来的便利——求生存意义上的对立争斗已经不是宗教间的主要问题，相反，各宗教、各文化传统在超拔人的精神、丰富人类精神生活这个大方向上是一致的，需要联合起来共同面对时代的困境——现代性的弊病带来的精神的扁平化、环境的恶化等。因此，世界文化范围内的判教是必要的和有效的方法，需要后来者继续拓展和深化。

修行者有各自的选择，可以融合多家，也可以持守单一的法门，但不妨多了解一下别家别派，才能了解自家所处的位置，掌握其特点，扬长避短；如果不顾现实环境，重弹排斥异端的老调，则难免胶柱鼓瑟，误人害己。当今常见的现象，自认为佛教徒的，往往以儒、道为不究竟而轻慢之，佛门修持之精微对治工夫既未学到手（这也与时代有关，精细分析起观的唯识等法门衰落不行，净、禅之门又容易产生粗略简慢之流弊），如能借鉴宋明儒学之反身体察工夫本可大有补益，却因门户之见，不仅不得其益，反助长自身傲慢。以“醇儒”自命者，拾人牙慧以为“吾道自足”，甚者重启理学、心学之衅，狭小其心胸，自绝“上达”之路，终身落于阳明所贬斥的“世儒”“俗儒”（实即孔子所斥之“小人儒”）而不觉。

今天所面对的问题，与宋儒当时相似，需要将失落的修身“旧路径”找出来，在新环境下接着走。这就要求，首先知人论世地了解宋儒的工夫路径，在此基础之上，继承其精神，借鉴其经验，走出适应时代、符合自身特性的新路。与古时相比，今天外部环境的变化可谓天翻地覆，人类文化的融合、科学的发达和思想资源之丰富，是前所未有的，同时人类文明危机、自然环境恶化之深重，也是空前的。与前贤相较，我们须具备更广阔的视野，置身于更完备的坐标系中，找到属于自己的那一条路。换言之，只有胸怀全局，参照他者，才能找准自己的位置；只有准确定位，了解自己，才能广泛借鉴，发生新的融合。

意犹未尽，再多说一句。上古以来，人类的历史似乎是天人逐代远离的过程，与此相应，精神修炼的工夫的也由重他力转向重自力，从浑沦到精微，从天人相应到内观心性。所谓物极必反，当科技走上顶峰，环境急剧恶化，内心危机感极度飙升之际，天人关系或许会再度拉近，此时或有某种消息来临——倾听内心的声音，参照远古的神话，注重情意的浑沦工夫，乃至借助科技的幻化功能，或许可以熔为一炉，迎来千年未有的机缘……

五、从书缘起

十几年前我入职出版社不久，注意到马一浮先生于1940年代主持复性书院期间刊印的“儒林典要”丛书，心有戚戚焉。

其时笔者正经历读书求学的转折期。负笈上海读博，专业从文学转到历史，还旁听了些哲学系的课，脑袋里塞了不少知识概念观点，但是对于中国文化总觉不得其门而入，另外内心深处一直藏着的那个动力——寻求一条精神超越之路——始终在鼓荡。因作博士论文的需要，一边细读阳明和门弟子相关语录，同时读到牟宗三《从陆象山到刘蕺山》，恍然有悟，认识到《传习录》等书本来就是修行工夫手册，正是士君子的上出之路，里面的师徒问答，无非是讨论走在这条路上的经验、疑难和风光。我的困惑迎刃而解，也找到了自己苦苦寻觅的人生方向。按此思路，将四书到宋明儒诸典寻绎一过，无不若合符节，种种疑难涣然冰释。同时从牟宗三上溯熊十力、梁漱溟、马一浮诸家，无不亲切有味。回顾现代新儒家四先生于我之帮助，牟、熊引领我切入儒佛义理系统；梁、马义理阐发各有精到之外，注重工夫实践，更能引发我的共鸣。

有此前缘，当看到马先生“儒林典要”诸书时，萌发一念：与我有类似困惑者当不在少数，推己及人，何不将这套书完整出版，一则为有缘人趋入传统学问提供便利，二则亦可实现马先生未完成的计划。

甫一着手，便发现两个障碍。首先需要确定书目。马先生 1939 年主持复性书院之初即有刻印群籍的计划，“儒林典要”为其中之一，当时正值战乱，典籍不备，计划也不断有所变化，需要在理解马先生思路的基础上根据当今现实需要加以调整。再者，需要为每本书寻找合适的导读者。这套书除了系统地推出宋明儒学著作之外，更重要的是帮助读者回到原典本义，读懂理出工夫理路、方法，并能在生活中实地运用验证，为此需要在书前各增加一个详细的导读，这是本丛书区别于其他整理本的主要特征。然而，以我当时的阅历范围，举目四顾，能当此任者实难其人。只好暂时搁置，自己求师访友之余，此念未尝或离。所谓念念不忘必有回响，多年以后，同道师友圈子却也逐步扩大，亦渐渐颇有愿意襄助此举者。现在终于可以逐步落实此事。

据马一浮先生《复性书院拟先刻诸书简目》（下称《拟目》），列入“儒林典要”初步计划的共有近 40 种（此外另有传记、年谱类六种列入“外编”），其中除少量文集外，大多是宋至清儒代表性的专书（包括语录）。此后马先生还约请与宋明儒学渊源甚深的钟泰先生（钟先生乃号称最后的儒家学派“太谷学派”之重要传人）整理了一份《儒林典要拟收明代诸儒书目》（下称《续拟目》；据钟先生《日录》“1945 年 10 月 7 日”条，言将此“交湛翁酌定”，应为未定稿），共 60 余种，大多为文集。经查考，复性书院当年陆续刻印了“儒林典要”13 种，均为宋明儒自著或经后儒辑注的专书，如周敦颐撰、明儒曹端编注的《太极图说述解》，罗近溪《盱坛直诠》等。寻绎马先生的辑编思路，当以能够代表著者的学问、体现其工夫的专书为主，文集之列入拟目者，盖因缺少该著者现成的专著，或文集本身篇幅不大，取其辑刻方便耳。① 钟泰《续拟目》中，亦言明“文集邑存，而既有专著，求其学不必定于其文者”，则收专著不收文集（钟泰《续拟目》及《目录》见于上海古籍出版社2021年版《钟泰著作集》第5，第2册）。

加之诸儒文集、全集如今多已有整理本出版，现在重新出版这套书，当淡化保存典籍资料之意，更为突出“工夫”之旨，故而本丛书仅取专书，并在确定书目上颇费斟酌：首先在复性书院已刻和拟刻书目中选取专书，又从正、续《拟目》所列文集中抽出重要的语录或专著，并参考马一浮《复性书院讲录》中所列必读书目，综合去取整

① 其中宗师大家则另出全集，而不列入“儒林典要”。马先生在《拟目》中说：周、二程、张、朱诸家全集“拟合为宋五子书别出，象山、阳明全集亦拟别出，以此二家并为巨子。其中以朱子书卷帙尤多，俱应用铅字摆板印行，不列入‘典要’目中”。钟先生《续拟目》中多收明儒文集，或另有保存典籍的意思。

理而成，名之为“新编儒林典要”，以示继承先贤遗志之意。

如前所说，丛书“导读”的首要任务是引导读者回到工夫本身，兼以自身实践经验加以解说以供参考。为此，与每一位参加导读工作的师友“约法三章”：

一、除了作者经历、学问渊源和成书背景等内容之外，适当介绍圣贤气象，使读者兴起向往之心和亲切之感。

二、紧紧围绕实践工夫，从实地用功的角度提示具体的路径、方法。必要的话阐释基本义理，但也是为了说明工夫的原理，不能脱离工夫谈义理。

三、语言上须“去学术化”，不要写成“论文体”，尽量用日常语言，辅以通俗易懂的传统话语，不用或尽可能少用现代学术术语。

导读是重中之重，人选亦难乎其难，每书尽量做到导读与原典对应，在大旨无违的前提下尊重导读者各自的立场和风格。“君子和而不同”，导读者既为各自独立的修学者，经历、师承不同，其志趣、路径亦有差别；“弱水三千，各取一瓢饮”，导读者以自家眼光读解，读者各取所需可也。因笔者眼界所限，导读者队伍仍显单薄，随着丛书陆续出版，期待有缘者不断加入。因各书情况多有差异，丛书体例虽大致统一，亦不强求一律，总以符合读者需求、整理方便为量。

以上记其本末，不觉缕缕。世间事物的成立，不出感应之理，不外乎因缘二字；有一内在的起因，亦须有众缘和合。众缘的具备固自有其时节，不可勉强；所谓发心，本身亦有其感应因缘在，其理无穷。忽忽十数载，书终于面世，感喟何如！此后其与读者之因缘感应，亦无穷也，留待诸君各自品味。

刘海滨

2022 年 11 月 21 日，于海上毋画斋

导读：杨简心学体用概说

一、引　言

简言之，我国先秦时代由孔子、孟子等开创的儒学，经过长期发展及与多种思想修为融合，到宋（元）明，乃及于清，统称为理学（至近现代又被称为新儒学）。此理学概念中，主要包括以明理得道（“道问学”）为主要途径的理学派，及以明心得道（“尊德性”）为主要途径的心学派。

在宋明理学中，陆王（宋代陆九渊、明代王阳明）心学派，不但继承儒学而又融通禅道内证工夫，倡导“知行合一”。其关于心学的理论探索与实践成就，不但影响深远，而且历久弥新。

此《慈湖家记》一书即为陆九渊后来居上的高

弟杨简（慈湖先生）一生重要心学著作的荟萃。

杨简，字敬仲，生于南宋绍兴十一年（1141），卒于宝庆二年（1226），为慈溪（今浙江宁波）人。因其筑室讲学于慈湖之上，人称慈湖先生。其为乾道五年进士，中年后入仕，曾为富阳县主簿，知乐平、温州，官至宝谟阁学士、太中大夫等。其著述宏富，传世主要著作有《杨氏易传》《五诰解》《慈湖诗传》《慈湖春秋解》《石鱼偶记》《先圣大训》《慈湖遗书》等。

杨简师从著名心学代表人物陆九渊（1139—1193）。陆九渊，字子静，因讲学于贵溪象山，自称象山居士，人称象山先生。平心而论，象山之学确有融通禅修之意。如其师弟授受中类似“棒喝”的手段及“发明本心”、明心致用的境界等，都是这方面的体现。杨简为象山门下最有声望的弟子，是心学派上承陆九渊，下启王阳明的关键人物。

《慈湖家记》，原指杨简居家时诸杂论文字，后经其弟子搜集整理收入《慈湖遗书》。《四库全书总目·慈湖遗书提要》云：“此书自六卷以前为杂文及诗，七卷至十六卷为《家记》，皆杂论经义治道之说，如语录之体。”由此概知，《家记》在

《慈湖遗书》全书十八卷中占有十卷（包括如《己易》《泛论易》《论书》《论诗》《论春秋》《论礼乐》等，凡二十六篇），可谓《慈湖遗书》的主体内容；而所谓“杂论经义治道之说”，主要是阐发对心学的认识与实践体验。

《慈湖家记》的学术价值及传播情况，正如近现代国学大师章太炎先生所评价：“陆后传至杨慈湖，学说是更高一步。在江西，陆的学说很是流行，浙西也有信仰他的。”（章太炎：《国学概论·哲学之派别》）因此可知，陆九渊、杨简师弟二人，可谓是“宋明心学”的开创与奠基者，而杨简《慈湖家记》则鲜明地体现了宋明心学精髓。

二、明体达用

宋明心学以明心得道为修学主旨。如《慈湖遗书·乐平县重修社坛记》杨简所表述：“人心诚实无他，本体清明，本用神明。刚健、中正、纯粹、精一，乾元在斯，坤元在斯。有感有应，无不通矣。祀典修兴，神道著矣。”此大意即为“其教人以发明本心为始事，此心有主，然后可以应天地万物之变”。（黄宗羲:《宋元学案·象山学案案语》）总括而言，即所谓明体达用。

简释之，“体用”是传统文化的基本概念，但具体认识或有异同。此处系指有体有用而又体用一如的境界在心学中的体现。此“体”，系指空相本体，如理体、性体、道体、虚明、良知、本心等境界；此“用”，系指体之作用，如心用、德用、灵知、感通等作用。

例如明代心学的集大成者王阳明先生“四句教”所表达：“无善无恶者心之体，有善有恶者心之动，知善知恶是良知，为善去恶是格物。”（《阳明夫子年谱》卷三）概言之，其句中“无”“无”，即体现心之体；而在此前提状态之下，其“有”“知”“为”“去”，则体现心之用。

此心学体、用二者的关系，正如阳明先生所概括：“即体而言用在体，即用而言体在用，是谓体用一源。”（《传习录》上）此证体为知，启用为行，亦即阳明先生所倡导的“知行合一”。为明其意，此试作浅显比喻：如说体为镜面之光，用即如所映之物。从不同角度看，或有不同，从整体而言却应是体用相融，即体而能用，即用而显体。另就此比喻引申而言，欲得映物清亮、镜面亦须勤加拂拭，即所谓日常“保任”。

下面拟就杨简《慈湖家记》所体现的“明体”“达用”及涵蕴其间的“保任”诸境界略作引论。

（一）发明本心

“发明本心”即所谓“明体”。此“本心”当然非指其“肉团心”，或一般所谓“心思”，而是指“心之本体”，与王阳明所谓“良知”、禅门所谓“性体”，大略趋同；此“发明”亦非一般所说的“发现”“制作”，或“知道”“明白”，而应是身心深处感受证悟的境界。

如阳明先生的高徒王畿曾明确提示：“学贵有悟，悟入有三：从言得者，谓之解悟，譬之门外之宝，非己家珍；从静得者，谓之证悟，譬之潦水初澄，浊根尚在；从磨炼得者，谓之彻悟，到处逢源，常感常寂，不可得而澄淆也。”（赵锦：《龙溪王先生墓志铭》）

由此我们大略可明：“解悟”者，仅为因人言而明理；“证悟”者，始关顿悟，始可谓印心证体（如阳明之“龙场悟道”的情境）；“彻悟”者，方为“明体达用”（如阳明悟后之传道、理政、军功之诸行）。欲明此中详情及境界，请从《慈湖家记》中体味。

此证悟常体现为渐修中的顿悟，亦如王畿所明示：“本体有顿悟有渐悟，工夫有顿修有渐修。万握丝头一齐斩断，此顿法也。”（《王畿集·留都会记》）

请看在陆象山的启发之下，杨简“发明本心”，即顿悟心体的情景：

> 陆象山至富阳，夜集双明阁，象山数提“本心”二字。先生（杨简）：“何谓本心?”象山曰：“君今日所听扇讼：彼讼扇者，必有一是，有一非。若见得孰是孰非，即决定为某甲是，某乙非，非本心而何?”先生闻之，忽觉此心澄然清明。亟问曰：“止如斯邪?”象山厉声答曰：“更何有也!”先生退，拱坐达旦，质明纳拜，遂称弟子。已而沿檄宿山间，观书有疑，终夜不能寐，曈曈欲晓，洒然如有物脱去，此心益明。淳熙元年，母丧去官。营葬车厩，更觉日用酬应未能无碍。沉思屡日，一事

> 偶触，始大悟变化云为之旨，交错万变，而虚明寂然。（《宋元学案·慈湖学案》）

此为陆九渊与杨简心学授受的开场，亦即此后以心传心的预示与缩影。其中接人的做法，如上所引，象山厉声答曰："更何有也！"其中可见禅宗"棒喝""直指"令人当下顿悟的影子。

再如《陆九渊集·年谱》"三十四岁"条记述，杨问："如何是心？"陆曰："恻隐，仁之端也；羞恶，意之端也……"对曰："简儿时已晓得，毕竟如何是本心？"直到杨简身心证悟，陆语人曰："敬仲可谓一日千里。"其因人而施的手法特点，正如其后王阳明"天泉证道"所概括："利根之人直从本原悟入，人心本体原是明莹无滞的，原是个未发之中，利根之人一悟本体即是功夫，人己内外一齐俱透了。"（《传习录》下）

由此可见陆九渊之言直指"本心"意象，而杨简却能即此证悟"澄然清明""虚明寂然"，即"本心"，即性体。如此心相通、意相印，从中正可体现杨简继承了陆九渊的心学精髓。陆九渊有诗云："墟墓兴衰宗庙钦，斯人千古不磨心。涓流积至沧溟水，拳石崇成泰华岑。易简工夫终久大，支离事业竟浮沉。欲知自下升高处，真伪先须辨只今。”（《陆九渊集·鹅湖和教授兄韵》）个中人认为，得此即完成明道的“易简功夫”，从而避免了朱熹提倡的即事“格物”产生的对道的“支离”。如书中有例：

> 中间得先生（即杨简）《子绝四碑》一读，知此心明白广大，异乎先儒缴绕回曲之说。自是读书行己不敢起意。后寐中闻更鼓声而觉，全身流汗，失声叹曰：“此非鼓声也！”如还故乡，终夜不寐。夙兴，见天地万象万变，明暗虚实皆此一声，皆祐之（叶元吉，名祐之）本体光明变化，固已无疑，而目前若常有一物。及一再闻先生警诲，此一物方泯然不见。（《慈湖遗书·叶元吉请志妣张氏墓》）

杨简《慈湖家记》无不体现启发“发明本心”的基本宗旨。正如当时人所评：“慈湖之学，专主乎‘心之精神是谓圣’一语，其诲人惟欲发明本心而有所觉。”（陈振孙：《直斋书录解题》卷七）

《家记》中还多处提示“发明本心”，常借契机启发而证悟，常由保任“不起意”中得其用。

我们再结合有关材料体认，应知其修学特点是倡扬儒家道统，并借鉴与融通禅道内证定功及其启发手段以明心“复性”，从而虚灵为体，以感通为用；进而“知行合一”，弘扬“为天地立心，为生民立命，为往圣继绝学，为万世开太平”（《张载集·近思录拾遗》）的儒家入世用世传世的优良传统精神。

（二）应万物之变

“应天地万物之变”，此“应变”即所谓“明体”后的“达用”状态。如《家记一·泛论易》所表之理：“少读《易大传》，深爱‘无思也，无为也，寂然不动，感而遂通天下之故’。窃自念，学道必造此妙。……至于不自知则又几于不清明，怀疑于中，往往一二十年。及承教于象山陆先生，闻举扇讼之是非，忽觉简心乃如此清明虚灵，妙用泛应，无不可者。”而前有释其境曰：“此心果可得而见乎，果不可得而见乎？果动乎，果不动乎？特未之察耳！似动而不移也，似变而未尝改也。不改不移谓之寂然不动可也，谓之无思无虑可也，谓之不疾而速、不行而至可也。此天下之至动也，此天下之至赜也。”

此大意认为，明体始可为用，即用始能显体，失体则无可正用；而体用的状态是“寂然”与“感通”，即“本心”“寂然”，而“虚明”中有潜意“感通”。所谓“感通”，正如《慈湖遗书·周易解序》所提示：“其心通者，洞见天地人物尽在吾性量之中，而天地人物之变化，皆吾性之变化。”

关于此心学的明体后启用的问题，此再举《宋元学案》所引一则以见一斑。嘉定三年，杨简除著作郎，将迁作少监而面奏宁宗，以启其即体之用：

> 面奏：“陛下自信此心，即大道乎?”宁宗曰“然。”问：“日用如何?”宁宗曰：“止学定耳。”先生谓：“定无用学，但不起意，自然静定；是非贤自明。”他日又言：“陛下意念不起，已觉如太虚乎?”宁宗曰：“是如此。”问：“贤否是非，历历明照否?”宁宗曰：“是

> 如此。”问：“贤否是非，历历明照否？”宁宗曰：“朕已照破。”先生顿首为天下贺。（《宋元学案·慈湖学案》）

从中可感受到杨简对宋宁宗真诚恳切的愿望，从而可知杨简是深证其境、深得其益者。当然其中境界亦只可心会而颇难言表，正如《家记二·论书》所感言：“《箫韶》九成，何为能使凤凰来仪？击石拊石，何为能使百兽率舞？……犹机焉，其发甚微，其应甚远，其道心之微乎？其精一之神乎？是几也，可言而不可见，可以略言，而不可以详言。”

再请看杨简对其挥笔作书时心境的表达：

> 笔者，龙也。乘龙者，不知其为何神也？迎之不见其首，随之不见其后，操则存，舍则亡，出入无时，莫知其乡。忽焉有感而动，乘龙饮天池之水，运磨玄云，须臾下膏泽以润洽万物，随物为形，为圆为方，为正为旁。或直而遂，或曲而疆，或来或往，如飞如翔，如金如缶，如齐如庄。变化万状，众善中藏，粹然之容，烟然之光。（《慈湖遗书·心画赋》）

另前所引“静定”“照破”之说，即概括了明心启用的全过程。而其中细情，如因何如此则应“为天下贺”，或嫌语焉不详。我们说此中境界，亦即阳明先生的“致良知”而“知行合一”。

此引王畿的概括，以助明其意：“若是真致良知，只宜虚心应物，使人人各得尽其情，能刚能柔，触机而应，迎刃而解，更无些子搀入，譬之明镜当台，妍蚩自辨，方是经纶手段。才有些子才智伎俩与之相形，自己光明反为所蔽。”（《王畿集·维扬晤语》）

进而再请参看阳明先生的用兵实例以会心：

> 尝问阳明先生：“人称用兵如神，何术以致之？”师曰：“我无秘术，但平生所自信者良知，凡应机对敌，只此一点灵明神感神应，一毫不为生死利害所动，所以慎密，敌不知其所从来。在我原是本分行持，世人误以为神耳。”（《王畿集·与俞虚江》）

（三）日用保任

在“发明本心”之后，如何才能保持其“本

心”寂然灵明，而又能任启其日用呢？此即所谓悟后“保任本心”问题。

正如王畿所总括：“从顿入者，即本体为工夫，天机常运，终日兢业保任，不离性体，虽有欲念，一觉便化，不致为累，此谓性之也。”（《王畿集·松原晤语》）下面试从保任大意及日月评说等方面略说保任本心的境界。

1. 保任大意

简而言之，杨简着重强调了日常“心不起意”的问题。此“心不起意”，其“心”，当然指“本心”即“心之本体”；其“意”，应指失离本心而滋生的诸念头（善恶皆非）。与陆九渊相比，杨简《慈湖家记》更深入与细化了对“本心”即道体状态的维护与涵养。如杨简强调，其所证得的“澄然清明”“虚明寂然”的“本心”境界，并不能自然地持续保有：“学者初觉，纵心之所之，无不玄妙，往往遂足，不知进学，而旧习难遽消，未能念念不动。”（《家记九·泛论学》）

再如《慈湖遗书·绝四记》所述：

> 人心自明，人心自灵。意起我立，必固碍塞，始丧其明，始失其灵。孔子日与门弟子从容问答，其谆谆告戒，止绝学者之病，大略有四：曰意、曰必、曰固、曰我。门弟子有一于此，圣人必止之。毋者，止绝之辞。……微生意焉，故蔽之；有必焉，故蔽之；有固焉，故蔽之；有我焉，故蔽之。昏蔽之端，尽由于此。……如大虚未始不清明，有云气焉，故蔽之；去其云气，则清明矣。夫清明之性，人所自有，不求而获，不取而得。

如书中所言："人心本正，起而为意而后昏，不起不昏。"（《慈湖遗书·诗解序》）正因如此，而强调"毋念"，即止绝起意。那么"何谓意"，"心与意奚辨"？书中《绝四记》篇又引申而论曰：

> 何谓意？微起焉，皆谓之意；微止焉，皆谓之意。意之为状，不可胜穷，有利有害，有是有非，……若此之类，虽穷日之力，穷年之力，纵说横说，广说备说，不可得而尽。……然则心与意奚辨？是二者未始不一，蔽者自不

> 一。一则为心，二则为意；直则为心，支则为意；通者为心，阻则为意。直心直用，不识不知，变化云为，岂支离？

此“心”“意”之论，深切表达了心学义蕴，是杨简对陆九渊心学的深入认识与实践体验。大意言之，其“本心”为“虚明寂然”，虽有如无，而又非顽空断灭；其“虚明寂然”的“本心”，本能映知万物万情。如非“虚明寂然”即“起意”，无论其大小善恶，起意则离本心，则为妄为非。此即要求“心不起意”的道理。

关于“心不起意”的状态，《慈湖遗书》中多有形象地描述。如：“周公仰而思之，夜以继日，即思非思；孔子临事而惧，好谋而成，即惧非惧，即谋非谋，如鉴之照大小、美恶、往来、参错，具有而实无。如日月之光，万物毕照，入松穿竹，历历皎皎，而日月无思。”（《慈湖遗书·蒋秉信墓铭》）

另如《家记五·论〈论语〉下》杨简自云：

> 简方反观，忽觉天地内外，森罗万象，幽

明变化，有无彼此，通为一体。曰天曰地，曰山川草木，曰彼曰此，简皆名尔。方信范围天地非空言，发育万物非空言，唯旧习未易释。后因承象山陆先生扇讼是非之答，而又觉简澄然清明，安得有过？动乎意，始有过。自此虽有改过之效，而又起此心与外物为二见。一日，因观外书，有未解而心动，又观而又动，愈观愈动，掩书夜寝，心愈窘，终不寐。度至丁夜，忽有如黑幕自上而下，而所谓窘者，扫迹绝影，流汗沾濡泰然。旦而寤，视外物无二见矣。亦有小人而觉者，但不改过，是谓无忌惮之中庸，是谓仁不能守之，虽得之必失之。

简言之，杨简“心不起意”的提法，上承孔孟儒家“坐忘”修心传统，下启宋明“心学”修为，对当时及后世都有深远影响。如王畿曾盛赞：

知慈湖“不起意”之义，则知“良知”矣。意者本心自然之用，如水鉴之应物，变化云为，万物毕照，未尝有所动也。惟离心而起意为妄，千过万恶皆从此生。不起意是塞其过

> 恶之原，所谓防未萌之欲也。不起意则本心自清自明，不假思为，虚灵变化之妙用，固自若也。（《王畿集·慈湖精舍会语》）

此“不起意”的状态，正是个中人日常体用相融的境界。正如书中引语：“人皆以兀坐端默为静，吾独以步趋应酬为静；人皆以步趋应酬为动，吾独以兀坐端默为动。”（《慈湖遗书·邹元祥碣》）书中又称此“本心”体用相融的境界为“昭明融一之光”。其解曰：“此心无体，虚明洞照，如鉴万象，毕见其中而无所藏。惟动乎意则始昏，作好作恶，物我樊墙，是非短长，或探索幽遐，究源委，彻渊底，愈乖张。故孔子谆谆曰‘毋意、毋必、毋固、毋我’，所以箴学者之膏肓，敛其雰雾，出其昭明融一之光。”（《慈湖遗书·昭融记》）

总之，《慈湖家记》中多有启示，只有如此“保任”其“心不起意”的状态，才能呈现无我而不昧的心体境界，才能得感通妙用。当然在“保任”过程中，尚有“保”与“任”（所谓“提撕”与“放下”）及启用等，不同阶段的不同体现，颇不易辨言，应就修为中体味。如关于此心体之妙用，有明代学者的形象体认："盖用力于其本，而不泛用者也。譬之操舟者然，顺流帆风，楫棹随之，瞬息千里，是不操之操，操更力耳。"（蔡国珍:《杨氏易传序》）此或正现"感通为用"的境界。

2. 日用体现

《慈湖家记》日用保任的境界体现在明体启用之中，而具体描述及评说往往语焉不详。此或鉴于当时的历史条件，或恐有人冒认悟境而混真，亦或恐有人刻舟求剑反失其真机。而时至当今，或更应启发引领难能可贵的至此境界的彷徨者，因引书中之言而略作评说。如《家记九·泛论学》有暗示保任之心行：

> 学者初觉，纵心所之，无不元妙，往往遂足。不知进学，而旧习难遽消，未能念念不动，但谓此道无所复用其思为，虽自觉有过而不用其力，虚度岁月，终未造精一之地。日用云为，自为变化，虽动而非动，正犹流水日夜不息，不值石险，流形不露，如澄沚不动，而

> 实流行。予自三十有二微觉已后，正堕斯病。后十余年，念年迈而德进不进，殊为大害，偶得古圣遗训，谓："学道之初，系心一致，久而精纯，思为自泯。"予始敢观省，果觉微进。后又于梦中，获古圣面训，谓简未离意象。觉而益通，纵所思为，全体全妙。其改过也，不动而自泯，泯然无际，不可以动静言。于是益信孔子"学不厌"乃是"知及之"已后事，是谓用力于知者，虽动而得不动之妙，终未及仁者常觉、常明、常不动之为至静。故孔子曰："知者动，仁者静。"予何敢言仁，用力于仁者也。恐同志者复蹈前患，故备记如右。

就此还应提示，心体虽能顿悟，其日常启用却应有磨炼过程。其中情景微妙，唯自心感知。如或定力不足，此种虚明体用的景象常如黄莺啼绿树，稍纵即飞逝。如何心会意得保任当下？阳明先生有诗提示云："人人有路透长安，坦坦平平一直看。尽道圣贤须有秘，翻嫌易简却求难。只从孝弟为尧舜，莫把辞章学柳韩。不信自心原具足，请君随事反身观。"（《阳明先生集要·示诸生》）

3. 心学禅意

就此再略作说明，心学继承儒家学说，而借鉴佛家、道家之法，而成一家之学。正如王畿所言："先师提良知二字，乃三教中大总持。吾儒所谓良知，即佛所谓觉、老所谓玄，但立意各有所重，而作用不同。大抵吾儒主于经世，二氏主于出世。"（《王畿集·与李中溪》）

由此可知，心学与"二氏"的关系：概而论之，同体（"大总持"）而异用（经世或出世）；细而言之，其体用及保任状态中，常有互相融通的现象。如从道家的心性静功中，可体味心学体用的境界；从佛家唯识论"转识成智"的妙理与实践中，亦可会通心学的境界与道理。

而心学体用状态最普遍的现象是融通佛家禅意。此仅作简要提示，如杨简有诗云："此道原来即是心，人人抛却去求深。不知求却反成外，若是吾心底用寻！"（《慈湖遗书·偶成》）再如阳明先生有诗云："饥来吃饭倦来眠，只此修行玄更玄。说与世人浑不信，却从身外觅神仙。"（《阳明先生集要·答友人》）另看宋代著名禅师怀深诗云："古人得后便休休，茅屋青灯百无求。遮眼便将黄卷展，不风流处却风流。”（《示襄禅者》）即此可体味心学境界与禅意二者融通的大意。

凡此种种不及详论。

三、六经注我

杨简在对陆九渊心学继承的基础上更有发扬，此在《慈湖家记》中体现得更是淋漓尽致。如陆九渊倡言“六经注我”“不立文字”，故多为应问而答，较少论著；而杨简虽倡扬其言，却是随遇随感酬文，论著宏富。可以说是殊途而同心同归，各臻其妙，共孕心学道果。

如陆九渊引而解之：“孟子曰：‘所不虑而知者，其良知也。所不学而能者，其良能也。’此天之所与我者，我固有之，非有外烁我也，故曰‘万物皆备于我矣，反身而诚，乐莫大焉’。此吾之本心也。”（《陆九渊集·与曾宅之》）简而言之，陆九渊认为，其对“本心”的认识，源于孟子，而杨简则进一步广而引申之，细而解之。

杨简引孔子语：“心之精神是谓圣。”从而解曰：“‘心之精神’，无方无体，至静而虚明，有变化而无营为。禹曰‘安女止’，明其本静止也；舜曰‘道心’，明此心即道也。”（《遗书·申义堂记》）另引孔子曰：“吾有知乎哉？无知也。”其解曰：“实无得以告人也。何为其然也？尚不可得而思也，矧可得而言也；尚不可得而有也，矧可得而知也。然则昏者亦不思而遂已，可乎？曰：正恐不能遂已，诚遂已则不学之良能，不虑之良知，我所自有也。”（《家记一·己易》）另引孔子曰：“二三子以我为隐乎？吾无隐乎尔！”其解曰：“群弟子率求夫子之道于日用之外，率以不一之见见夫子，夫是以得其门者寡矣。天地间何物不一？人自不一，起思起意，绝然殊异，不知一贯无二。”（《家记四·论〈论语〉上》）再如举母丧事，现身说法：“居妣氏丧，哀恸切痛，不可云喻，既久略省察，曩正衰恸时，乃亦寂然不动，自然不自知，方悟孔子哭颜渊，至于恸矣而不自知，正合无思无为之妙，益信吾心有此神明妙用。”（《慈湖遗书·杨氏易传》）

读杨简其书即知，此种经典之言，其并非仅引一次，仅解一次，所引或同，所解角度则多不同，就人的不同根性而启发之，正得“六经注我”之旨。此外，杨简尚有多种专著，如《慈湖诗传》

《慈湖春秋解》《先圣大训》等，表面好像是“我注六经”，实际上圣人之学即我心学，不如说更体现“六经注我”之旨。

再如其注《易经·艮卦》“艮其背，不获其身；行其庭，不见其人”之辞有云：

> 人之精神，尽在乎面，不在乎背；尽向乎前，不向乎后。凡此皆动乎意，逐乎物，失吾本有寂然不动之情。故圣人教之曰“艮其背”，使其面之所向，耳目口鼻手足之所为，一如其背，则得其道矣。虽有应用交错，扰扰万绪，未始不寂然矣。（《家记一·泛论易》）

经注中体现甚多，此不及详论。

四、后世影响

杨简较其师陆九渊仅年少两岁，三十一岁纳师，并从游二十年，而其住世却较陆延长了三十三岁。其有条件继承并发扬光大陆氏心学思想，因而对后世影响深远。

正如《四库全书总目》所评价："简则为象山弟子之冠，如朱门之有黄榦，又历官中外，政绩可观，在南宋为明臣，尤足以笼罩一世。故至于明季，其说大行。"（《杨氏易传提要》）

再如黄宗羲论述："象山之后不能无慈湖，文成之后不能无龙溪，以为学术盛衰因之。慈湖决象山之澜，而先生（王畿）疏河导源，于文成之学固多所发明也。"（《明儒学案·浙中王门学案》）

总之，就其学术精神而言，如果说陆九渊为宋明心学的开创者，而王阳明为集大成者，那么杨简、王畿则分别为两家承上启下的关键人物。此亦是我们校点并导读《慈湖遗书·家记》的缘故。

五、点校说明

此《慈湖家记》十卷，以《文渊阁四库全书》之《慈湖遗书》本为底本，又以《四明丛书》所收《慈湖遗书》本为参校本，进行点校整理，并改为简体横排。

尚之煜　壬寅孟夏

家记一　己易　泛论易

己　易[①]

易者，己也，非有他也。以易为书，不以易为己不可也；以易为天地之变化，不以易为己之变化不可也。天地，我之天地，变化，我之变化，非他物也。私者裂之，私者自小也。包牺氏欲形容易是己，不可得，画而为“一”。於戏！是可以形容吾体之似矣。又谓是虽足以形容吾体，而吾体之中又

① 此标题原无，据前题及后文内容补之。下有类此情况者不注。

有变化之殊焉，又无以形容之，画而为“--”。“—”者，吾之“—”也，“--”者吾之“--”也。可画而不可言也，可以默识，而不可加知也①。“—”者吾之全也，“--”者吾之分也；全即分也，分即全也。自生民以来，未有能识吾之全者，惟睹夫苍苍而清明而在上，始能言者，名之曰天；又睹夫隤然而博厚而在下，又名之曰地。清明者吾之清明，博厚者吾之博厚，而人不自知也。人不自知，而相与指名曰彼天也，彼地也。如不自知其为我之手足，而曰彼手也，彼足也；如不自知其为己之耳目鼻口，而曰彼耳目也，彼鼻口也，是无惑乎？自生民以来，面墙者比比，而不如是昏之甚者，见谓聪明也。夫所以为我者，毋曰血气形貌而已也，吾性澄然清明而非物，吾性洞然无际而非量。天者吾性中之象，地者吾性中之形，故曰“在天成象，在地成形”，皆我之所为也。混融无内外，贯通无异殊，观一画，其旨昭昭矣。

厥后又系之辞曰“乾，乾健也”，言乎千变万

① 《四库全书》本阙“也”字，此据《四明丛书》本补。

化，不可纪极，往古来今，无所终穷，而吾体之刚健未始有改也。言乎可指之象则所谓天者是也，天即乾健者也，天即一画之所似者也，天即己也，天即易也。地者天中之有形者也，吾之血气形骸，乃清浊阴阳之气合而成之者也。吾未见夫天与地与人之有三也，三者形也，一者性也，亦曰道也，又曰易也。名言之不同，而其实一体也。故夫《乾·象》之言，举万物之流形变化皆在其中，而六十四卦之义尽备于《乾》之一卦矣。

自清浊分，人物生，男女形，万物之在天下未尝不两。曰天与地，曰昼与夜，曰夫与妇，曰君与臣，曰尊与卑，曰大与小，曰贵与贱，曰刚与柔，曰动与静，曰善与恶，曰进与退，曰实与虚，博观纵观何者非两？一者所以象此者也。又系之辞曰“坤，坤顺也”，明乎地与妻、与臣、与柔之类也，然非有二道也。坤者两画之乾，乾者一画之坤也。故曰：“天地之道，其为物不贰，则其生物不测。”又曰：“明此以南面，尧之所以为君也；明此以北面，舜之所以为臣也。”又曰“吾道一以贯之”，则夫《乾》《坤》之《象》，虽有“大哉”“至哉”之辨，以明君臣上下之分，而无二元也。坤爻又曰

“直方大”，又曰“以大终也”，又以明大与至之无二旨，乾与坤之无二道也。

乾何以三“—”也？天此物也，人此物也，地此物也，无二一也，无二己也，皆我之为也。坤何以三“--”也？天有阴阳、日月、明晦也，地有刚柔、高下、流止也，人有君臣、夫妇、贵贱、善恶也。震，天下固有如此者也。圣人系之辞曰《震》，明乎如此者，阳为主自下而动且起也。此我之变态也。巽，天下固有如此者也。圣人系之辞曰《巽》，明乎如此者阴为主，阴入于下，柔随之类也。此又我之变态也。坎，天下又有如此者也，圣人系之辞曰《坎》，言阳陷乎两阴之中，内阳而外阴，水之类也。此我之坎也。离，天下又有如此者也。圣人系之辞曰《离》，言阴柔不能以自立，丽乎两刚，又外阳而中虚，为火之类也。此我之离也。天下又有艮者，阳刚止截乎其上，故系之辞曰“艮，艮止也”，明乎我之止也。天下又有兑者，阴柔发散乎其外，故系之辞曰“兑，兑说也”，明乎我之说也。举天地万物万化万理皆一而已矣。举天地万物万化万理皆乾而已矣，坤者乾之两，非乾之外复有坤也。震、巽、坎、离、艮、兑，又乾之交错散殊，非乾之外复有此六物也，皆吾之变化也。不以天地万物万化万理为己，而惟执耳目鼻口四肢为己，是剖吾之全体，而裂取分寸之肤也，是梏于血气而自私也，自小也，非吾之躯止于六尺七尺而已也。坐井而观天，不知天之大也；坐血气而观己，不知己之广也。元、亨、利、贞吾之四德，吾本无此四者之殊，人之言之者自殊尔。

人推吾之始也①，名之曰元，又曰仁。言吾之通，名之曰亨，又曰礼。言吾之利，名之曰利，又曰义。言吾之正，名之曰贞，又曰固。指吾之刚为九，指吾之柔为六，指吾之清浊为天地，指吾之震巽为雷风，指吾之坎离为水火，指吾之艮兑为山泽，又指吾之变而化之、错而通之者为六十四卦，三百八十四爻。以吾之照临为日月，以吾之变通为四时，以吾之散殊于清浊之两间者为万物，以吾之视为目，以吾之听为耳，以吾之噬为口，以吾之握为手，行为足，以吾之思虑为心，言吾之变化云为深不可测谓之曰神，言吾心之本曰性，言性之妙不可致诘、不可以人为加焉曰命，得此谓之德。由此

① 此“人”字，《四明丛书》本无。

谓之道，其觉谓之仁，其宜谓之义，其履谓之礼，其明谓之智，其昏谓之愚，其不实谓之伪，其得谓之吉，其失谓之凶，其补过谓之无咎，其忻然谓之喜，其惨然谓之忧，悔其非谓之悔，啬而小谓之吝，其不偏不过谓之中，其非邪谓之正，其尽焉谓之圣，其未尽焉谓之贤，言乎其变谓之易，言乎其无所不通谓之道，言乎无二谓之一，今谓之己。谓之己者亦非离乎六尺而复有妙。己也，一也，二之者，私也梏也。安得无私与梏者而告之，姑即六尺而细究之。目能视，所以能视者何物？耳能听，所以能听者何物？口能噬，所以能噬者何物？鼻能嗅，所以能嗅者何物？手能运用屈信，所以能运用屈信者何物？足能步趋，所以能步趋者何物？血气能周流，所以能周流者何物？心能思虑，所以能思虑者何物？目可见也，其视不可见；耳可见也，其听不可见；口可见，噬者不可见；鼻可见，嗅者不可见；手足可见，其运动步趋者不可见；血气可见，其使之周流者不可见；心之为脏可见，其能思虑者不可见。其可见者，有大有小，有彼有此，有纵有横，有高有下，不可得而一；其不可见者，不大不小，不彼不此，不纵不横，不高不下，不可得而二。视与听若不一，其不可见则一；视听与嗜嗅若不一，其不可见则一；运用、步趋、周流、思虑若不一，其不可见则一。是不可见者，在视非视，在听非听，在嗜非嗜，在嗅非嗅，在运用屈伸非运用屈伸，在步趋非步趋，在周流非周流，在思虑非思虑。视如此，听如此，嗜如此，嗅如此，运用如此，步趋如此，周流如此，思虑如此，不思虑亦如此；昼如此，夜如此，寐如此，寤如此，生如此，死如此，天如此，地如此，日月如此，四时如此，鬼神如此；行如此，止如此，古如此，今如此，前如此，后如此，彼如此，此如此，万如此，一如此，圣人如此，众人如此。自有而不自察也，终身由之而不知其道也。为圣者不加，为愚者不损也。自明也，自昏也，此未尝昏，此未尝明也。或者蔽之二之，自以为昏为明也。昏则二，明则一，明因昏而立名，不有昏者，明无自而名也。昏明皆人也，皆名也，非天也。天即道，天即乾，天即易，天即人，天与人亦名也。《大传》曰“鼓万物而不与圣人同忧”，此非先圣之言也。忧即天，万物即天，孔门之徒闻圣人之言而差之，以己意参其间而有是言也。此非吾孔子之言也。“吾道一以贯之”，此孔子之言也。其曰“易与天地准”，此亦非孔子之言也。何以明之？天地即易也，幽明本无，故不必曰仰观俯察而后知其故也。死生本无，说不必“原始要终”，而后知其说也。是皆非吾孔子之言也，其徒之已说也。神即易，道即善，其曰“继之者善”也，离而二之也。离道以善，庄周陷溺乎虚无之学也。非圣人之大道也。孔子曰：“易，其至矣乎！夫易，圣人所以崇德而广业也。”此孔子之言也。圣人即易也，德业即易也。继曰“天地设位，而易行乎其中”，又非孔子之言也。何者？离易与天地而二之也。“子曰”之下，其言多善，间有微碍者，传录纪述者之差也。其大旨之善也，不系之“子曰”者，其言多不善，非圣人之言故也。乾即易，坤即易，其曰“乾坤毁则无以见易，易不可见则乾坤或几乎息”，又曰“形而上者谓之道，形而下者谓之器”，其非圣言，断断如白黑，如一二之易辨也。凡如此类不可胜纪，善学《易》者求诸己不求诸书，古圣作《易》凡以开吾心之明而已，不求诸己而求诸书，其不明古圣之所指也甚矣！是古圣指东，学者求西，读书者满天下，省己者千无一、万无一。孔氏之门学者不知其几，而日至者无几也，月至者又无几也，三月不违者，颜氏子一人而已。他日子夏、子张、子游，以有若似圣人矣，而况于不在孔门者乎？幸有一曾子独不然，曰不可。江汉以濯之，秋阳以暴之，皜皜乎不可尚已，此岂训诂之所能解也？知之者自知也，不可以语人也。所可得而语人者曰“吾无行而不与二三子者”而已，终不可得而言也。曰“吾有知乎哉？无知者而已”，实无得以告人也。何为其然也？尚不可得而思也，矧可得而言也；尚不可得而有也，矧可得而知也。然则昏者亦不思而遂已，可乎？曰正恐不能遂已，诚遂已则不学之良能，不虑之良知，我所自有也。仁义礼智，我所自有也，万善自备也，百非自绝也。意、必、固、我，无自而生也，虽尧、舜、禹、汤、文、武、周公、孔子何以异于是？虽然，思亦何害于事？箕子曰“思”曰“睿”，孔子曰“学而不思则罔”，周公仰而思之，夜以继日，思亦何害于吾事也？庸言之信，庸行之谨，不可以精粗论也。儆戒无虞，罔失法度正《易》道之妙也。尧舜“允执厥中”，执此也，兢兢业业弗敢怠也；禹之“克艰”，不敢易也；汤“改过不吝”，去其不善，而复于善也；文王“翼翼小心”也，信吾信，谨吾谨，儆戒吾儆戒，执吾执，兢兢吾兢兢，业业吾业业，艰吾艰，改吾改，翼翼吾翼翼，无二我也，无二易也。既曰“天下何思何虑”矣，而又曰“执”，曰“兢兢业业”，曰“艰”，曰“改过”，曰“翼翼”，无思无虑者固如此乎？但兢兢，但业业，但克艰而弗易，但改过，但翼翼，方兢兢业业克艰而不易时，此心果可得而见乎，果不可得而见乎？果动乎，果不动乎？特未之察耳！似动而不移也，似变而未尝改也。不改不移谓之寂然不动可也，谓之无思无虑可也，谓之不疾而速、不行而至可也。此天下之至动也，此天下之至赜也。象也者，像此者也；爻也者，效此者也。非赜自赜、动自动也，一物而殊名也，一人而姓名字行之不同也。此非沈虚陷寂者之所能识也，亦非憧憧往来者之所能知也。然而至易也，至简也，或者自以为难，近取诸身殊不远也；身犹远尔，近取诸心即此心而已矣。

曾子传之曰“夫子之道，忠恕而已。”孟子学之曰：“仁，人心也。”又曰：“恻隐之心，人皆有之；羞恶之心，人皆有之。”又曰：“今人乍见孺子将入于井，皆有怵惕恻隐之心，非所以内交于孺子之父母也，非所以要誉于乡党朋友也。”於戏！此足以指明人心之本良矣。而学者往往遂领孟子之意而不复疑其有他者，千万而不一二也。故孟子言必称尧舜，于以知孟子之言虽谆谆，而当时之听之者多藐藐。此道甚明甚易甚简，而人自疑自惑不信，使当时闻言而遂信者众，必不至劳孟子谆谆如此也。能识恻隐之真心于孺子将入井之时，则何思何虑之妙，人人之所自有也。纯诚洞白之质，人人之所自有也。广大无疆之体，人人之所自有也。此心常见于日用饮食之间，造次颠沛之间，而人不自省也。孔子曰：“造次必于是，颠沛必于是。”子思曰：“道也者，不可须臾离也。可离非道也。”当曰道也者，未始须臾离也。非曰造次间为之，颠沛间为之，无须臾而不为也。是心本一也，无二也。无尝断而复续也，无向也不如是而今如是也，无向也如是而今不如是也。昼夜一也，古今一也。少壮不强而衰老不弱也。可强可弱者血气也，无强无弱者心也，有断有续者思虑也，无断无续者心也。能明此心，则思虑有断续，而吾心无断续，血气有强弱，而吾心无强弱，有思无思而吾心无二。不能明此心则以思虑为心，虽欲无断续不可得矣。以血气为己，虽欲无强弱不可得矣。虽欲造次于是，颠沛于是，无须臾不于是，勉强从事不须臾而罢矣，况于造次乎？况于颠沛乎？《书》曰：“作德心逸日休，作伪心劳日拙。”如此则亦伪而已矣，非诚也。

孔子曰“主忠信”，忠信者，诚实而已，无他妙也。而圣人以是为主本，或者过而索之，外而求之，故反失忠信之心，即道心，即仁义礼智之心，即不勉而中、不思而得之心。通乎一，万事毕，差之毫厘，缪以千里。“不远复”，此心复也。频复、频放而频返也，亦危矣；然已复则如常矣，无咎也。得此则吉，失此则凶。无虞他日之吉凶，但观一念虑之得失，当乾之初而不肯潜，此心放也；当五而不能飞，此心固也；当三而不惕，此心慢也；当四而不疑，此心止也。循吾本心以往，则能飞、能潜、能疑、能惕，能用天下之九，亦能用天下之六。能尽通天下之故，仕止久速一合其宜，周旋曲折各当其可，非勤劳而为之也，吾心中自有如是十百千万散殊之正义也。礼仪三百，威仪三千，非吾心外物也。故曰“性之德”也，合内外之道也。故时措之宜也，言乎其自宜也，非求乎宜者也。孔子曰“道不远人”，人之为道而远人不可以为道。人之为道似善矣，而孔子截截断断，甚言其不可，孟子窥之亦曰：“人之所不学而能者，其良能也；所不虑而知者，其良知也。孩提之童无不知爱其亲者，及其长也无不知敬其兄也。”此岂计度而图之也？此岂拟议而成之也？拟议而成其变化，此非圣人之言也，学者之亿说也。孰知夫“君子终日乾乾”而非意也；“频复独复”而非反也；“利于不息之贞”而非升也；“震来虩虩”非惧也；“其亡其亡”非虑也；“何天之衢亨”非通也；“括囊无咎无誉”非闭也；“三日不食”非穷也；“扬于王庭”非得志也；“介于石”非止也；“出门同人”非往也。吾终日用之而鬼神莫我识也，圣智莫我测也。虽我亦有所不自知，而况于他人乎哉？如秋阳之暴至白而无瑕也，如江汉之濯至洁而无滓也，混混乎无涯无畔、无始无终也。天地非大也，毫发非小也，昼非明、夜非晦也。往非古也，此非今也，它日非后也，鸢飞戾天非鸢也，鱼跃于渊非鱼也，天下被日月之明照而不知其自我也，天下沾雨露之润而不知其自我也，天下畏雷霆之威而不知其自我也。日夜行乎吾己之中，而以为他物也。其曰“范围天地”“发育万物”也，非过论也。

孔子曰："哀乐相生，虽使正明目而视之，不可得而见也；倾耳而听之，不可得而闻也[①]。"哀乐必有形，哭笑必有声，而曰不可见、不可闻何也？此非心思之所能及也，非言语之所能载也，我之所自有也，而不可知也，不可识也。书不尽言，言不尽意。未有知近而不知远也，未有知小而不知大也，远近一物也，小大无二体也。闺门之内，若近而实远也，若小而实大也。即敬即爱，无不通矣；有伦有叙，无不同矣。放之东海之东而准也，放之西海之西而准也，放之南海之南而准也，放之北海之北而准也，不可思也，不可远也。　《己易》终。见《甲槁》。

泛论易

汲古问：三《易》经卦皆八，何以所首不同？或谓"乾坤其易之门，但当以《周易》为正果"，

① 此句前后两"可"字，《四明丛书》本、《宋元学案》本无。

可如此说否？

先生曰：今之言《易》者，必本于乾坤，陋矣。但见《周易》之书不见《连山》《归藏》之书，故必首《乾》次《坤》。不知《连山》首《艮》重《艮》，故曰《连山》《归藏》首《坤》，故曰坤乾之义。《连山》夏后氏之《易》，《归藏》商人之《易》。至矣哉！合三《易》而观之，而后八卦之妙，大易之用，混然一贯之道，昭昭于天下矣。三才皆易也，三才之变，非一则一，非一则一或杂焉，或纯焉，纯焉其名乾、坤，杂焉其名震、坎、艮、巽、离、兑，皆是物也，一物而八名也。初无大小优劣之门也，形则有大小，道无大小，德则有优劣，道无优劣。或首《艮》，或首《乾》，明乎八卦之皆易也。《易》道则变一而为八，其变虽八，其道实一。杜子春曰："《连山》宓羲，《归藏》黄帝。"

先生问汲古曰：《易》卦诸《彖》言大矣哉！曾讲究否？

汲古对曰：《彖》言大矣哉！皆定卦不知当何如看？

先生乃指诲曰：《易》卦诸《彖》言大矣哉者十二卦。《豫》《遯》《姤》《旅》言时义；《随》，言随时之义。岂他卦皆无时义哉？岂他卦之时义皆不大哉？《坎》《睽》《蹇》，言时用，岂他卦皆无时用哉？岂他卦之时用皆不大哉？《颐》《大过》《解》《革》，言时，岂他卦皆非时哉？岂他卦之时皆不大哉？六十四卦皆时也，皆有义也，皆有用也，皆大也。大矣哉！盖叹其道之大，有言不能尽之旨。事无大小，无非易道之妙。圣人偶于此十二卦发其叹，非此十二卦与他卦特异也。使每卦而言则不胜其言，愚者执其言，智者通其旨。岂特六十四卦皆可以称大矣哉！虽三百八十四爻亦皆可称大矣哉！圣人于《豫》《随》《遯》《姤》《旅》则犹有义之可言，至于《颐》《大过》《解》《革》则既不曰义，又不曰用，止曰时而已矣。何以曰大矣哉？此正以明天地无一物一事一时之非《易》学者。溺于思虑，不求其义，圣人于《颐》《大过》《解》《革》尽捐义用，止言其时而叹之曰大矣哉！使学者无所求索，不容钩深，即时而悟大哉之妙，则事理一贯，精粗一体。孔子“何思何虑”，文王“不识不知”，信矣！　互见《诲语》。

六十四卦皆可以言“元亨利贞”，圣人既于

《乾》言之，又于《坤》言之，又于《屯》言之，圣人于此谓学者可以意通之矣。故自《蒙》而下，或言其一，或言其二，或言其三，至《随》又全言之，《临》又言之，《无妄》《革》又言之，亦偶于此数卦而复言，非此数卦之特异也；亦恐学者执《乾》《坤》《屯》之卦异于余卦，故复于此言之，以破其疑。于《坤》曰“牝马之贞”者，于以明地道也，妻道也，臣道也，柔顺勤行之正也。刚阳在上，无为而佚，君之道也；柔阴在下，有为而劳，臣之道也。君臣之分不同，而道则通也。在君则刚、则佚，在臣则柔、则劳，一也。天下之动贞，夫一者也，无二贞也。子思曰“天地之道其为物不贰”，使“牝马之贞”果劣于《乾》，则《屯》不言牝马，又大于《坤》乎？虽庸人孺子知其不然也。而先儒率尊《乾》而卑余卦，非明乎《易》者也。《归藏》首《坤》，则《乾》又劣于《坤》乎？学者不知《连山》《归藏》，是以蔽于斯义。

或者又曰他卦言“元亨利贞”者，《彖》释曰“大亨以正”与《乾》《坤》不同何耶？曰此亦会通之义也。元，有始义，有大义，以始明之可也，以大言之亦可也。《乾彖》亦曰“大哉”无不可者；《文言》虽列而四之，而又曰乾“元者始而亨者也”，是又合元与亨而为一也。《彖》举“乾元”以统“亨利贞”，则四德之名虽殊而实同也。《屯》《随》曰“大亨贞”，又与余《彖》不同，亦《随》卦发明大易之道，不可以一端拘也。六十四卦皆易也，六十四卦皆元也，皆亨也，皆利也，皆贞也。圣人偶有所言，偶有所不言，随意发明，举一隅，三隅可反也。“书不尽言，言不尽意”，欲详其言，虽伏羲、文王、周公、孔子系《易》之辞，至于今不已犹不得而尽也。且诸卦间有赞辞曰“大矣哉”者，所以叹其道之至大，所以明易之道也。非独此数卦者有易之道，余卦无也，虽庸人孺子知其不然也。自《坎》《遯》《睽》《蹇》《旅》，皆可以言大矣哉，而况于他卦乎？“元亨利贞”犹是也。

今夫人一话言，何从而始乎？非元乎？一念虑何从而始乎？非元乎？日用应酬变动不穷，非大亨乎？咸有利焉，非利乎？己则利乎物又有正焉，正则行，邪则否，正则利，邪则害，自一人之身，一日之中，“元亨利贞”咸具焉，而况于他乎？一以贯之，物物皆易，事事皆易，念念皆易，句句皆易，号名纷然，变化杂然，无一非易。 见《训语》。

汲古问：《易·乾卦》云："君子学以聚之，问以辩之，宽以居之，仁以行之。"先儒谓：学聚，问辩，进德也；宽居，仁行，修业也。此言如何？

先生曰：学贵于博，不博则偏则孤。伯夷惟不博学，虽至于圣而偏于清；柳下惠惟不博学，虽至于圣而偏于和。学以聚之，无所不学也。《大畜》曰："君子以多识前言往行。"《语》曰："君子博学于文。"学必有疑，疑必问，欲辩明其实也。辩而果得其实，则何患不宽？何患不仁？然圣人垂训，所以启后人，后人问辩未得其实，而自以为实者多矣。故谆复而诲之，诲之以宽，则凡梏于己私、执于小道者，庶其有警。《孟子》曰"养而无害则塞乎天地之间"，此犹未足以尽宽之至。《大传》曰"范围天地之化"，庶乎其宽矣。然此犹可言而及者，犹有涯畔，未足以尽宽之至。孔子曰"言不尽意"，又自谓："吾有知乎哉？无知也！"此非训诂之所能解，非心思之所能及。然则宽即仁，仁即宽，而圣人复言"仁者以人之学"，道固有造广大之境，未尽其妙而止辍，溺于静止而无发用之仁，故卒曰"仁以行之"，如四时之错行，如雷霆风雨之震动变化，而后可以言仁，未至于此则犹未可以言仁也。见《诲语》。

《坤》六二：“直方大，不习无不利。”直心而往，即《易》之道；意起则岐[①]，而入于邪矣。直心而行，虽遇万变未尝转易，是之谓方。凡物圆则转，方则不转。方者，特明不转之义，非于直之外又有方也。

夫道，一而已矣。言之不同，初无二致。是道甚大，故曰“大”；是道非学习之所能，故曰“不习无不利”。《孟子》曰：“人之所不学而能者，其良能也；所不虑而知者，其良知也。”习者，勉强，本有者奚俟乎习？此虽人道，即地之道，故曰“地道光也”。光如日月之光，无思无为而无所不照；不光明者，必入于意，必岐而他，必不“直方大”，必昏必不利。六三：“含章可贞”，“阴虽有美，含之以从王事，弗敢成也。地道也，臣道也，妻道也。地道‘无成’，而代‘有终’也”。或者往往于是疑其为小，故圣人特发之曰“智光大也”，道

① 此“岐”字，《四明丛书》本作“支”。下同者不注。

一而已，初无大小。六四："括囊，无咎无誉"，亦此道也。方时闭塞，义当括囊而谨，易道之见于坤，见于谨者也。二言坤道正，五言坤道之盛。他卦之五多明君象；至于坤则臣道也，故五止言臣位之极盛。黄者，中之象，言乎得其中道也。故曰"通理"，言理以明中，非中自中、理自理也；裳者下服，言乎正人臣之位，居人臣之体也。故曰正位居体，明乎得道者必能守分而不犯。此非设饰者所能，由中而发，发于文为，故曰"元吉，文在中也"。言乎文非外饰，乃自中诚而著也。伊周之事，人咸信之，不疑其为非，信其诚也。王莽设饰，故卒罹大祸。初之"履霜"，谨微之道也。上之"龙战道之穷也"。皆易之道，而有昏明邪正之辨也。坤之用六，即乾之用九，九六不同而用同。

乾造始，坤代终，始终不同，而其大则同。故曰"以大终"也。至哉之坤，即大哉之乾也。名分不同，而道同也。为妻为臣而失道则不永，则不贞；得其道者，必永必贞。二三四五皆能用六，惟上六不能用六，反为六所用，为形体所使，为势位所动，故凶。初亦不能用六，故为霜，为冰，为不善之积，能辨之于早，则能用之矣。

汲古问：《易·蒙卦·象》曰："君子以果行育德。"何以谓之果？

先生曰：果者，实之谓。德性，人之所自有，不假于求，顺而行之，无有不善，有行实焉；行亏，则德昏矣。德性无体，本无所动，本不磨灭。如珠混沙而失其明，如水不浊则性不失矣。顺本正之性而达之，是谓果行，所以育德。见《诲语》。

汲古问：蒙何以养正？

先生曰：蒙者，不识不知以养正性。见《诲语》。

《需》得其道，必得所需；《需》失其道，必无后获。需，待也。彼此相孚，则应矣。人所需待，多动乎意，非光也。光如日月之光，无思无为，而无所不照，此之谓道。如此则人咸信之，故曰"孚"。如此则得所需矣，亨矣。得所需亨通，或放逸失正，故又曰"贞乃吉"。孚与光与正，本非三事，以三言发明道心。一动乎意，则不孚不光不正，谓之人心。故舜曰"人心惟危"，明其即入于邪，入于凶祸。

"'小畜'，柔得位而上下应之，曰小畜。健而巽，刚中而志行，乃亨"。以小畜大，以臣畜君之道也。畜有养义，有止义，以下畜上，非势之顺者，而有道焉。非柔则不敬不顺，非得位则不可以有所行。岂有居下位而可以行畜君之事者乎？虽柔、虽得位，使人心不悦；虽悦而不至于上下皆悦而应之，亦不能以畜君。

天下事，未有人心不悦而能行者，而况于畜君乎？故必上下之心咸应之乃可，其德健，则力足以行事，而无困慑不继之患。巽则顺，入乎君心；刚则物莫能变，中则不偏不倚。刚、中两言足以发明道心之本。人臣能健能巽而中，无其本，亦不能致亨健矣。巽矣，刚矣，中矣，或所畜之君虽略相应，而谏不尽行，言不尽听，则臣亦不可谓得行其志，亦不能亨。於戏！物情事理如上所序，节节如此，曲折如此，乃《易》之道也。呈柔得位，以明六四之象，众阳咸应，有上下应之象。下乾，健象；上巽，巽象；刚中，二五之象。四五刚柔相得，有志行之象，非象自象，道自道也。此正易道之见于小畜六画者然也。《象》著其象，《彖》发其义，所谓柔也得位也。上下应也，健也，巽也，刚也，中也，志行也。非每事而致其力也。合是数者，以发明《易·小畜》之道。得《易》道之全者，自能当小畜之时，尽小畜之义，自与此《彖》辞无不合。有一不合，必于道有亏焉。齐景公悦晏子之对，作君臣相悦之乐，其诗曰："畜君何尤。"畜君者，好君也。此亦《小畜》之小亨也。何者？晏子犹未有刚中之大本故也。

易者，天下之大道，圣人之大道，虽甚贤者，未能尽也；虽高明之士，已得大本而物情事理，委曲万变，往往疏略不能皆尽。孔子自谓："加我数年，五十以学《易》，可以无大过。"明知夫《易》者，大圣人之事，变应无穷之道，晚年成德，乃可学也。

汲古问：先儒谓："'复，其见天地之心乎！'此一句最不可以言语解，而可以身反观天地以生物为心。人能于善心发处，以身反观之，便见得天地之心。"此说如何？

先生曰：三才之间，何物非天地之心？何理非天地之心？明者无俟乎言，不明而欲启之，必从其易明之所以启之。万变万殊不可胜纪，难以明指。

阳穷上剥尽矣，而忽反下而复生，其来无阶，其本无根。然则，天地之心岂不昭然可见乎？天地之心即道，即易之道，即人之心，即天地，即万物，即万事，即万理，言之不尽，究之莫穷，视、听、言、动，仁、义、礼、智，变化云为，何始何终？一思既往，再思复生，思自何而来？思归于何所？莫究其所，莫知其自，非天地之心乎？非道心乎？万物、万事、万理，一乎，二乎？此尚不可以一名，而可以二名乎？通乎此，则变化万殊，皆此妙也。喜怒哀乐，天地之雷霆，风雨霜雪也；应酬交错，四时之错行，日月之代明也。孔子曰："哀乐相生，正明目而视之，不可得而见也；倾耳而听之，不可得而闻也。"於戏至哉！何往而非天地之心也？　见《诲语》。

汲古问：《说卦》云"离为甲胄"，何也？

先生曰：函人为甲，犀甲、兕甲，合甲革坚者支久，惟甲之足以当矢刃者①，以其柔胜刚也。后世易之以铁，岂古圣不如后人之智？尝以问诸军

① 此"甲"字，《四明丛书》本作"革"。

将，曰："蛮人用皮甲，若大国用之则不威重尔，实不如革也。" 见《诲语》。

众人见天下无非异，圣人见天下无非同。天地之间，万物纷扰，万事杂并，实一物也。而人以为天也，地也，万物也，不可得而一也。不可得而一者，睽也，睽异也。故不可得而一者，众人之常情，而未始不一者，圣人之独见。

非圣人独立此见也，天地万物之体自未始不一也。天下同归而殊途，一致而百虑，惟人执其途，而不知其归，溺其虑而不知其致。夫是以见其末，而不见其本，转移于事物，而不得其会通。圣人惧天下遂梏于此而不得返，故发其义于《睽》之《彖》。夫天穹然而上，地隤然而下，可谓甚相绝，圣人则曰："其事同也。"今考天地之事，阴阳施生，同于变化，同于造物，谓之"同"，犹无足甚疑。

至于男女，断然不可以为一人。圣人将以明"未始不一"之理，则亦有可指之机，曰"其志未始不通也"。夫以男女之不可以为一人，而今也其志则通，通则一然，则谓之一可也。又岂特男女之若可以说合者为然，举天下万物，如鸢之飞至于戾天，鱼之跃乃不离于渊，孰知鸢之所以飞者，即鱼之所以跃者也？林木之乔耸，砌草之纤短，判然则性之不同，而体质之殊绝也，孰知夫木之所以为乔而耸者，即草之所以纤而短者也？

苟于此而犹有疑，则试原其始，木之未芽，草之未甲，木果有异于草，草果有异于木乎？天者，吾心之高明；地者，吾心之博厚。男者，吾心之乾；女者，吾心之坤。万物者，吾心之散殊一物也。一物而数名，谓之心，亦谓之道，亦谓之易。圣人谆谆言之者，欲使纷纷者，约而归乎此也。

汲古问：《益卦·象》曰："风雷益，君子以见善则迁，有过则改。"或以为雷行风从，相资而相益。此说是否？

先生曰：见善则迁，有过即改，当如风雷之疾，如此则获益也。人谁无好善改过之心？或有以为难，而不能迁改者，患在于动意。惟能不动意①，则虚中无物，如镜如空，何善之难迁，何过之难

① "惟能不动意"句原阙，此据《四明丛书》本补。

改？舜闻一善言，见一善行，若决江河，沛然莫之能御者。以舜之道心精一，故无有阻滞也。

先生曰：圣人不贵无过，贵改过。

汲古对云：故夫子曰："已矣乎！吾未见能见其过，而内自讼。"

先生曰：世之学者，多溺于空寂，以自讼为非道，岂圣人以非道教人？

汲古遂蒙先生书七言以示诲云："能见其过内自讼，谁知此是天然勇？多少禅流妄诋诃，不知此勇不曾动。"又书六言云："兢业初无蹊径，缉熙本有光明。自觉自知自信，何思何虑何营？镜里人情喜怒，空中云气纡萦。孔训于仁用力，箕畴王道平平。" 见《诲语》。

《鼎·彖》曰："鼎，象也，以木巽火，亨饪也。圣人亨以享上帝，而大亨以养圣贤。"诸儒多求象外之义，必求以木巽火之义，又求圣人亨以享上帝之义，又求大亨以养圣贤之义，不得其义遂穿凿其说。不知《彖辞》所言甚明，甚正，不必他求。"鼎，象也"，言《鼎卦》俨然有鼎之象，有腹有足，有耳，有铉，以木巽火言其亨饪也。即以木巽火，即大易之道。即亨饪，即大易之道。圣人亨于鼎，以享上帝，此外亦无说，此即大易之道；使有说，则不足以享上帝矣。胡不闻文王不识不知，顺帝之则乎？养圣贤，则不一而足，所亨多矣，故曰“大亨”。自大亨之外亦无说，此即大易之道也。学者于《易》之书每求其说，每求其义，至于“巽而耳目聪明”以下则有义矣。自“鼎，象也”以下，无义之可言也。

呜呼！天地间何物非易？何事非易？何义非易？诸儒唯知有说有义之为易，不知无说无义之为易，说犹无可言，义犹无可说，而况于无说而强凿其说，无义而强起其义乎？深悟无说无义之为易，则庶几乎入“何思何虑”之妙，明大易“一贯”之旨矣。

《易》曰“艮其背，不获其身；行其庭，不见其人”云云，善止者行，善行者止。知止而不知行，实不知止；知行而不知止，实不知行。知行止之非二而未能一一皆当其时，犹未为光明。人之精神，尽在乎面，不在乎背；尽向乎前，不向乎后。凡此皆动乎意，逐乎物，失吾本有寂然不动之情。

故圣人教之曰“艮其背”，使其面之所向，耳目口鼻手足之所为，一如其背，则得其道矣。虽有应用交错，扰扰万绪，未始不寂然矣。视听言动，心思曲折，如天地之变化矣。惟此为艮，惟此为止其所。苟艮其面，虽止犹动，知其动而刚止之，终不止也。惟艮其背，则面如背，前如后，动如静，寂然无我，不获其身，虽行其庭，与人交际，实不见其人。盖吾本有寂然不动之性，自是无思无为，如冰鉴，如日月，光明四达，靡所不照。目虽视而不流于色，耳虽听而不留于声，照用如此，虽谓之不获其身、不见其人可也。冰鉴之中，万象毕见，而实无也；万变毕见，而实虚也。止得其所者，言不失其本。止也，非果有其所也，非本不止而强止之也。

孔子曰“言不尽意”，谓此类也。使有我，则有所矣。夫天下何一物之不妙也？岂独无形者为妙，而有形者不如耶？岂独无形者为道，而有形者不道耶？未始不一，人自不一。庭者，堂之前两阶之间，正人物交际之地，而曰“行其庭不见其人”，非果无人也，不动乎意，虽见而非见也。见立则意动而迁矣，非止也。天地之变化岂有所动哉？日月之靡所不照，岂有所见哉？孔子曰：“哀乐相生，正明目而视之，不可得而见也；倾耳而听之，不可得而闻也。”洞觉者当无疑乎此也！曰“上下敌应，不相与”者，以是卦上下皆敌，初与四皆阳，二与六皆阴，三与上亦皆阴①，无相与之象也。既曰“敌”矣，何以言“应”？非谓截然不与物应也，虽应而不动也，犹未尝相与也。苟惟不然，则意起而私立，物我裂而怨咎交作矣，非艮止之道也。

《易》曰：“风雷益，君子以见善则迁，有过则改。”见善即迁，当如风雷之疾；有过即改，当如风雷之疾，如此则获益。人谁无好善之心，往往多自谓己不能为而止；人谁无改过之心，往往多自以难改而止。凡此二患，皆始于意，意本于我。道心无体，何者为我？清明在躬，中虚无物，何者为我？虽有神用变化云为，其实无体。知我之本无体，则声色甘芳之美，毁誉荣辱之变，死生之大变，如大虚中之云气，冰鉴中之万象，如四时之变化，其无体无所加损，何善之难迁，何过之难改？舜闻一善言，见一善行，若决江河，沛然莫之能御者，以舜之胸中洞然一无所有，故无所阻滞也。

① 按，此处所述与《艮卦》卦象不符。

《易》上下《系》，虽非孔子所作，而其间得之于孔子者多矣。其言道，曰“百姓日用而不知”，虽不系之“子曰”，而吾信其为孔子之言也。其曰“何以聚人？曰财。理财正辞，禁民为非，曰义。”此亦信其得之于孔子者也。

吾深念尧舜三代所以治天下之本旨，不复见于后世，深念自孔子没，似是而非、似正而邪之辞充塞宇宙，斯人相与，沈迷于昏昏之中而正道不明也。舜命龙曰：“朕堲谗说殄行，震惊朕师。”周有训方氏，乃正辞之谓。言之失正失实，则作之于心，发于其事，卒以害道。害道，祸乱之原也。正辞，所以教之也。

圣人治天下，禁民为非而已，无他事也。礼乐刑政，一本诸此。自子思、孟子之言，其失实者犹多，而况于下焉者乎？

少读《易大传》，深爱“无思也，无为也，寂然不动，感而遂通天下之故”。窃自念，学道必造此妙。及他日读《论语》，孔子哭颜渊至于恸，从者曰：“子恸矣！”曰：“有恸乎！”则孔子自不知其为恸，殆非所谓“无思无为”“寂然不动”者？

至于不自知则又几于不清明，怀疑于中，往往一二十年。及承教于象山陆先生，闻举扇讼之是非，忽觉简心乃如此清明虚灵，妙用泛应，无不可者。及后居妣氏丧，哀恸切痛不可云喻。既久，略省察曩正哀恸时，乃亦寂然不动，自然不自知，方悟孔子哭颜渊至于恸矣而不自知，正合无思无为之妙。益信吾心有如此妙用，哀苦至于如此其极，乃其变化。

故《易大传》又曰“变化云为”，不独简有此心，举天下万古之人，皆有此心。益信人皆与尧、舜、禹、汤、文、武、周公、孔子同此心，顾人不自知，不自信尔。

子曰：“书不尽言，言不尽意。”然则，圣人之意其不可见乎？子曰：“圣人立象以尽意，设卦以尽情伪，系辞焉以尽其言，变而通之以尽利，鼓之舞之以尽神。”至哉圣言！岂训诂之所能解？既曰“书不尽言”矣，又曰“系辞以尽其言”；既曰“言不尽意”矣，又曰“立象以尽意”。於乎至哉！似矛盾而非矛盾也，似异而实同也。圣人之言意，岂尽不尽之所可言？言尽亦可，言不尽亦可。云不尽者，圣人之实言；云尽者，亦圣人之实言。此唯智者足以知其解，知其解者，始信“天下何思何虑”，始信孔子果“无隐于二三子”，始信六十四卦，卦卦齐一，始信三百八十四爻，爻爻不殊。

汲古问：“形而上者谓之道，形而下者谓之器”，道随寓而有，如何分上下？

先生曰：此非孔子之言。盖道即器，若器非道，则道有不通处。

《易》曰：“憧憧往来，朋从尔思。”子曰：“天下何思何虑？天下同归而殊途，一致而百虑，天下何思何虑？”至哉！圣言实语也。而自孔子以来至于今，知之者寡。

“同归殊途”，取喻尔，非实有归有途也。极上下四方之间，古往今来，万物变化，有无彼此皆一体也。如人有耳目鼻口手足之不同，而皆一人也。自清浊分，人指轻清而高者曰天，于是靡然随之曰天；指重浊而下者曰地，于是又靡然从之曰地。到于今莫之改，而实一物也。

清阳浊阴，二气感化，而为日、为月、为风

雨，人物于是生，皆一也。曰彼曰此，曰动曰静，曰有曰无，皆是物也。何以思为，何以虑为？一致尔，人自百虑，故又申言，曰“天下何思何虑”。圣人多循诱，罕言及此。今欲破“憧憧往来”之惑，不得已申言之，以明圣心之实。

自圣人观之，一犹赘言，何俟乎思虑？子曰“学而不思则罔”，为未觉者设也。又曰“君子有九思”，为未觉及觉而未全者设也。尧之文思如昼夜寒暑之变化也，皋陶曰“慎厥身，修思永”，以舜、禹虽圣，犹未至于尧之大圣也。孔子赞尧曰“大哉”，赞舜曰“君哉”，不无小间也。然孔子垂教，奚可不循循善诱也？言“日月相推而明生，寒暑相推而岁成”者，将以形容屈信相感而利生，使人知往屈非不利，通其屈信之异见也。又言“尺蠖之屈以求信，龙蛇之蛰以存身”，屡屡言屈非不利，圣人知人好恶偏陷深固，故谆谆然渐启之。又进之曰精义入神，乃所以致用也；利用安身，即所以崇德也。

明道非无用于世，即利用安身无非大道，而人自不觉也。大道坦夷，如此而已，过此以往，无可言者，故曰“未之或知也”。惟觉虽通达，而未精未一，故孔子为之不厌者，穷尽其神用也。前言“利用安身”①，谓大略尔。变化则不可胜穷，无一云一为之非变化，又言“知化则圣”，道于是乎尽。

初疑《序卦》之为义似迂，《杂卦》之为文似乱；后乃悟《序卦》之义殊不迂，《杂卦》之文殊不乱。六合之间何物非易，何事非易，何义非易，何言非易？纵言之亦可，横言之亦可，以《坤》为首为《归藏》亦可，以《艮》为首为《连山》亦可。故五声六律十二管，旋相为宫②，则皆宫也；五色六章十二衣，旋相为质，则皆质也；五行四时十二月，旋相为本，则皆本也。曰本，曰质，曰宫，皆易之异名，然则错综而言之，何所不可？《序卦》《杂卦》，虽无“子曰”，无害于道。

① “言”字原阙，此据《四明丛书》本补。
② 此“旋”字，《四明丛书》本作“还”。下有同者不注。

家记二　论书　论诗

论　书

孔安国谓尧“安安”，安天下之当安；谓舜“允塞”，信充塞上下；谓“天叙有典”，天次序人之常性；谓“惟和惟一”，群臣当和，一心以事君；谓“一哉王心”，能一德则一心；谓“王道平平”，言辩治。陆德明又“婢绵反”。传注之谬至于此极，而未有厘而正之者。

《尧典》：“协和万邦。”《春秋传》：“禹会诸侯于涂山，执玉帛者万国。”此皆言其大略尔，使不满万，亦可以言万；其不止于万或倍万，亦可以言万。犹言“万物”，物奚止于万耶；“万民”，民奚止于万耶？皆举其大略而言尔。先儒故必欲整整其所谓“万数”释。郑康成谓：“《尚书》州十有二师者，州立十二人为诸侯师，盖百国一师，州十二师，则州千二百国也。”“八州九千六百国，余四百国在畿内。”则整整恰恰为万国，不少一，不多一。吁！可哂哉，其陋至此！《公羊》说殷三千诸侯，周千八百诸侯；《孝经》说亦云周千八百诸侯，此或据古志而言。汉博士求其说而不获，遂为之说曰：四海之内九州，州方千里，建百里之国三十，七十里之国六十五，十里之国百有二十，凡二百一十国，八州千六百八十国。又天子之国内，方百里之国九，七十里之国二十有一，五十里之国六十有三，凡九十三国，合为千七百七十三国，以应周千八百诸侯之成数。武王之兴，不期而会孟津者八百诸侯，康成又遂为谓三有二①，则殷末千二百诸侯。牵合可笑之状若此类，奚可殚举？凡是皆起于不达道义，无所用心，故溺情于名数之末，寖愚而不自

① 此“三有二”字，《四明丛书》本作“三分有二”。

知，又以愚后世，使学者弊精神于愚陋之说中，则先儒于是为有罪，而予谆谆之辩，为不得已。

彼独不思夫诸侯之建，不知其所自始，人群生于天地之间皆有血气，生知不能以无欲，欲则争，争则斗，则伤则杀。其天性之美稍公且正者，则足以服其比邻。比邻归之，凡百取平焉，则五有长，十有长，百有长，千有长。其德愈大，所服愈广，是故有小国之君，有大国之君，其为君为长者，地丑德齐，莫能相尚。其间有圣人出焉，举天下咸归服之，是为帝为王。夫所谓为君为长者，皆诸侯也，大小之数，多少之数，岂得而预定？既弗克预定矣，则又岂能新立法更易之，增损之，以合王制所言之数耶？

虽有更易世代，武王克商，灭国五十尔，余率因其旧，则周所封建亦不多矣，讵能尽更而易之？虽有德则加地，有罪则削地，其有功德者固不数见，有罪者亦不数见，则加地削地亦不数见，姑因其旧，乃势之常，而汉儒乃为是等等差差，不可小有增损之制，亦不思甚矣。康成为汉儒宗，余可观矣。此本不足辩，习俗虚文为日久固，不得已，少驱井蛙之惑。

《尧典》：“帝曰：畴咨，若时登庸？”《益稷》：

“帝庸作歌曰：敕天之命，惟时惟几。”又曰：“庶顽谗说，若不在时。”《尚书》率以“时”为“是”。盖古语也。《尧典》上无所承，忽曰：“谁乎？嗟哉！有谁顺是者乎？吾将登用之。”盖“时”即“道”也。

舜之所以光天之下者，此也；黎献之所以有功者，此也；丹朱反此也；禹荒度土功，用此也；皋陶只叙此也；祖考以此而来格，群后以此而德让，凤凰因此而来，百兽以此而舞，庶尹由此而谐，敕正天命，惟此而已。惟此为几，谓为庶政之几。盖天地间惟有此道而已。三才万化，万物万事万理皆不出此道。得此则吉，则治；失此则凶，则乱。唐虞君臣朝夕之所谋谟经营，无出此道。“是”犹此也，故当时相与诏告，惟曰“时”，犹曰“此”也。“时”即道之异名。此道非言意之所能名，后乃取道路无所不通，人所共由之义，初无形体之可执。至于曰“时”，则尤不滞于言意。妙哉！时之为言也。非大圣，畴能为是言？《易》多曰“此”，此即“时”。漆雕开亦曰“吾斯之未能信”，是也。“是”，音之轻清者，谓道也。

古罕言道，虞夏之际始间言之。舜曰“若不在时”，又曰“惟时惟几”，皆所以言道，道之为言，终不若时之为义，浑然不分事理。帝知“若时”者，诚未易得，故问其次，谁能顺予事者？采，事也，次问事，则知“时”，道也。互见《训语》。

尧纳舜于大麓，“烈风雷雨弗迷”。按《孔丛子》宰我问及此，孔子曰：“尧既得舜，历试诸艰，已而，纳之于尊显之官，使大录万机之政①，是故阴阳清和，五星来备，烈风雷雨，各以其应，不有迷错愆伏，明舜之行合于天也。”《孔丛子》之可疑者不一。《皋陶谟》曰：“兢兢业业，一日二日万几。”《益稷篇》曰：“安女止，惟几惟康。”盖几者，动之微也。后世多事，远不逮唐虞，然今朝廷一二日亦安得有万事？尚不及千百。则知唐虞之时所谓万几者，指视听言动念虑尔，此断断乎无疑者。而此言“大录万几之政”，深有疑焉。又改“麓”作“录”，然则尧纳舜于大山之麓，使之主祭，因名山升于天。“烈风雷雨弗迷”者，舜毕祭，而烈风雷雨他所咸迷，独舜所行不迷，言百神享之，特佑焉，故不迷。《史记》亦云：“舜入山林

① 此“机”字，《四明丛书》本作“几”。

川泽，暴风雷雨，舜行不迷，尧以为圣。”若谓自舜录大政，而风雨始不迷错，则尧时迷错乎？后始皇封禅遇暴风雨，岂非神灵示此以为验乎？《孔丛子》所云，疑古好事者托辞。

又《孔丛子》书宰我问禋于六宗，孔子曰：“所宗者六，皆洁祭之也。埋少牢于泰昭，所以祭时也；祖迎于坎坛，所以祭寒暑也；主于郊宫，所以祭日也；夜明，所以祭月也；幽禜，所以祭星也；雩禜，所以祭水旱也。禋于六宗，此之谓也。”与《祭法》大略同。《祭法》首言祭天地，即继以“埋少牢于泰昭”已下。夫舜“肆类于上帝”，类者，盖类祭及地日月星之类聚祭，而于文祖之外，又禋于三昭三穆欤？

古者天下为公，惟让于德。三昭三穆皆有德可宗，非如三代而下天下为家，而传于子，三昭三穆未必皆宗也。若《孔丛子》所言六宗，则舜祭于上帝，不及地而遂及山川，无乃不可乎！又《孔丛子》后章谓，孔子欲猫得鼠琴音为之变，甚失孔子好生之志。此皆后篇托辞[①]，亦犹言尧、瞽叟北面

① 此“篇”字，《四明丛书》本作“儒”。

朝舜，孔子曰“于斯时也，天下殆哉”之类乎？

《舜典》曰“象以典刑”者，《汉书》所谓“画衣冠而民不犯也”。汉儒去古近，宜有所传。后孔安国一人乃更其说曰：“象，法也。法用常刑，不越法。”后儒又因别为说曰：“象民所犯轻重而加以常刑。”皆不明白释“象”字，不平正。象，画也，画其所犯之典刑，于衣冠而耻之，而实不刑之；且后世直加之刑，犹恐其不革，而欲画衣冠以革之？呜呼！此衰世浅丈夫所见乃尔！稍致思焉，亦何不可？今固有至愚至奸恶，而宁甘受杖，耻于示众，岂唐虞之世而人不耻之欤？矧大圣人道化所感动耶？矧《舜典》此章曰流、曰宥、曰鞭、曰扑、曰赎，曰眚灾肆赦，皆宽恤之类，惟怙终贼杀者乃刑之。此刑乃正之用五刑，若上言“象以典刑”，非画衣冠，则无乃重复乎？下言：“钦哉！惟刑之恤哉！”则上叙宽恤乃其本旨。

舜咨十有二牧曰：“食哉惟时，柔远能迩，惇德允元，而难任人，蛮夷率服。”民苟无食，虽有常性，饥困迫之，必至斲丧，故舜先食。《洪范》

八政，一曰食。孔子亦曰“所重民食”，孟子曰：“救死不赡，奚暇治礼义?”“百亩之田，勿夺其时，数口之家，可以无饥，为王道之始。”农事之不可失时，惟农家知之；苟失其时，虽种不粒。既富而后可以言教，民食足而后可以言德化。欲柔远，必能迩而后可。德性人所自有，《书》曰：“惟民生厚，因物有迁。”不随物迁，则不失其厚，是谓惇德。惇德之言，所以勉十有二牧。元，即乾元、坤元。元者，道之异名。允，信也、诚也。惇德之至，至于信其果元，是谓允元。《书》曰：“德元不失其厚。”不因物迁，则可谓能迩矣。其次，又能难于任人，以尧朝而有共工、驩兜，以四岳而犹荐鲧，人之难知如此。孟子曰：“左右皆曰贤，未可也；诸大夫皆曰贤，未可也。国人皆曰贤，然后察之，见贤焉，然后用之。”如此任人必得其贤，必能使远方蛮夷柔服。远者犹服，而况于近者乎？禹曰：“安女止，惟几惟康，其弼直，惟动丕应，徯志。”止，即“惇德允元”；弼直，即“难于任人”；动应徯志，即“蛮夷率服”。皋陶曰“谨厥身修思永”，即“允元”。又曰“庶明励翼”，即任人。故曰“迩可远在兹”，言乎致治之道在此不在彼也，在迩不在远也。此万世不可易之通论，论治者无能越之。子思论治天下国家，亦以修身为先，尊贤次之。后儒亦曰："王者之道，在修身任贤而已。" 见《训语》。

舜命伯夷典礼，而告之曰："夙夜惟寅，直哉惟清。"何谓也？寅，敬者，礼之道。礼曲折万状，而由道心行之，实未尝曲折，故曰直；实未尝万状，故曰清。曰直，曰清，曰寅，以三言明礼之一道。后世道不明，此等语多莫晓。

舜命伯夷典礼，《尚书》曰"三礼"，孔安国注云："天地人之礼。"简疑"三"者①，"五"字之讹误欤？按《尚书》多曰"五礼"，其巡狩修五礼。皋陶曰："天叙有典，敕我五典五惇哉！天秩有礼，自我五礼有庸哉！同寅协恭和衷哉！"五典之外，自有五礼，则吉、凶、军、宾、嘉，见诸《周官》者是欤！

---

① 此"简"字，《四明丛书》本作"某"。下同此例者，不注。

且书中文字非古者不一，如“汝”，古必不加水，“太”必不加点，“逊”必不加“之”。“时日曷丧”本或作“害”；“天佑下民，作之君，作之师，惟其克相上帝，宠绥四方，有罪无罪，予曷敢有越厥志”，或作“天降下民，惟曰其助，上帝宠之四方，有罪无罪，惟我在昭”。“我周王，天休震动”，或作“绍我周王见休”。“在昔上帝，割申劝宁王之德”，或作“上帝周由，观文王之德”。《尚书》称尧“文思”，思者，知藏于中，深静不露也；称舜“文明”，明者，别贤否凡百敷见于外也。故《史记》曰：“天下明德，自虞帝始。”

舜命龙曰：“朕塈谗说殄行，震惊朕师。命汝作纳言，夙夜出纳朕命。”禹曰：“予欲出纳五言，汝听！”《易大传》曰“理财正辞”。“正辞”，亦纳言之谓。此治教之急务，而后世不闻。盖五方之民，风俗议论容有不同，如周大夫原伯鲁不说学，闵子骞曰：“周其乱乎！夫必多有是说，而后及其大人。”此等议论，岂可不纳之于上而出命以正救之也？周衰，异端并作，鲁少正卯行僻而坚，言伪而辩，孔子诛之，以邪说之足以乱人心也。至若任侠轻生，以周人之急，有足尚者，而敢于犯禁，敢于杀人，似义而非正，相师成风①，肆行无忌，此岂一日之积哉！上之人无以救其始，稔成其俗。古者一道德以同俗，执左道者有诛。《周官》纠万民之德，正其行，巡问而观察之，训方氏诵四方之传道，布而训之，以观新物。三五之世，君人者以左右斯民若有常性为本务，故设官分职，出纳而正教之，奉天命，子兆民，本职如此。叔世官废而不修，故异说兴而莫之止，孔子条为政之急务，曰“修废官”，此其一也。秦汉而降，君臣安于功利，三代旧政不复修举，而况于有虞氏之政乎？

舜曰：“咨女二十有二人，钦哉！惟时亮天功。”夫舜所以咨命四岳、九官、十二牧者，孰不曰皆人为之功？而舜谕之曰：“钦哉！惟时亮天功。”时，是也；亮，信也。是，天也，非一付之自然而不为也。尽钦竭力，惟无入于意。苟动于意，即私即偏，而非道心。礼乐刑政一入于人为，则违道违天，即可致患。故《书》曰：“天叙有

① 此“师”字，《四明丛书》本作“帅”。

典，天秩有礼，天命有德，天讨有罪。”箕子曰：“无有作好，遵王之道；无有作恶，遵王之路。”“王”即天。又曰：“无偏无党，无反无侧。”箕子能辩之矣。孟子曰：“禹之行水也，行其所无事也。”是谓帝则，是谓帝载。由乎此则能懋勉，则五品逊，五刑明，则直，则清。直而不温则失此，宽而不栗则失此，刚而虐则失此，简而傲则失此，谗说殄行皆失此。谗说者，似是而非之说，以其入乎意也。殄行者，太过殄绝之行，以其入乎意也。

孔子训子张以“忠信笃敬，立则见其参于前，在舆则见其倚于衡”者，天也。曾子曰“皜皜”者，纯白无意象，即此天也。伊尹与汤“咸有一德”者，天德也。文王“不识不知，顺帝之则”者，此也；小心翼翼者，此也。此心不动，则不放逸，不慢易，不私不偏。日用纯纯，动静无二道，三才无二道。

《书》曰：“后克艰厥后，臣克艰厥臣。”猗欤至哉！此尧、舜、禹、皋、益，相与讲论之大旨，而后世君臣，往往下视此等语，以为特言其浅者耳，特言其见于临政事者耳，必别有妙者，如“惟精惟一，允执厥中”，方可为至论。吁！尧、舜、禹、皋、益有二心乎？临民出政时有一心，穷深极微时又一心乎？人有二心，且不能以为人，而可以为尧、舜、禹、皋、益乎？精一之论，卒于钦谨，卒于敬修，谓钦谨敬修，又特言其浅者，则有浅有深谓之一，可乎？益曰：“戒哉！儆戒无虞，罔失法度，罔游于佚，罔淫于乐。’又曰：“无怠无荒。”益岂侮其君，谓不足以语夫深者，而姑以其浅者告乎？皋陶曰“谨厥身修”，又曰“无教逸欲”，又曰“兢兢业业”，又曰“同寅协恭”，何数圣人者无他奇谋伟论，而谆谆惟以戒谨恐惧为首语也？於乎①！尧之所以为尧，舜之所以为舜，禹之所以为禹，皋陶、益之所以为皋陶、益，岂非以此心而已乎？戒谨恐惧，此心存乎？放逸慢易，此心存乎？知放逸慢易，心易失，则戒谨恐惧，此心之存可知矣。惟得此心者，方知此心之出入，惟识此心者，方知此心之存不存。不识此心者安知之也？不知者，胡不于戒谨恐惧时，而默察其所以然乎？方戒谨恐惧时，此心放乎，不放乎？纷扰乎，不纷

① 此“於乎”，《四明丛书》本作“於戏”。

扰乎？有计较乎，无计较乎？支离乎，不支离乎？此时之心可谓尧、舜、禹、皋、益之道心矣，可谓精一矣，可谓中矣，可谓天下之所同然者矣。是心也，无私好，无私恶，无私喜，无私怒，无私取，无私去，可谓“无偏无党，王道荡荡；无反无侧，王道正直”。庶政庶事，皆建此极；设官分职，莫匪尔极；粒我烝民，莫匪尔极。皋陶之刑，使协于中，岂非此极？皇建此极，而天下之民不协于极者，无是理也。唐虞之所以比屋可封者，此也，成周之所以人人有士君子之行者，此也。谓“克艰”之语为特其浅近者，遏绝天下后世之良心，长后世非僻之心。

禹曰：“后克艰厥后，臣克艰厥臣。政乃乂，黎民敏德。”舜曰：“俞！允若兹，嘉言罔攸伏，野无遗贤，万邦咸宁。”大哉舜、禹之言！其万世不易之道乎？帝王之道，初无甚高难行之事，不过“克艰”一语而已，而遂可致庶政之咸乂，遂可致黎民之速化于德，可以使野无遗贤，可以使万邦咸宁。其道甚易，其功甚大，又甚敏。然则，后世何惮而不为？学士大夫往往多归过于人主，而不知过在于士大夫之不学也。

夫人主长于深宫，辅而导之者，士大夫而已。汉高以匹夫取天下，群臣以一权利辅之，无足云者。张子房亦一时翘楚，借箸发难，毋立六国后，未害也，何至深沮高帝为善之心？叔孙通首进大猾，固不足以辅帝，陆贾几开帝矣，而谓汤武逆取顺守，此何等学术而可以事君也？孝文欲禅贤有德者，而不敢专于子，有司再请，帝再却之，又耻于饬兵厚卫，遂罢卫将军。观此器度，真二帝三王之用心也。贾谊儒者，帝所前席，五饵鄙诈，可耻可贱，岂非士大夫之罪也？武帝虽穷奢黩武，几亡社稷，然好儒，甚有嘉唐虞、乐商周之心，而董仲舒学不知道，《三策》所陈虽皆正言，不达大本，不能启导君心固有之善，唯曰“仁义礼智信，所当修饬”而已，不知如何而修饬也！又曰“设诚于内而致行之”，夫诚者，人心之所自有，何以设为？帝虽多欲，而嘉唐虞、慕三王之心，亦帝之善心也。人心本善，因物有迁，仲舒诚能因帝之善心顺以启之，达而充之，安知帝不可跻之三代之上也。申公力行之言正矣，不能如孟子因齐宣易牛之心而达之于王道也。士大夫诚未可亟归过于世主也。帝亦颇悦仲舒之对矣。末册曰“条贯靡竟，统纪未终”，情状亦可观矣。韩歆之死，世咸罪光武，光武诚有拒谏之罪，而歆指天画地，亦不敬不克艰矣。诸葛亮三国之英，而劝攻刘璋，立同姓之妇为后，弃义亡礼。亮犹如此，则下焉可勿论矣。唐房玄龄首发乱谋，杜如晦赞决，二人熟视巢妃之秽而不言；魏徵虽言，仅使勿后。三人者尚尔，余又可知焉。《周史》称王佐九成之谏，卒谓业已成就；宋璟坚正矣，及明皇悔过，璟又导之，使委曲文过。士大夫学术如此，而遽议人主之难辅，未可也。

道之不明也，我知之矣。道在迩而求诸远，事在易而求之难。人心自善，人心自明，人心自神。学士大夫，既不自知己之心，故亦不知人主之心。舜、禹之心，即是心已，是心四海之所同，万古之所同。“克艰”云者，不放逸之谓也。不放逸则不昏，不昏则本善、本明、本神之心无所不通，无所不治，无所不化，此道至易至简。见《训语》。

简自以为能稽众，舍己从人矣。每见他人多自用，简不敢自用，亦简自谓能舍己从人意，谓如此言亦可矣。一日偶观《大禹谟》，知舜以克艰稽众，舍己从人，不虐无告，不废困穷，惟帝尧能是，是谓己不能也。三复斯言，不胜叹息。舜心冲虚，不有己善，虽稽众，舍己从人，亦自谓不能。呜呼，圣矣！舜岂不能稽众者？岂不能舍己从人？岂虐无告，岂废困穷？无告，常人之所不敢虐；困穷，常人之所不忍废。而今也，圣人曰“己不能”，呜呼，圣矣！惟舜冲虚如此其至，故益赞舜“德自广运，自圣自神，自文自武，皇天眷命，奄有四海，为天下君”。

时简年已六十有六，平时读《大禹谟》，未省及此，续思《曲礼》曰：“礼，闻取于人，不闻取人者。”称某人仁、某人知、某人孝友之类，不敢取人者，以微有品题之意欤？见取于人，则不可。《曲礼》斯义略似《禹谟》。

益曰“罔失法度”，当哉斯言！三五盛际，所以人皆有士君子之行者，以法度备具故也。后世所以人物衰丧，间有贤者，复多阙失，以法度大废故也。学问之道，虽曰“求放心而已”，不在于外貌，然外貌斯须不庄不敬，即失其所谓帝则。岂有措身于淫逸非僻之地，而曰吾求放心足矣，难哉！

近丹者必赤，近墨者必黑。自舜、禹大圣，犹有克艰之戒。益曰："戒哉！儆戒无虞，罔失法度。"又曰："罔游于逸，罔淫于乐。"又曰："无怠无荒。"而后世学道之士，乍有所闻，微有所觉，忽睹高明广大，往往下视舜、禹、益所为过矣。气质曾未及古中贤，而遽抹略小节，不复退思舜、禹、益用心之如何，多见其不知量也。见《训语》。

唐虞之际，六府以养民，三事以教民。秦汉而降，不复闻三事之教矣。《大禹谟》具言正德、利用、厚生为三事，而解者已不知其说。利用，言器用之便利；厚生，言养生。凡民切身日用之事，无越斯二者，即斯二者，而皆有正德焉。如茅茨、瓦器、涑造、漆器、权量、均一之类，是利用之有正德也。老者衣帛食肉、斑白不负戴于道路之类，是厚生之有正德也。生民日用，非利用则厚生，非厚生则利用。今也咸有正德，则斯民耳目之所见，手足之所用，心思之所关，无非正德之事，不知其所以然，而默化于德矣。欲化民而不由三事，未见其可。后世为国者，大概兵财而已，文物而已，教化无闻焉。故三事之说不传。唯晏子曰："夫民生厚而用利，于是乎正德以福之。”此稍不失旨。至于申叔时曰“民生厚而德正，用利而事节”，则失《禹谟》之旨矣。无惑乎三事之教，于今不闻也。

舜命皋陶曰：“民协于中，时乃功。”自后世观之，协中不协中，此何等急务也？《汤诰》首曰：“惟皇上帝，降衷于下民，若有恒性，克绥厥猷惟后。”自后世言治者观之，衷为何物？常性又何物？所谓“绥厥猷”者又何如而绥之也？箕子为武王陈《洪范》曰：“惟时厥庶民于汝极，锡汝保极。”自后世观之，极者极至之道也。民至愚无知，何足以与此？设谕告之，彼又安知？成王命君陈分政东郊成周，曰：“时乃罔不变，允升于大猷。”成周，殷顽民所迁。顽民淫湎叛怨，尤其愚不可训诲者。自后世论之，当弃之绝之，而成王方欲使君陈升之于大道。自顽民成王犹期之以大道，而况于他乎？於戏！古先圣王之所以治其民者乃，如此也。古先圣王之所以奉天命为天司牧斯民者，乃如此也。天能生斯民而不能教之，惟民生厚，因物有迁，无有以左之右之，使无越乎极，无失乎常性，则纵所欲往，大乱之道也。

是故，有君焉以代其任，谓之天子，则天之所以命人君者，非为君者设也。天以降衷于民，民有之，是为常性，率此常性而往谓之道，亦谓之猷，又谓之大猷，又谓之极；不率此常性以往，则为奸为宄，为寇贼，为大乱之道。古先哲王，知天之所以命我者在此，知民之所以为治为乱者在此。故夫一政一令之出，无一不为乎此。曰“五礼”，所以防万民之伪而教之中；曰“六乐”，所以防万民之情而教之和；曰刑，刑者所以使民协于中：曰政，政者所以使民无不正也。中、正皆极也。故唐虞三代盛时，利用、厚生，无非正德；礼、乐、刑、政，无非大道。左右有民，惧民之或失此极也。“立我烝民，莫匪尔极”。设官分职，以为民极，极者，常道之异名，言天下惟有此道不可得而加也。立政立事，莫非此极，莫非中正。上自朝廷，下达闾里，目之所见，无非中正之色；耳之所听，无非中正之音；身之所履，无非中正之行。无奸声乱色以贼其外，无异端邪说以贼其内，从容乎大道之中，不勉不强而自有士君子之行，比屋之民皆可封，兔罝之夫皆好德。成人有德，小子有造，古者何修而得此？民有良性，无以贼之也；民之有过，有以防之也。后世忿疾民之不驯，上之人既无德以感动之，乃为一切之政，峻令苛法以痛绳之，将以禁民之过，而反毒其良性，反作其不肖之心。迨夫治之不得，则曰后世之民非唐虞三代之民也。世移俗改，日就浇漓，刑政已修，而民犹如此，亦付之无可奈何而已。吁！此岂后世之民，果不可比于三代之民也？岂后世之民果日就浇漓，果不可奈何也？

善夫！魏郑公之言曰："若谓古人淳朴，渐致浇漓，则至于今日，当悉为鬼魅矣。"上之人贼民之良性，而疾民性之不良；上之人不善防民之过，而忿民之顽；田不井，民无常产，而欲民之有常心；礼乐大坏，淫靡轻浮之音，沦浃乎民之肌髓，而欲民之不荡；乡不举，里不选，不教以德行道艺，而教以浅薄无用之虚文，而欲民之不失德，是日授之以朱丹，而恶其赤也；日染之以皂墨，而求其不黑也。　　见《训语》。

少时读书，窃自念古圣人之道，高明广大，不可以心思，不可以意度，当寂然不动，感而遂通。如曰"惟精惟一"，如曰"一德"，略见深旨。其它大略曰钦、曰敬、曰谨、曰克艰、曰孜孜兢兢、曰典常、曰学于古、曰奉天、曰勤恤，殊未省其实。岂圣人姑致其谨，循其常？而其中固自有广大高明之妙耶！岂帝王之治理如此，而不及其精微？其精微不多见于《书》耶！至读《论语》亦然，惟见孝弟、忠信、力行、学文，平平常语，所谓“一贯”之旨，亦未明白，“无隐”之诲，亦不终告。岂圣人不轻出其秘耶？何其莫可晓也！及微觉后，方悟道非心外，此心自善，此心自神，此心自无所不通，心无实体，广大无际，日用万变，诚有变化无穷，不识不知之妙，而旧习尚熟，乘间而起，不无放逸。于是方悟《尚书》《论语》所载止合如此。

放心之戒，果为要害。此心微动，百过随之；此心不动，常一常明；钦敬谨戒，常妙常一。治乱之机在此，古道在此，典常在此。顺此为勤，反此为怠；顺此为恤，反此为虐。孝弟忠信，乃此心之异名；力行学文，乃此心之妙用。一贯之诲已详矣，不可更言；无隐之诲，已详矣，不可复说。万务错综，无非大道，不安厥止，祸乱攸基。见《训语》。

舜戒禹曰“敬修其可愿”，此“可愿”，即孟子曰“可欲之谓善”。夫人之所愿欲，虽纷纷无穷，大概不出二端：善与不善而已矣。其善者可愿，其不善者不可愿。善即道心也，即中也，即精一者也，顾人未之察耳。孟子曰：“鸡鸣而起，孳孳为善者，舜之徒也；鸡鸣而起，孳孳为利者，跖之徒也。欲知舜与跖之分无他，利与善之间也。”徐行后长，服尧之服，行尧之行，即尧已。此外，岂复有深隐不可测识之妙哉？即此可愿之善，自是至中至正，至精至一，不可识也，不可测也。使舍此善，而欲求精隐深微不可测识之妙，乃非尧舜之道。

皋陶曰：“慎厥身，修思永。惇叙九族，庶明励翼，迩可远，在兹。”后世之言治者，往往率不信。以谓后世难治，与古不同，治道必不可止于此。乌虖！此后世所以终不及古也。“慎厥身”，则治道得矣。《禹谟》所谓“克艰政乃乂”，正谓此。其有所修，当思久永，久永则为道，不永则非道。道即恒性，由此恒性悠久不已，斯乃诚实，非由外假。其施行则惇叙九族，由亲及疏，亲亲有杀，无非道者。昧者不知，以为惇叙九族而已，非道也。惟圣人知其为道。《易》曰“圣人久于其道，而天下化成”，又况庶明皆贤哲，励翼无怠，天子惟治迩而已。由迩可以及远，此理灼然。周公作立政惟言“王左右常伯、常任、准人、缀衣、虎贲”，即庶明之在迩者。慎修、思永、惇族，公已稔言之矣。圣人灼见事理，由迩而已，不必劳神于远，远不可忘，而非所详也。圣人知要，后世逐末。

见《训语》。

先生曰：“《书》云：‘兢兢业业，一日二日万几。’如何？”汲古对云：“儆戒万事之几。”先生曰：“此说未是。几，微也。一二日此心念虑之微，可言万也。尧舜时太平无事，如何一二日有许多事？今朝廷每日敷奏，亦不知甚多，一二日断无万事。”

皋陶曰：“无旷庶官，天工人其代之。”盖有当为之事，而后设官。然则官奚可虚旷？礼乐刑政，无非左右斯民，使无失恒性。故《汤诰》曰：“惟皇上帝，降衷于下民，若有恒性，克绥厥猷惟后。”

孟子曰："放勋曰：'劳之来之，匡之直之，辅之翼之，使自得之，又从而振德之。'"周设官分职，以为民极。极者，大中至正，天地人所同之道。故庶官所职所施，无非天地，有毫厘不与天地相似，则为逆天。皋陶既言"天叙有典，天秩有礼，天命有德，天讨有罪"，所以明其无，非天道不可作好，不可作恶，不可置毫发私意于其间。后世庶官，能若是乎？

汲古问："《书》云：'天叙有典，敕我五典五惇哉！天秩有礼，自我五礼有庸哉！同寅协恭和衷哉！天命有德，五服五章哉！天讨有罪，五刑五用哉！政事懋哉！'吕东莱云：'敕者，整齐工夫。寅恭是典礼之根源。典礼皆本于天，惟君与天为一，然后能惇之庸之。若不同寅协恭，皆是虚文，赏罚皆不可有。我此心常勉勉不已，不可有一毫止息。才有止息，有我之心便生，便非天心。'此说如何？"

先生曰："五典者，父慈子孝，兄良弟弟，夫义妇听，长惠幼顺，君仁臣忠。不知者，谓此五典人所为；知者，谓五典皆天叙也。叙者，有伦理也。故亲生之膝下孩提之童，无不知爱其亲者，及其长也无不知敬其兄也。其五典，皆人心之所固有，固有者天也。敕者，谨戒之谓；惇者，厚也。人生本厚，因物有迁始失其厚。谨戒之，使不失其厚尔。五礼，谓以吉礼事邦国之鬼神，以凶礼哀邦国之忧，以宾礼亲邦国，以军礼同邦国，以嘉礼亲万民。庸，用也，在人能用之。此五礼，皆人心之所不能自已者，天人一道也。寅，有敬谨之意。五典五礼行，则君臣上下皆敬皆恭。衷，心也。其心皆和同天地之间一而已。五服章彩不同，随其德之大小而赐之服，惟当乎人心，则当乎天心。讨有罪，罪有五等，用刑亦如之，必合天下人心，则合天心，皆不可容一毫之私。懋哉者，是勉其无动乎意，以行其私也。”

汲古谓：“圣人所为，未尝不天，无毫发人为。五典曰天伦，五礼曰天秩，命有德曰天命，讨有罪曰天讨，至于功曰亮天功，民曰视天民，招损受益以为天道，任官惟贤以代天工，其动静罔不纯于天。故无为而治者，即天心之无思无为也。”先生曰：“是如此。” 见《诲语》。

汲古问：“舜欲观古人之象，命禹作服，日月星辰，山龙华虫，绘之于衣，宗彝藻火，粉米黼黻，绣之于裳，是为十二章。至周则升三辰于旗，而衣五章，裳四章，是为九章。其取象增损不一，而论多不同，未明其义。”

先生曰：“象服十二章，以舜之圣犹未尽明，命禹明之，禹所明又不传于后，后学何敢遽言？《家语》云‘心服衮职’，其义可明。人心即道，神明广大，无所不通，日月星辰，皆光明，无思无为而无有不照，即此心之虚明，光宅天下。山以象静止不动，而发生庶物；龙以象变化不测，而霈泽博施。由是心，而发诸礼乐政事，焕乎其有文章，则华虫似矣。清明澄荡，荡难名，即水之难于形容，姑绣以藻，则水可见矣。火之光照，象此心之照，用宗庙之彝尊，以其行道致孝。米以养人，而君心常患乎不博，粉而散之，则其惠广。及黼为斧形，铁黑而刃白，如此心之刚断，柔而无刚亦足召乱。半白半黑者，即天时之秋冬，地之西北，二者之间乃乾之次，合于天道非出于人为。黻形两己相背，其色半黑半青，北黑东青，东北艮位，万物之所成终成始，是为冬春之际，一岁之分，象此心之辩察，是是非非也。衮职如此，岂可不心服之？服，事也。当从事乎斯，道也。周虽升三辰于旗，其在旗犹在服也。九章即十二章之道也，道一而已矣。”

先生观书，汲古曰：“‘出纳五言，汝听’，何如说？”

汲古对曰：“孔安国云：‘出纳仁义礼智信之言。’吕东莱云：‘五言，乐之成言者，今之三百篇《诗》是也。’《诗》出于上者为出，出于下者为纳，出纳作之于乐。”

先生曰：“此不是东莱之说。五言是五方之言，出纳，即舜命龙作纳言。又《周官》之训方氏‘诵四方之传道，正岁则布，而训四方’。五方者，并中国也。五方多所传道者，乃其方人士之所习，言之害道者，不可不训而正之也。诵其言于朝，纳也；布而训五方，出也。圣人之教民忧国如此，后世不复有出纳五言之官矣。孔子曰：‘修废官。’”

舜曰：“庶顽谗说，若不在时，侯以明之，挞以记之。”此微觉治之大速，故禹有俞哉之言。后曰“无若丹朱傲”，亦谓挞之遽，微有傲忽庶顽之意。意微起，则浸而至于慢游，至于敖虐，其末流安知其不至于罔水行舟之类，甚言之所以惧舜。

简初疑“启呱呱而泣，予弗子，惟荒度土功”，是惟勤劳于事而已，殆非至精。后省所谓微动乎意者，亦不过不急于土功而动念于呱呱，若此类而已。不动乎意则孰非精一？兹未见其粗也。　见《诲语》。

帝尧“光宅天下”之光，如日月之光，无思无为，寂然不动而自足，以默化天下之民，自足以默安天下之民。文王之不识不知而德化自足以及广者，此光也。《易》言“圣人以神道设教，而天下服”者，此光也。谓之神者，言乎其不可以智知，不可以力为也。然此非于聪明文思之外，复有所谓光也。尧之聪明文思非出于人为，非由于造作。耳不蔽于声而自聪，目不蔽于色而自明。聪自无所不闻，明自无所不见。使胸中微有意有我，则外物必得以蔽之。惟其无意无我，故虚故明，故不得而蔽，故无所不通。文者自此而发，有自然之文；思者以此而思，有自然之深智。如四时之错行，如日月之代明，无思无为，而光被四表，格于上下。深悟孔子曰：“吾有知乎哉？无知也！”则默悟乎此矣。　见《训语》。

《益稷篇》夔曰："戛击鸣球，搏拊琴瑟以咏，祖考来格。虞宾在位，群后德让。下管鼗鼓，合止柷敔。笙镛以间，鸟兽跄跄。《箫韶》九成，凤凰来仪。"夔曰："於！予击石拊石，百兽率舞，庶尹允谐。"按《明堂位》言，三代之礼乐而"击玉磬"；《郊特牲》言，诸侯之僭宫，"县击玉磬"；孔安国谓"球，玉磬"。简谓：或戛或击以鸣球玉，或搏或拊以鼓琴瑟，以此而咏歌。歌永言，而声依永也。以人声为先，而球、琴、瑟从之，故曰以咏。

是时祭礼初行，祖考来至。虞宾天子之后，在助祭位，群后德让，亦以初就位，故让也。让出于诚，出于德性也。然后堂下之乐管鼗鼓与堂上之乐合作，其一成也。止以柷敔，《仲尼燕居》言，两君相见之礼，升歌《清庙》，下管《象舞》，《夏钥》序兴，其次序亦与此同。笙、镛亦堂下之乐，验诸周礼亦然。大钟谓之镛，其笙，镛之间作也。鸟兽跄跄然而来，至其九成而凤凰来仪。

夔又曰："於！予之击拊石磬也，百兽率舞，庶尹允谐。"舜德格于上，下感于神人，以暨鸟兽，而《韶》乐和声又感动之，是以其应敏速，非分外事也。道未始不一故也。孔安国谓“戛击为柷敔”，殊未安，下言“合止柷敔”，安国又谓“上下合止，乐各有柷敔”。按《尔雅》：“所以鼓柷谓之止。”则柷所以止乐，非合乐。安国又谓：“搏拊者，拊以韦为之，实以糠。”《乐记》“会守拊鼓”，《周礼》“小师击拊，大师登歌，令奏击拊”，而故书“附”为“付”，则付、附、拊，特未定也。《明堂位》“拊搏玉磬，揩击大琴大瑟”，则拊、搏所以击之，非器也。《荀子》曰“县一钟尚拊之”，《大戴礼记》曰“县一磬尚拊”，然则附或付或拊，诚有其器，器甚古矣。而夔曰“搏拊琴瑟”，则拊非器也，乃《明堂位》“拊搏”，击之谓。其出指曰搏，入指曰拊欤？世亦曰“拊琴而搏”，其声“搏然”，况下言拊石，岂韦糠之谓也？《大戴礼记》“县一磬”，其玉磬欤？鸣球宜尚附，韦糠之至甚古，夔偶不言欤？抑击拊周礼，非虞礼欤？若此咏歌有附尚于磬，则宜居鸣球之先，不宜居后。然夔所言乃略举所作，致感应之效者，非备言乐器也。人声、玉声、丝声不及远，故在堂上。今鼓琴不在堂宇，则声大矣，此亦可验。

《箫韶》九成，何为能使凤凰来仪？击石拊石，何为能使百兽率舞？庶尹允谐。帝舜于是乎作歌，曰“惟是为几”。几，微也，动之微也，是为感动之几也。犹机焉，其发甚微，其应甚远，其道心之微乎？其精一之神乎？是几也，可言而不可见，可以略言，而不可以详言。欲知此几，即“元首之起哉”是也，即“股肱之喜哉”是也，即“百工之熙哉”是也。是几也，为正为中，为和为乐，为治为熙，为敬为钦，为善为一。皋陶所谓“念哉”者，此也；“率作兴事，谨乃宪，钦哉”者，此也；所谓“屡省乃成”者，此也。所谓“明”，所谓“良”，所谓“康”者，此也；所谓“丛脞”，所谓“惰”，所谓“堕”者，非此也。见《训语》。

简读《伊训》至《官刑》曰：“敢有恒舞于宫，酣歌于室，时谓巫风；敢有殉于货色，恒于游畋，时谓淫风；敢有侮圣言，逆忠直，远耆德，比顽童，时谓乱风。惟兹三风十愆，卿士有一于身，家必丧；邦君有一于身，国必亡。臣下不匡，其刑墨，具训于蒙士。”

简于是惊念：夫今常情庸俗，其恒舞恒歌者亦寡，恒畋者亦寡，至于殉货色者多矣，人往往未必知家必丧。殉色而丧家者人亦具知。至于恒游，人固以为非大恶，可恕。学子习举业时文而已，轻浮纵逸，往往戏侮圣言，以为有司不以是去取。若夫逆忠直、远耆德，则所至如是。远耆德，则自然比顽童矣，其于忠告者率不悦，甚者继以怒。其于老成，则曰昔之人无闻知，纵不诮毁则亦不亲狎矣，望望然去之矣，乃不知所以丧家者在是，可不惧哉！可不戒哉！可不深念哉！可一读遂已，不书己之所犯于坐右而日日观省哉！　　见《训语》。

箕子曰："思曰睿，睿作圣。"孔子曰："心之精神是谓圣。"孟子曰："仁，人心也。"后世学者，率求道于心外，不悟吾心之即道也。故《易大传》曰："百姓日用而不知。"子思亦曰"率性之谓道"，殆不必言率也，性即心，心即道，道即圣，圣即睿，言其本谓之性，言其精神思虑谓之心，言其天下莫不共由，于是谓之道，皆是物也。孩提皆知爱亲，及长皆知敬兄，不学而能，不虑而知，非圣乎？人惟不自知，故昏故愚。孟子有存心养性之说，致学者多疑惑心与性之为二，此亦孟子之疵。

《洪范》“九五福”，不曰贵者何也？皇极之道，人所共有，欲使庶民咸于此极，则贵有限，故不言。唐虞之际，比屋可封；文王之时，成人有德，小子有造。岂能使人人贵哉？故六极亦不言贱。若夫富，则有俭德者皆可致，不贫之谓富。《周官序》言，设官分职以为民极，三代而上，其于民无贵贱，无不教。

《康诰》曰：“人有小罪，非眚，乃惟终，自作不典，式尔。有厥罪小，乃不可不杀。乃有大罪，非终，乃惟眚灾，适尔。既道极厥辜，时乃不可杀。王曰：‘呜呼！封，有叙。时乃大明服，惟民其敕懋和。若有疾，惟民其毕弃咎。若保赤子，惟民其康乂。”

简观《书》至是，又观首篇言文王“明德慎罚”，又忆念《舜典》“眚灾肆赦，怙终贼刑”，而曰古先圣王之治天下，不得已而用刑，皆所以左右斯民，使归于正。今大罪之眚灾者，固上奏而不杀，至于小罪非眚，终自作不典式，则断断乎不杀。岂周公之严不如后世之宽哉？而举一世贤士大夫之论，咸以为不可行何也？

然则贤士大夫，当深思周公、大舜之旨。夫刑者，所以治民之不善，使复于善尔；彼怙终不善，则杀之也。宜杀一人而众人畏惮，不敢长恶，善心兴起者，不知其几也。否则屏之远方，如疑，则赦或罚可也。虽然，文王先敬忌明德，家既齐，大小之臣无不一于正，而后可以治民；不然则亦未可。故《康诰》曰："不能厥家人，越厥小臣、外正，而惟威惟虐，乃非德用义。"

先儒谓王城与成周为二地，简窃疑其不然。纷纷于今，盖本乎孔安国一人之说。云《召诰序》言："成王在丰，欲宅洛邑。使召公先相宅。"《洛诰序》言："召公既相宅，周公往营成周，使来告卜。"则所谓成周，即洛邑王城明矣。而安国乃析为二者，盖以周公曰："我卜涧水东、瀍水西，惟洛食；我又卜瀍水东，亦惟洛食。"安国疑此卜二地，遂谓瀍水之东为下都，为成周与洛邑王城异。自此说一立，而后世诸儒不复审考，遂祖述不已。而简所以疑其不然者，其情状大体已著于前矣。若夫卜瀍水东，亦惟洛食者，见龟所食墨，亦依洛邑之吉尔。"亦"之一言，明非二事。王于是拜手稽首以谢，周公曰："公不敢不敬天之休，来相宅，其作周匹休。"未尝及别为下都，以迁殷顽民之意。《多士序》曰："成周既成，迁殷顽民。"《多士》亦言"于新邑洛"，又曰"今朕作大邑于兹洛"，《毕命》亦曰："周公毖殷顽民，迁于洛邑。"则洛邑即成周，岂不益明？合《召诰》《洛诰》《多士》《君陈》《毕命》五篇之序读之，情状昭昭。又《春秋左氏传》言，王子朝入于王城，沉周之宝珪于河①，益验王城即成周。《昭二十六年》："冬十一月，王子朝奔楚，敬王入于成周，甲戌盟于襄宫。十二月王入于庄宫。"按《昭二十三年》、王子朝入于王城，秋七月，鄩罗纳诸庄宫。则庄宫在王城中，则成周即王城又明矣。宗庙宜在王城，事理益著。又况敬王微弱，既告于晋，合诸侯以修所居之城矣，又岂能营宗庙、宫室、郊社、百司庶府、宾馆耶？则益验成周即王城，非独指瀍水之东益明。《左氏》率好更辞，既曰王城，又曰成周，乃其属辞常法。又孔颖达《正义》于王城言"今基址可验"，而瀍水之东不言有基址可验。节节可

① 此"沉"字，《四明丛书》本作"用成"。

审知成周与王城非异也。

周公既复政厥辟，乃拜手稽首，告王以立政之至要，首曰“王左右常伯、常任、准人、缀衣、虎贲”，忽良久而后叹曰：“呜呼，休！兹，知恤鲜哉！”“休”者，叹美之辞，谓夫兹乃致治之至要，而后王知以此为忧恤，而深虑之者，亦鲜矣！呜呼！兹诚立政之机要。虽四海之广，夷狄之远，其治乱，其叛服，尽由于此。王者诚能竭心尽情，精择左右大臣与夫亲信近臣，皆得其人。如涤水之源，其流派不足虑矣；如培木之本，其枝叶无所患矣。用力少而取效多，其机甚近，而其应甚远，岂不要且妙哉！所谓休者以此。虽然，使自古世主皆知此为要，皆知此为急，皆能恐惧深忧详察，则必得其人，必致治安，不复有乱亡之祸。

夏可以长有天下，商不得而代之；商可以长有天下，周不得而代之，惟其知以为忧者寡也。故周公首以戒成王恐王心之忽乎此也。伯，长也。王左右伯长之官，大臣也。任，信任也。居王左右，王所信任之官，近臣也。既为长伯，既所信任，必得大贤始居其职，既为大贤，不可辄易，当常居其位，故曰“常伯、常任”。至于准人，典司法则，亦可以次贤为之，亦贵久任，而其体稍降，其人易得，不必以常为名。缀衣，掌帟幕小臣；虎贲，持戟屏卫之士。言至此，则凡在朝列与夫侍御仆从，盖尽举之矣。然亦不过王左右之所亲近，此诚可谓灼知立政之要领矣。岂有大臣、近臣皆大贤，而其保任、远臣有不可信者乎？岂有朝廷既治，而外治有不举者乎？岂有侍御、仆从罔匪正人，而王心有不善者乎？王心既善，大臣、近臣又皆善，而远臣有不善乎？世主岂不知大臣、近臣之不可不择，而周公深有虑于成王者，盖略知所择，则所择不精，深忧深虑，则所择必精。苟非明哲之主，往往忽于其近，劳神于远，且一意于择近臣，犹虑其或差，而况劳思于耳目所不及之地，难哉！

好详而不好要，必至于两失；好要而不好详，必可以两得。是故惟明王好要以择近臣为忧，知天下安危治乱尽在此，则不敢以其违己而恶之，不敢以其从己而乐之。众好必察，众恶必察，虚中静观，既视所以，又观所由，又察所安。安者，其久也。惟深虑久察，则虽有深奸，隐情久而自露。历观自古乱亡之君，大率以人违己而疏，从己而亲，故贤者常远，不肖者常近，而乱亡随之。虽中材之主，苟知安危治乱惟在近臣，深忧精察，自然不敢轻易以从违为用舍。周公大圣人，灼见治乱之机在于知恤而已矣。故深致其意，特异其辞以启成王。

难者曰："舜辟四门，明四目，达四聪，四方万里之情要使尽达于上，亦当察远至之贤否，而兹止以左右为言，殆亦不可偏也。"曰：远情诚不可以不通，此谓通远情，非谓择远臣。选择远臣，责之于近臣而已。远臣之罪，近臣之罪，明主之所深虑者，在左右而已。周公致戒，诚为切约。　　见《训语》。

先生谓汲古曰："周公若曰：'拜手稽首，告嗣天子王矣。'用咸戒于王曰：'王左右常伯、常任、准人、缀衣、虎贲。'周公曰：'呜呼！休！兹，知恤鲜哉！'此说如何？"

汲古对曰："成王继统，周公摄政，故致敬而告之曰：嗣王代天作子，非可轻也。群臣因公之言，咸进戒于王，则谓王左右之臣，皆不可以非其人。周公遂叹曰：当此太平休美之时，而知忧此者鲜。"

汲古因又问："如'常伯、常任、准人、缀衣、虎贲’与‘呜呼休兹’说者，多不同。敬求其诲！”

先生曰：“伯，长也。谓六官之长，及三公，当常久其任，故曰‘常伯’。其次在王左右常任事之人，曰‘常任’。其在左右司法度准则之人曰‘准人’。庶职之繁言之不尽，遽言缀衣、虎贲之微，则其间在左右之职尽举之矣。缀衣，掌帷幄下士。《顾命》：‘出缀衣于庭。’虎贲，谓虎士八百人，掌先后王。周公发叹而曰‘休’者，以前言之甚美也。盖治道不远，近在王之左右，左右苟得其人，则君德乌得而不正？曰‘兹’者，公指所言左右之臣也。今人言亦有此类。休，绝句；兹，亦绝句。谓治要在此，然知以此为忧恤者鲜。使人君能忧虑乎左右之臣，则不肖无自而入，有治而无乱，有安而无危。圣人之言非不切，至后世君臣如醉如梦，故胎祸于无穷。” 见《训语》。

世儒之言果断，惟曰处事当决，无疑滞。盖误解《周官》“惟克果断，乃罔后艰”之语。《周官》盖言“功崇惟志，业广惟勤”，继曰“惟克果断”，所以赞言志勤，戒毋悠悠，当如舜，若决江河，沛然莫之能御也。谓夫知之已审，见之已明，而又悠悠不勇进，则不可。非谓见未明，知未审，冒然勇往也。后儒所谓果断，乃此类耳。异哉！观古书不达其旨，惟就己说，既误己又误人，谬以千里。夫知已审，见已明，尚当询谋，况于未明、未审而遽果断哉？简深虑世说久固，遗祸无穷，敢敬指《周官》上文以证。　　见《训语》。

《书》首言尧典、舜典，典，常也。舜曰“惟精惟一”，一亦常也。仲虺之称汤曰“率厥典”，又曰“谨厥终，惟其始”，所以勉之常也。《咸有一德》一篇，伊尹所以丁宁训谕太甲曰“常厥德”，曰“一德”，惟常故一，惟一故常。又曰“终始惟一，时乃日新”，又曰“协于克一”。傅说告高宗曰：“念终始典于学。”《洪范》曰：“皇极之敷言，是彝是训。”彝，常也。夫以皇极之道，箕子为武王谆谆言之者，乃在于彝之一言，则常道之为道，大矣。成王命微子亦曰“率由典常”，诰康叔又曰“勿替敬典”，命蔡仲曰“率乃祖文王之彝训”。《周官》曰：“其尔典常，作之师。”呜呼！古圣贤所以立德，所以出治，无他奇巧，所以每相诲告，率不过典常之道。

自经学[1]，观古圣人之道德事业，当有高深奇异之论，而《书》之所载惟曰常道，岂古圣贤未肯尽剖胸中之秘，而政事之外复有精微之旨哉？是不然！孔安国不知道，裂而殊之。故以《三坟》为大道，《五典》为常道。不常何以为道？不一何以为道？道心惟微，本精本一，人心即道心。心本常，故合乎天下之公心，而为政为事，则其政可以常立，其事可以常行；不合乎天下之公心，而为政为事，则其政不可以常立，其事不可以常行。

箕子曰："无偏无颇，遵王之义；无有作好，遵王之道；无有作恶，遵王之路；无偏无党，王道荡荡；无党无偏，王道平平。"荡荡平平之道，即常道也。无深无奇，不怪不异，平夷简易，而天下之道无越乎此。由古到今，有失此常典平夷之道，而能有济者，未之前闻也。

汉孔安国谓：鲁共王坏孔子旧宅，欲广其居，于壁中得先人所藏古文虞、夏、商、周之书及传《论语》《孝经》。刘歆谓：孔壁中"得《逸礼》有

---

① 此"经"字，《四明丛书》本作"后"。

三十九，《书》十六篇”。有，又也。即期三百有六旬有六日之“有”也。时世已有鲁淹中所出之《礼》，世谓之《礼古经》者七十篇，文与孔壁之《礼》相似，而又多三十九篇，故曰“有世所未见”，故曰“逸”，亦犹世已有伏生之《书》，与孔壁之《书》文相似，而又多此逸篇之书，非孔壁中止有此篇数也。自大小戴已集此《仪礼》，刘向《别录》亦见之，向歆父子之校书秘府，备见古文。汉《艺文志》亦谓孔壁中得古文《尚书》《礼记》。《礼记》者，有礼又有记也。即孔安国所谓传。《艺文志》又谓之古经五十六卷，经七十篇，记百三十一篇，后又谓《礼古经》者，出于鲁淹中及孔氏学七十篇，文相似，多三十九篇。盖世尊尚之，故曰《经》，实古《传》。

论 诗

子曰：“《诗》三百，一言以蔽之，曰思无邪。”学者观此，往往窃疑三百篇当复有深义，恐不止此，不然则圣言所谓“无邪”，必非常情所谓无邪。是不然，圣言坦夷，无劳穿凿。“无邪”者，无邪而已矣，正而已矣，无越乎常情所云。但未明乎本心者不知此，不信此；知此信此，则易直子谅之心油然而生；生则恶可已，恶可已，则不知手之舞之，足之蹈之；有正而无邪，有善而无恶，有诚悫而无诈伪，有纯而无杂，有一而无二三。

读《周南》《召南》，必不面墙，以兴，以观，以群，以怨，无非正用，不劳勉强，不假操持，怡然自然，所至皆妙。人能知徐行后长之心，即尧舜之心则知之矣。知乍见孺子将入井，皆有怵惕恻隐之心，即仁者之心则知之矣。此心人所自有，故三百篇或出于贱夫、妇人所为，圣人取焉，取其良心之所发也。至于今，千载之下，取而诵之，犹足以兴起也，故曰“兴于诗”。

孔子曰：“《诗》三百，一言以蔽之，曰思无邪。”又曰：“兴于《诗》。”又曰：“人而不为《周南》《召南》，其犹正墙面而立也与！”思无邪即兴，兴则不面墙，一旨也。自孔子梦奠于两楹之间，日至月至者，相继沦没，孰有知此旨者？此旨非子夏所能知也。子夏、子张、子游以有若似圣人，欲以所事孔子事之，强曾子，曾子独不可，曰："江汉以濯之，秋阳以暴之，皜皜乎不可尚已！"曾子则知无邪之旨矣。子夏使西河之民疑其于夫子，其与无邪之旨乖矣。

"思无邪"一语，孔门诸贤尽闻之，后世学者亦尽闻之。而简谓曾子则知之，余难其人何也？斯事至易至简，如舆薪置其前，而人自不见；如钟鼓震其旁，而人自不闻；如目不见睫，以其太近；如玉在其怀中，而终日奔走索诸外。《诗》三百篇多小夫、贱妇所为，忽然有感于中，发于声，有所讽，有所美，虽今之愚夫愚妇，亦有忽讽忽美之言。苟成章句，苟非邪僻，亦古之诗，夫岂难知？惟此无邪之思，人皆知之，而不自知其所起，不知其所自用，不知其所以终，不知其所归。此思与天地同变化，此思与日月同运行。故孔子曰："夫孝，天之经，地之义。"又曰"礼本于大一，分而为天地，转而为阴阳，变而为四时，列而为鬼神。"又曰："哀乐相生，正明目而视之，不可得而见也：倾耳而听之，不可得而闻也。"一旨也。

今夫所谓《毛诗序》者，是奚知此旨？求诸

《诗》而无说，无说而必求其说，故委曲迁就，意度穿凿，殊可叹笑！孔子曰：“《关雎》乐而不淫，哀而不伤。”此言《关雎》之音也，非言《关雎》之诗也。为《序》者不得其说，而谓《关雎》乐得淑女以配君子，忧在进贤，不淫其色，哀窈窕，思贤才，而无伤善之心。今取《关雎》之诗读之，殊无哀窈窕、无伤善之心之意。《樛木》之逮下，意指君子，故曰“乐只君子”，而《序》言后妃。《桃夭》言昏姻夫妇之正，《序》者无得乎正之旨，必推本诸后妃之不妒忌。《鹊巢》之诗，初无国君积行累功之意，而《序》言国君积行累功。甚者至于《何彼秾矣》之诗，初无“车服不系其夫，下王后一等，犹执妇道，以成肃雍之德”之情，而《序》推而详言之。盖为《序》者不知孔子所删之旨，不知无邪之道，见《诗》辞平常无说，意圣人取此必有深义，故穿凿迁就，委曲增益。虽傍依礼义，粲然典雅之文，而孔子之本旨亡矣。

毛氏之学，自言子夏所传，而史氏又谓卫宏作《序》。自子夏不得其门而入，而况毛苌、卫宏之徒欤？子夏之失未必至如此甚，盖毛、卫从而益之。《序》本曰义，先儒谓众篇之义合编者，谓今之所谓《序》者也，犹未冠诸各诗之首。后儒离而冠之，学者见《序》而不见《诗》。《诗》之有《序》，如日月之有云，如鉴之有尘，学者愈面墙矣。今《序》文亦不必尽废，削其大赘者与其害于道者，置诸其末，毋冠诸首或可也。

观《诗》者，既释训诂，即咏歌之，自足以兴起良心。虽不省其为何世何人所作，而已剖破正面之墙矣。其通达也孰御！昔者，舜命禹亦昌言，禹拜曰："都！帝，予何言？予思日孜孜。"夫"都"，美辞也！既自以所言为美，而又曰"予何言？予思日孜孜尔"，故皋陶吁叹而问曰："如何？"禹曰："洪水滔天，浩浩怀山襄陵，下民昏垫。予乘四载，随山刊木，暨益奏庶鲜食。予决九川，距四海，浚畎浍距川，暨稷播，奏庶艰食鲜食。懋迁有无化居，烝民乃粒，万邦作乂。"

自或者观禹斯言，无说也，无义之可索也。而皋陶曰："俞！师女昌言。"呜呼至哉！惟禹能言，惟舜、皋陶能听能知。学者知此则知"思无邪"之旨，则知《易》《书》《礼》《乐》《春秋》之旨，则知天地四时，鬼神万物之旨，则知万世千圣之旨。　见《训语》。

孔子删《诗》三百篇未尝作《序》，惟以一言蔽之曰“思无邪”。简取《诗》永歌之，不胜和乐融畅，如造化发育，醇然粹然，不知天地之在彼。万之不齐也，不知其所始，不知其所终也。呜呼至矣！及考《序》文大失本旨，如云翳日，如沙混金。《诗》中无邪之妙，自足自全，虽不知何世何人所作，无损于斯妙也。况《序》亦不能尽知其世与其人，其间乖谬良多。

先生问汲古：“《既醉》诗云‘昭明有融’，晓此说否？”汲古对曰：“昭，即明也；融，和也。既明且和，其德备矣。未知是否？”先生曰：“融，一也。昭明有融，是澄然融一。” 见《诲语》。

汲古问：《大雅》“假乐君子，显显令德”，《中庸》云“嘉乐君子，宪宪令德”，诗“假”音“暇”，却与《中庸》嘉字不同。

先生曰：“假”者，“嘉”音之讹，晓此诗否？

汲古曰“显显令德，宜民宜人，受禄于天”，此言王有令德，则民从而天与之，是否？

先生曰：嘉善和乐，盖君子之形容，德性之光辉。徒乐而非善，固非德性之乐；徒善而无乐，亦非德性之善。既嘉善又和乐，德性之光辉，自然而然。初非有意于为善，又为乐也。此惟有德者自知，而非章句儒所能识也。君子谓王道德性人所同有，惟不昏蔽，是谓君子即嘉乐之容光，其令德已显著。显显者，令德之益显。人，犹民也。人又足以包诸侯诸臣，由此德性而发，无所不宜，无所不通，人心亦在，是故受禄。故天保右之，命之申而延之。虽曰自天，实自君子之德性。

汲古又问“干禄百福”①，是成王求禄于天否？

先生曰：干禄，非千求也②。“千”字似“干”，传之微讹也。阙疑则可，谓干求则大不可，十百为千，“千禄百福”，言其多也。愿王子孙蕃衍至于千亿。穆穆静默之容，皇皇精明尊大之容，此亦言君子之形容，德性之辉光，非有心于为静默，为精明尊大也。德性无思，而其容光自然，有若是穆穆皇皇之象也。君，王通称。宜者，善之辞也。不愆差，不昏忘，率由先王之旧章，由德性而发，自不

① 此“干”字，《四明丛书》本作“千”。

② 此“干禄，非千求也”，《四明丛书》本作“千禄，非干求也”。

愆不昏，自率由旧章，盖自与古先圣王，所施所行同也。

汲古又问：威仪抑抑，德音秩秩，无怨无恶，率由群匹。如何?

先生曰：威仪每每有谦抑之容，令德之音，秩秩不已，人颂其善，不一而足，无怨之者，无恶之者。“匹”，类也。率由群类众欲而行，无已私也是。皆德性之所发如此。

先生曰：道无先后小大，觉焉者有先后小大。

汲古曰：夫子告子贡、曾子皆一以贯之，子贡徒闻而不复问，曾子能“唯”，而不加辩。此见圣贤之道无异，而觉者有异焉。如曾子与子贡吊季孙之母，阍人以君在弗内，俱入厩修容焉。子贡先入，阍人曰：“已告矣。”及曾子入，阍人辟之，卿大夫皆辟位，公降一等而揖之。此非容之谓也。其觉与未觉，自见于动容出处如此。惟圣人一贯之妙不可言。

先生曰：圣人循循善诱，姑曰一、曰贯。天地内外人物，有无变化万状，未始不一，不必言贯。曾子未觉，始言“贯”以启之，及既唯既觉，知此心日用无非此道。故与人忠信，恕人如己，皆此道也。子贡则不然，亿中方人，岂知忠恕？夫子屡启之，而终未觉。

先生曰：《诗》云：“文王陟降，在帝左右。”如何说？

汲古谓：此只是天人一理。《诗》曰：“上天之载，无声无臭，仪刑文王。”天，即文王也。又曰：“不识不知，顺帝之则。”文王，即天也。其进退升降之间，一而已矣。先生是①。

汲古因问：“‘穆穆文王，於缉熙敬止’，如何？”

先生曰：文王不大声以色，故曰“穆穆”；“缉”者，缉理于思，为微细之间；“熙”，有理顺之义；“缉熙”者，进退精微之谓。进德之实，非思也，非为也，惟可以言敬；敬非思为也，惟可以言止；止非思为也，寂然不动，感而遂通，而不属于思为。所谓“不识不知”者，此也；“安女止者”，此也；文王之所谓“缉熙”者，缉熙此也。惟不动乎意，不属乎思为，故缉熙融释，犹雪之融

① 此“是”字，《四明丛书》本作“曰是”。

于水，犹云之散于太空。其缉熙于思为微细之间，融释于无思无为之妙如此，岂不是美而可叹服哉！故曰“於”。惟其道心不识不知故声音不大，形色亦不大，而见为穆穆也。　　互见《诲语》。

家记三　论春秋　论礼乐

论春秋

《春秋》于鲁桓书“至”，至者，以礼至于庙也。春秋之时，典礼大坏，时君能以礼至于庙者无几。史书之圣人无敢削焉，是知也。说者谓危之，凿矣。左氏近之矣，而未有以明其为道。鲁桓天下之大恶也，何道之有？盖“百姓日用而不自知”也。圣人如天焉，无私好，无私恶。鲁威大恶[①]，圣人已著其罪，所以明其非道，非私

① 此“威”字，《四明丛书》本作“灭”。

恶也。至于至庙一节，犹知遵礼之善，犹知有祖庙也。虽其中心之藏，未必果出于诚，而其事则礼也。圣人知所是也，是者是道，非者非道。《春秋》不以善掩恶，不以恶掩善，终不以威公弥天之恶掩其毫毛之善，以善者道之所在，圣人不得不明之也。《春秋》借二百四十二年之行事以明斯道，非为春秋之君臣设也，为万世设也。

《春秋》为明道而作，所以使天下后世，知是者是道，非者非道。而诸儒作传，不胜异说，或以为尊王贱霸，或以为谨华夷之辩，或以为正名分，或以为诛心。凡此固《春秋》所有，然皆指其一端，大旨终不明白。子曰："吾志在《春秋》。"于二百四十二年扰扰颠倒错乱中而或因或作，是是非非靡不曲当。所是是道，所非非道，如四时之错行，如日月之代明，皆所以明彰大道。古诸侯无私史，《周官》小史掌邦国之志，《费誓》载《周书》[①]，汉、汝、江、沱之诗，编诸二《南》。自晋

① "载"字原阙，据《四明丛书》本补。

之《乘》、楚之《梼杌》、鲁之《春秋》，三史作而诸侯有私史矣。孔子因之道之变也。

《春秋左氏传·襄四年》“穆叔如晋”一章，与《国语》大同小异，其异为义不甚同①。《大戴记》与《家语》言等篇，亦大同小异，义亦大殊。以是知尽信书不如无书，书难尽信，于是甚明。

春秋人物多贤，而吴季子、晋成鱄其言，简尤心敬焉。季子请观周乐，使工为之歌，至歌颂曰：“至矣哉！直而不倨，曲而不屈，迩而不偪，远而不携，迁而不淫，复而不厌，哀而不愁，乐而不荒，用而不匮，广而不宣，施而不费，取而不贪，处而不底，行而不流。五声和，八风平，节有度，守有序，盛德之所同也。”季子非有道，安能为此言？成鱄曰：“《诗》曰：‘唯此文王，帝度其心。莫其德音，其德克明。克明克类，克长克君，王此

① 《四明丛书》本，无此“其异为”三字。

大国。克顺克比，比于文王。’心能义制曰度①，德正应和曰莫，照临四方曰明，勤施无私曰类，教诲不倦曰长，赏庆刑威曰君，慈和偏服曰顺，择善而从之曰比，经纬天地曰文。”简甚有味乎应和之莫，照临之明，经纬天地之文也。

秦穆公欲立重耳，穆公之心本善也，公子絷以利说之而移。晋夷吾欲从兄于翟，夷吾之心本善也，冀芮以利说之而移。兹利也，乃害也。韩原之战，穆公几为韩简所止，狥絷之说，以至于此也。夷吾虽以不正得国，身陷于恶，子不免戮，害孰甚焉！

汲古问：《春秋经》有书“王正月”，有不书“王正月”，此是略阙文否？

先生曰：十一公之元年皆书“王正月”，唯桓公三年而后不书“王”，定公元年不书“正月”，而书“王三月”。

汲古云：未达其义。

① 此“义制”，《四明丛书》本作“制义”。

先生曰：不书者，非脱阙也，孔子削之也。子曰："知我者其惟《春秋》乎？罪我者其惟《春秋》乎？"即此类也。盖《春秋》其甚严①，而亦甚宽。鲁桓弑君，周王当诛之，至三年而王不能诛，始不书王。鲁昭公之见逐于三家，薨于乾侯，逐虽轻于弑，既七年矣。故定公元年，不书"王正月"，明王不能正三家之罪而讨之。

汲古见《庄子》云："仲尼曰：'天下有大戒二：其一命也，其一义也。子之爱亲，命也；臣之事君，义也。事其亲者，不择地而安之，孝之至也；事其君者，不择事而安之，忠之盛也。'"汲古谓，忠孝名虽异，而实无异。如以有"二"言之，恐非圣人语。孔子曰："资于事父以事君，而敬同。"又曰："以孝事君则忠。"又曰："君子之事亲孝，故忠可移于君。"《庄子》以一命、一义而分忠孝，以为圣人语，诚难取信。

先生曰：忠孝一心，无惑于异论。如周曰"以无为首"，又曰"物不胜天久矣"，是皆自纷纷于

① 《四明丛书》本，此"其"字作"法"。

意虑之间，岂知乎？孔子曰：“天下何思何虑？”又曰：“汝神将守形，形乃长生。”既谆谆言无物之妙，而又曰守形，陋矣！又自矛盾矣！

汲古问：昭公十九年夏五月戊辰，许世子止弑其君买，以进药致祸。何《春秋》书“弑其君”，《左氏》曰：“许悼公饮太子止之药卒，太子奔晋。书曰‘弑其君’。”《公羊》曰：“曷为加弑？讥子之道不尽也。”《穀梁》曰：“弑，正卒也。正卒，则止不弑也。”何《三传》皆言止不弑君？

先生曰：《礼》“医不三世，不服其药”。如君有疾饮药，臣先尝之；亲有疾饮药，子先尝之。许止不慎不敬，轻果进药，致此大祸。虽奔而弃位，未逾年而卒，足明其心。而《春秋》犹加之以弑名者，所以明道也。夫人心自善，自清明谨重，必不轻进其药于君亲，惟其意动而昏，不敬不谨，故轻进药于君亲，而不免此祸。许止虽未逾年而死，亦不足以赎弑君之罪者。孔子不削，欲使后世深思力索，求免此罪，必至于复吾本有之道心，则静重敬谨，自备万善，自绝万过，自信其可以免矣。

见《诲语》。

论礼乐

《曲礼》曰："无不敬①，俨若思，安定辞，安民哉！"人心即道，不假外求，放逸慢易则失之，故曰"毋不敬"。毋不敬，则常清常明，俨然若有所思，而非思也。无思，非冥然而昏，如日月无所不照。而非思也，孔子不知老之将至，皜皜乎不可尚已，纯然浑然，即此妙也；颜子"三月不违仁"，即此妙也。月至者，终月如此；日至者，终日如此。《老子》曰："我独怕兮其未兆。""未兆"者，念虑之未形也。学者求斯，须思虑暂止，不能，而老子能久持之。曾子战战兢兢，亦入此也②。"俨若思"，未言之时也，至发于言辞，亦安亦定，则动静纯一，其德全矣，故可以安民。 见《训语》。

① 此"无"字，《四明丛书》本作"毋"。

② 《四明丛书》本，"此"字后有"妙"字。

《小戴·曲礼篇》曰："太上贵德，其次务施报。""施报"非德乎？又曰："博闻强识而让，敦善行而不怠，谓之君子。"戴不思孔子之言曰"行有余力则以学文"乎？行为先，文为后，天下之常理，圣贤之常言，而戴先文而后行，盖戴以文为本务，其心不主于善行，是谓本以文行杂之，正犹汉宣帝曰"本以霸王道杂之"。

大抵自汉以来，天下风俗本以利而杂以义，历千载而不变，皆戴之徒助成其俗也。此无他，人欲盛于中，度实行非己所长，姑从其所长，于博闻强识而尚之，人之常情，多言己所长尔。《论语》曰："子以四教：文、行、忠、信。"此非孔子之言，亦非德行诸贤之言也。至于《戴记》之"博闻强识"，益陋益鄙矣。《论语》所谓文者，讵如是乎？夫圣，孔子不居，而戴以圣自名，其矜大昏闇之状，备见于此。

《礼》曰："死而不吊者三：畏、压、溺。"畏，死于兵；压，死于岩墙；溺，死于水。非不吊也，不忍为吊辞，不忍言之也。使孔子果死于匡，则亦不可吊乎？屈原之死，亦不可吊乎？而先儒有谓"直贱之而不吊"，此乃固陋执言失意，人心之所不安也。礼在人心，故虽先王未之有，而可以义起者，义生于人心之所同然也。户开亦开，户阖亦阖，有后入者阖而勿遂，此礼也。岂生于人心之外乎？智者即心而言礼，愚者自外而言礼。曰礼自外作者，非圣人之言也。以“五礼防万民之伪”，谓是也。　见《训语》。

伯高死于卫，讣于孔子。孔子曰：“吾恶乎哭诸？兄弟，吾哭诸庙；父之友，吾哭之庙门外；师，吾哭诸寝；朋友，吾哭诸寝门之外；所知，吾哭诸野。于野则已疏，于寝则已重。夫由赐也见我，吾哭诸赐氏。”遂命子贡为之主。猗与圣哉！惟得道乃能尔。变化万状，皆道心之为，而不知其所自来也。窃笑夫好古不通之士，锱铢比方，分寸量度，其何以应方来无穷之变哉？

孔子适卫，遇旧馆人之丧，入而哭之哀。出，使子贡脱骖而赙之。子贡曰：“于门人之丧，未有所脱骖，脱骖于旧馆[①]，无乃已重乎？”孔子曰：

① 此句中两“脱”字，《四明丛书》本作“说”。

“予向者入而哭之[1]，遇于一哀而出涕，吾恶夫涕之无从也。小子行之。”于是窥见圣人日用变化之妙，即天地四时不无愆阳伏阴之妙，是谓大德则无逾也，小德则出入可也。子夏谓“大德不逾闲，小德出入可也”，是殆闻夫子之诲，而微失其辞。德本无小大，小大之言因学者而随施，初无实意也。天地变化，何大何小？子曰“小德川流，大德敦化”，是盖孔门诚有是论。然小大之论，因人而遇施[2]，谓其果有小大，不可也；谓其果无小大，亦不可也。孔子曰：“无可，无不可。”此诚有不可以言语解释之妙，不可以心思测识之旨。孔子自谓“莫我知也”，夫比世好古学礼之士，观脱骖于旧馆之事，使不知其为孔子，必以为轻重失伦，已所不为，今虽知其为孔子，亦莫喻孔子之心，往往以为流传之失实。夫流传之讹妄者有之矣，如谓“子鼓琴，见猫取鼠欲其得之，遂有幽沉贪得之音”，此则讹妄矣。如谓尧、瞽瞍北面朝舜，孔子曰“殆哉”，此则讹妄矣。脱骖之事，非讹也；无妄之疾，

① 此“向”字，《四明丛书》本作“乡”。
② 此“遇”字，《四明丛书》本作“异”。

勿药有喜。孔子曰："无妄之药，不可试也；利欲之过，内讼可也。"脱骖之过，阴阳寒暑之为偏也。圣人日用不识不知，纯纯皜皜，不知老至，遇于一哀而脱骖，天道之变也。不可度思，矧可射思！而后学以轻重多寡观之，陋矣。　　见《训语》。

《檀弓》下篇云："祭祀之礼，主人自尽焉尔。岂知神之所飨，亦以主人有齐敬之心也！"又子游曰："始死，脯醢之奠，既葬而食之，未有见其飨之者也。自上世以来，未之有舍也，为使人勿倍也。"呜乎！鬼神之道，不如是也。

孔子曰："未能事人，焉能事鬼？"盖曰知人则知鬼矣。以形观人，则人固可见，以神观人，则人固不可见也。神者人之精，形者人之粗。孔子曰："心之精神是谓圣。"神无方无体，范围天地，发育万物，无所不通，无所不在。故孔子之祭，知鬼神之实在，而群弟子观孔子之祭时，精神以为如在也。今子游以为未见其飨之，是求鬼神之道于形也。死生一致，人神一贯，此孔子之自知，非子游之所知，而况于戴圣乎！　　见《训语》。

《檀弓》下篇："君临臣丧，以巫祝桃茢执戈，恶之也。"此非圣人之言。夫君临臣丧，亲爱之心也。人不能皆圣人，圣人则无畏，常人安能皆无所畏？桃茢执戈，所以安夫人君之心也。圣人不敢尽去此礼，虑夫畏心之胜，并与夫临丧之礼而不行也。巫祝，所以接夫鬼神者。桃，鬼之所畏；茢，萑苕。盖曰扫不祥。鬼亦恶铁戈，益足以抗之矣。圣人安以此为礼？因人情而为，故有此谓。畏之犹可也，而曰"恶之"，岂君临臣丧之本心哉？记者误释，贼其君所以亲爱其臣之心。夫圣人不得已而存是礼，记者又从而增益其不善之心，奚可①？　见《训语》。

鲁悼公之丧，季昭子问于孟敬子曰："为君何食？"敬子曰："食粥，天下之达礼也。吾三臣者之不能居公室也，四方莫不闻矣。勉而为瘠则吾能，毋乃使人疑夫不以情居瘠者乎哉？我则食食。"记者记此，盖有是敬子之意，是启人臣无君之心也，不可以为训。学者断断乎不可读非圣之书！孔子

① 此句中"奚可"，《四明丛书》本作"奚其可"。

殁，邪说又作，先儒莫能辩其非，致国家行其书，列于六经，殊为巨害！

有子与子游立，见孺子慕者，有子谓子游曰："予壹不知夫丧之踊也，予欲去之久矣。情在于斯，其是也夫！"子游曰："礼有微情者，有以故兴物者。有直情而径行者，戎狄之道也。礼道则不然：人喜则斯陶，陶斯咏，咏斯犹，犹斯舞，舞斯愠，愠斯戚，戚斯叹，叹斯辟，辟斯踊矣。品节斯，斯之谓礼。人死，斯恶之矣，无能也，斯倍之矣。是故制绞衾、设蒌翣，为使人勿恶也。始死，脯醢之奠；将行，遣而行之；既葬而食之，未有见其飨之者也。自上世以来，未之有舍也，为使人勿倍也。故子之所刺于礼者，亦非礼之訾也。"呜乎！非圣之言，殊为害道。直情径行，戎狄之道也。放肆无礼固不可，而子游言礼于心外，唯曰微情，曰故兴物，不言此心本有之正。谓人死，斯恶之矣，此谓他人则可，谓其子则不可。孔子曰："人未有自致者也，必也亲丧乎？"人虽至不肖，其丧亲也哀痛略同，而子游曰"斯恶之矣"，诬矣！夫人皆有至孝之情，而子游诬之，以为死而恶之，是奚可？是奚可！设蒌翣，所以饰也，为使他人之勿恶，犹之可也。若夫绞衾，所以爱之，非谓他人而设，行人子哀痛忠爱之心而已矣。圣人因人本有忠爱切至之心，而为之节文，故礼非自外至，人心之所自有也。至于又曰“无能也，斯倍之矣”，其诬污人子之孝心滋甚。始死之奠，朝奠，夕奠，殷奠，启奠，祖奠，遣奠，虞祭，接祭，卒哭祭，祔祭，练祥祭，禫祭，皆人子笃爱之诚见诸礼文者，如此亦非自外至也，亦圣人因人心而为之节也①。至于又曰“未见其有飨之者也”，噫其甚矣！孔子曰：“未知生，焉知死？未能事人，焉能事鬼？”生死一，人鬼一，孔子未尝言无鬼神，而子游敢于言无鬼神，是奚可？人惟不知生，故不知死；不知人，故不知鬼神。人寝不离床，而梦登天，梦之千里之外，岂七尺之躯所能囿哉！人执气血以为己，执七尺以为己，故裂死生，判有无，殊人鬼，而不知其未始小异也，不知其未始不一也。孔子曰：“夫孝，天之经，地之义。”又曰：“礼本于大一，分而为天地，转而为阴阳，变而为四时，列而为鬼神，达于

① 《四明丛书》本“节”后有“文”字。

丧、祭、射、御、冠、昏、朝、聘。”又曰：“吾道一以贯之。”孔子“祭如在”，知鬼神之实在。记者无以著孔子诚恪之心，故再言之，而子游以为“未有见其飨之者也”，是奚可？是奚可！

卫有太史曰柳庄，寝疾。献公曰：“若疾革，虽当祭必告。”再拜稽首，请于尸曰：“有臣柳庄也者，非寡人之臣，社稷之臣也。闻之死，请往。”不释服而往。遂以襚之，与之邑裘氏与县潘氏，书而纳诸棺，曰：“世世子孙毋变也。”《檀弓》下篇具载如右，无讥焉，斯足以著卫献公好贤报忠之心矣。

简初亦为之起敬而无疑，他日读之乃觉其非道，似是而非，不可以无辩。《洪范》曰：“无有作好，遵王之道。”献公深感柳庄之弭祸，念之不忘故至于此，而非大公之道也。非礼也，似善矣而私也，作好也。柳庄虽贤臣，所祭则君也，臣也当祭而废者，唯天子崩后之丧尔。臣摄其事则君薨，夫人之丧亦废，不闻卿卒而废也。曾子问“诸侯旅见天子，入门不得终礼废者”，孔子曰“后之丧”尔，不闻以公卿之丧而废也。公大贤盛德，犹不以其丧废礼，而况于当祭乎？礼所本无而预戒之，使当祭必告，私也。不释服而往，异乎易羔裘玄冠之礼矣。遂以襚之，与之邑，亦可怪，不可少缓乎？知孔子不以车为伯鱼、颜子之椁，则大道清明，人欲消释。非礼之礼，不足以动其心矣。

襄公朝于荆，康王卒，荆人曰："必请袭。"鲁人曰："非礼也。"荆人强之，巫先拂柩。荆人悔之。荆与鲁皆非礼，《檀弓》篇不必记可也。记者盖有不平荆人之强鲁以非礼，亦快鲁以巫祓殡，足以挫荆人之心也。呜呼！衰世人子①，所以事其君、治其国者多此类。不能辅君以道，兴其国家，而使朝楚，徒求胜于末节，亦可羞矣！亦危矣！

季子皋葬其妻，犯人之禾，申祥以告，曰："请庚之。"子皋曰："孟氏不以是罪予，朋友不以是弃予，以吾为邑长于斯也。买道而葬，后难继也。"且既无葬，可犯人禾之礼而不庚之，是子皋之过也。记者既不明言其非，而卒记"难继"之

① 此"人子"，《四明丛书》本作"臣子"。

说，是殆许之也。《檀弓》记者，衰世之士，礼乐浸废之论也。载哀公妻我之言，载容居不敢忘其祖之言，皆不明言其非，可以勿记而备记，徒启后世废礼之端。又记军有忧，赴车不载櫜韔，意示将报也。

呜呼！此岂先王典礼？舜命禹征有苗，苗逆命，班师振旅，其载櫜韔也必矣。衰世所为，遂著为礼，此甚不可。

鲁庄公之丧，既葬，而绖不入库门；士大夫既卒哭，麻不入。此乱国之为也。《檀弓》记焉，而不言其非礼，则后世将有仿而为之者矣。今削之。庆父弑子般，闵公与士大夫不敢申其哀，惧庆父之不悦也。申哀尽礼则不悦庆父矣，闵公畏祸而不绖，亦卒不免绖麻于库门之外者，畏鲁人之公论也。不敢以绖麻入，畏庆父也。

《曲礼》《檀弓》多言丧礼，颇合孔子所重民食丧祭之意。重丧祭礼，其感动人之善性也易。丧祭者，斯人天性之发于文为，而先圣王因为之节制者也。　　见《诲语》《训语》。

《月令》："孟春行夏令，则雨水不时，草木早落，国时有恐；行秋令，则其民大疫，猋风暴雨总至，藜莠蓬蒿并兴；行冬令，则水潦为败，雪霜大挚，首种不入。"《月令》此类，衰世之文也。

衰世君昏政乱，不知唐虞三代盛世初无是事。孔子曰："圣人有国，日月不食，星辰不悖，河不满溢，川泽不竭。"古者风不鸣条，雨不破块。今《月令》云云，是使衰世君臣安于衰乱，不复反身修省，谓《月令》所著乃古之常，非政之疵也。岂不大误后世耶？凡《月令》此类，宜削。见《训语》。

《月令》真秦人之书，尽敛君臣之职，而总之天子。天子之职，当中心无为，以守至正。群臣各尽其职，事之大者，则请于上而行之，何至事无小大一命于天子？秦尊君卑臣，罢侯置守，敛天下之权而尽总之，其弊至是。为天子者亦劳矣，安能中心无为以守至正？三代有司马无太尉。太尉，秦官。仲冬之月，农有不收藏积聚者，马牛畜兽有放逸者，取之不诘。此启人盗心。载"季秋为来年受朔日"，真秦书也。文见吕不韦《春秋》。

子游问曰："丧慈母如母，礼与？"孔子曰："非礼也。古者男子外有傅，内有慈母，君命所使教子也，何服之有？"鲁之有司亦曰："古之礼，慈母无服。"而《小记》言"为慈母之父母无服"，是为慈母有服。子夏之传《丧服》也，亦曰："慈母如母。"《传》曰："妾之无子者，妾子之无母者，父命妾曰'女以为子'，命子曰'女以为母'。若是，则生养之，终其身如母，死则丧之如母，贵父之命也。"子夏所传又与孔子不同。盖未闻孔子之言，故为俗礼作传。

孔子之射于矍相之圃也，使子路执弓矢延射，曰："贲军之将、亡国之大夫与为人后者不入，其余皆入。"然则为人后者，得罪于先圣如此，而子夏《传》委曲而为之说，何也？道之不明于天下也久矣！事慈母如母，非道也；父命为子母，非正命也。从父母之命焉，得为孝乎？子夏随俗为说，孔子固尝鄙之曰："女为君子儒，毋为小人儒。"子夏非知道之士。后世不宗本孔子之训，而杂用俗习之说，不知子夏之说而尊信之。盖非圣人，则多溺私情，多违公道。故世传"丧慈母如母"之礼，今又载之国法。呜呼！道之不明也久矣。孝道不明，人心滋乱，幸有先圣之言在。郑康成必欲合孔子、子夏之言为一，故为“孔子所言[①]，指国君之子”。康成好牵合众说，不知孔子初未尝言大夫士之慈母异礼，姑举君家，余可类通。况父母亦称严君，子夏委曲为父命、为母子之说，乃爱妾之私情，非天下之公道。子夏所谓《丧服传》害道者良多，不可不削以释人心之惑，复人心之正。《小记》亦有可削者。

曾子问曰：“卿大夫将为尸于公，受宿矣，而有齐衰内丧，则如之何?”孔子曰：“出舍于公馆以待事，礼也。”郑康成云：“吉凶不可以同处。”《正义》云：“待事毕，然后归哭。”二说皆未安。礼必明其义，郑徒曰“吉凶不可同处”，不本诸人心，非义之正。夫有君丧服于身，尚不敢私服。以类通之，则卿大夫为尸于公，既受宿，不敢废为尸之事，宜也。“出舍于公馆”者，患哀情之乱齐敬也。待事者，待祭日已为尸之事也。齐衰不可比于

① 此“故为孔子所言”，《四明丛书》本作“故谓孔子之言”。

君父，故虽内丧不废尸事。惟圣人能辩微决疑。

《文王世子》曰："乐，所以修内也；礼，所以修外也。礼乐交错于中。"吁！圣人之言，未尝有此，唯曰"吾道一以贯之"，又曰"予一以贯之"，未尝裂内外如斯，辩截不通也。乐者，吾心之和顺；礼者，吾心之等节。无二心也。所谓交错者何哉？简每见学者多不知道，意虑万状，不知其未始不一也。　见《训语》。

《文王世子》篇曰："凡语于郊者，必取贤敛才焉：或以德进，或以事举，或以言扬。曲艺皆誓之，以待又语。三而一有焉，乃进其等，以其序。谓之郊人，远之于成均，以其爵于上尊也。"郑注曰："郊人贱技艺。"殊未安。夫所谓三者，有德进焉，何得以技艺贱之？况贤能之书，道艺在其中，王再拜受之，登于天府。三代之制未尝贱艺，郑强加"技"一字，形容艺之贱，盖不明"远之"之意。"远之"之意，谓未及语，姑誓而教之，故曰"郊人"，明未登于贤能之书尔，非贱其艺也。且其为言亦未当，圣人之于人无所不敬爱，惟有罪乃远之，郊人方教而进之，不当言远之。六卿在郊野，卿大夫考德行道艺，而兴贤者能者。

又曰：“立太傅、少傅以养之，欲其知父子君臣之道也。太傅审父子君臣之道以示之。”吁！斯言似是而非，虽正而不通。父子君臣固其大伦，而道无不通。斯言使人杂而不一，曰“示之”则意在于事，不启人之心。

又曰：“师也者，教之以事，而喻诸道者也。”皆似是而非，与《周礼·师氏》《保氏》曰德曰道同，而其旨异。是皆求道于外，不知人心即道。孟子于齐宣王曰：“是心足以王矣。”鲁哀公曰：“是非吾道也，吾一闻于师也。”孔子曰：“君行道矣。”公曰：“道耶?”子曰“道也。”圣贤皆启人本心之善，故人心易明。记者之说，无益于人，徒尔惑人。唯道后学同人于迷，而不知其非。此《礼记》之言，有是有非，而后世一尊之，今以为经，以此取士，违尔者黜，故学士大夫千载一律，意说纷然，道心滋蔽，吁！可痛矣。知其蔽者有几?

又曰：“设四辅及三公，不必备，惟其人，语使能也。”三公坐而论道经邦，燮理阴阳，当尊而礼之，而曰“使能”亦不敬矣。

《文王世子》篇，首叙文王所以事王季，武王之所以事文王者，善矣。余言礼事亦多善，惟以意说厕其间，则有不善，前已辩数端。后又曰：“有司告以乐阕，王乃命公、侯、伯、子、男及群吏曰‘反养老幼于东序’，终之以仁也。是故圣人之记事也，虑之以大，爱之以敬，行之以礼，修之以孝养，纪之以义，终之以仁。”又曰：“古之君子举大事，必慎其终始。”吁！仁道之难明也久矣，学者无轻言之。孔子言仁，岂曰惠而已哉！今《论语》一书具在，学者能通之者有几？孔子曰：“若圣与仁，则吾岂敢？”此虽谦辞，亦足明仁道之大矣。此止以养老幼言仁，亦不知仁矣。仁，如桃有仁，杏有仁，梅有仁，寂然无思为而能发生，知此之谓智，常明而不昏谓之仁。由是而日用万变，无不中礼谓之圣。此可谓大矣，岂思虑之所及？始终一道，大小一道。此曰大事则谨其终始，徒乱后学。

《文王世子篇》曰：“若内竖言疾，则世子亲齐玄而养。”《既夕礼记》：“养者皆齐。”夫玄冠、玄端，固齐服，而亲疾必玄者，忌素也，非齐也。亲有疾，子忧惧方兴，何暇齐耶？因玄而曰齐，乃礼家不知道者，溺心于文，为之曲，失其本心者也。此当削“齐”字，庶不坏人心，不损孝德。圣人复起，当不易斯言。《士丧礼》虽本于孔子，而《既夕礼》乃为别篇，此又其记，断非孔子之言。

汲古问：《记》曰：“政者，君之所以藏身也。”未晓政何以藏身？

先生曰：圣人言此政，即礼也。故曰“礼者君之大柄，所以治政安君也。”夫天生蒸民，有欲无礼则乱，而君据其崇高富贵，岂容废礼以危其身？周以礼废故衰，鲁以礼废故乱，惟礼行义明，而人心安于礼义，乃有尊君敬上之心，无犯分干正之意。故谓“政者，君之所以藏身也”。《经》曰：“安上治民，莫善于礼。” 见《诲语》。

古列圣之于礼器，有不说之至教焉，而诸儒莫之知也。牺尊，有沙牛之象焉。尝官楚东，知彼俗以牛之大者为沙牛。牛之为兽，重迟而顺者也。人之所以去道远者，以其轻肆放逸，故多违也。睹牺之象，必不作乎轻肆放逸之心。心不轻肆放逸，则道固未尝不在我。而陆德明辄更之曰“娑尊”，盖因《毛诗》传“牺尊有沙饰”，孔疏不知牛之为沙，误谓羽饰，改读“沙”为“娑”。琺承其误，又并改“牺”为“娑”，差之又差，妄谓本之毛、郑，毛、郑受诬甚矣。大和中鲁郡于地中得齐大夫子尾送女器，有牺尊，为牛形，厥验明著。《礼经》曰“牺尊”者不胜其多，何得每更曰“娑”？殊滋后人之惑。

《周礼·司尊彝》云：“朝践两献尊。”郑司农又读“献”为“牺”。《明堂位》曰：“牺象，周尊也。”为一代之所尚，献必首之，故亦曰献尊。何以改读为象尊？为象形，象之为兽，其重厚为至，其入水毅然悠然，险莫能陷，人之道心似之。自道心已明者观之，足以默证圣心之精微矣。

大尊[①]，有虞氏之尊也。大之为言，非物也，当为至质无文之形，或曰瓦尊也。岂不似道欤？山

① 此“大”字，及下一句“大”字，《四明丛书》本均作“泰”字。

尊，夏后氏之尊也。《明堂位》曰“山罍”。山，寂然未尝动也，发生草木，其用无穷。人之道心寂然，事亲从兄，事上临下，变化云为，神用无穷，岂不似之？著尊，商人之尊也。商人质，其辂则木，其尊则着于土而无足，爵以斝，灌尊亦以斝，皆不复寓像，是谓无象。无所取象，圣人之示人也，亦明矣。两口殆两耳，而状类口欤？体状如斗，故又从斗欤？而先儒外求音类，谓为禾稼之形者，殆凿也。字画无此义焉。壶尊，以壶为尊，亦无所取象也。亦犹著尊之谓欤？人之所以不明乎道，意说蔽之也。睹著尊，壶尊之形，则意说无从而作，庶乎道心之忽明矣。此维内明者自知之，不可以言语解也。可以言语解者，皆意说也，非道也。

牺尊、山尊，与夫鸡彝、虎彝、鸟彝、蜼彝、黄目之彝，皆不可以言说解也。以为可以言说解者，不识牺象、山尊，与夫鸡彝、虎彝、鸟彝、蜼彝、黄目之彝也。鸡之知时，不以思而得之也。不思而自知，岂不足以证道心之寂然，而无所不知乎？凤鸟之知时也亦然，又有鸣声至和，宛然道心之默契，故乐音取之。有道者必有德威，其静重刚毅之威似虎，而其文也发于自然，亦似虎。蜼之为兽，健捷而有智，鼻卬尾修，末有两岐①，雨则自悬于木，以尾岐塞鼻，或以两指。蜼有智有健，捷自道心而发，智者似之。

道心之智，如水鉴，如日月光明洞照，何思虑凝滞之有？故曰不学而能，不虑而知。黄，中也。中无体质，无作好，无作恶，则自无所倚，无所偏畔矣。目，清明也。《礼》家之说曰“言酌于中，而清明于外”者，陋矣。此岂足以知黄目之旨哉？道心无思无为，无偏无倚，自然清明，奚分内外？万物毕照不可以意度也。而曰“酌于中而清明于外”，皆窒者之意说，非道心之实说也。方道心发用，岂曰“吾今酌于中而清明于外”也？使果有此意，则倚于此意不可以言中矣。此意窒之，何清明之有？黄目之象，诚可以默会，不可以言尽也。尊之为言，言是道之可尊也。彝，常也。惟道为常。《书》言“典常”，惟常故一。老氏之言驳矣，亦曰“知常”。人之道心未始不一，未始不常，未始

① 此句“岐”字及下一“岐”字，《四明丛书》本均作“歧”字。

不清明，未始有偏倚。唯其微动于意焉，故失之，实未尝失也，昏也。如日月而云气蔽之，虽足以塞其明，而明未尝息也，自不知尔。

《明堂位》曰："灌尊，夏后氏以鸡彝，殷以斝，周以黄目。"罍之为象，雷也。古"雷"，三田字，雷，犹云也。礼物多为云象，皆古圣列勤启诲后人之至[1]，震动变化如雷如云，皆足以为道心变化之默证，非训诂所能殚。孔子曰："风雨霜露，神气风霆，无非教也。" 见《训语》。

《郊特牲》曰："黄目，郁气之上尊也。黄者，中也；目者，气之清明者也。言酌于中，而清明于外也。"此非圣人之言，礼家之意说也。黄中是也。目言其清明，亦是也。而专以气言则非也。至于曰"酌于中，而清明于外"，则几于可笑矣。不知道者之言，固宜其委曲于意象文义之末，而不悟本有之中也。是中，天地以之位，万物以之育，人以之灵。是中人之所自有。中无实体，虚明发光，视听言动，喜怒哀乐，皆其妙用。纯然浑然，何内何

---

① 此"勤"字，《四明丛书》本作"辟"。

外，何思何虑？而言“酌于中，而清明于外”，恶有是理也哉！

黄目之道，即牺尊之道。牺之为物，重厚而不浮，人心之未迁于物，则皆厚也。此厚即道心也，人皆有是道心，而自不省也。牺尊，犹象尊也。象之重厚不浮，犹牺也。山尊亦犹是也。山寂然而不动，而又非无用也，草木生焉，水泉出焉。人之道心本无体状。无体状则动静不足以言之，山其似也。礼物多取云雷之像，是又黄目之道也。

人与天、地，名曰三才，言其一体也。道心虚明，云为变化，即云雷之用也，即天地之道也。古圣人即礼象以垂教，其启后人至矣，而先儒未有默识其旨者。孔子识之，故曰“仁者乐山”，又曰“知者乐水”，皆此妙也。

《玉藻》：“凡祭不讳，庙中不讳。”何也？事死如事生欤！古者卒哭乃讳，则生事之时未尝讳也。康成为说穿凿。

孔子佩象环五寸，而綦组绶。至矣哉！大矣哉！可谓斡旋天地，运动四时，发育万物，而照映千古者也。郑康成谓“谦不比德”，坐井观天，至矣哉！象环之无声乎？佩无不玉，古之制也。行则闻佩玉之音，君子之礼也。吾圣人独异于是，佩无声之象环，后学莫之晓也。呜呼至矣！举天下之所共视，而莫之见也；举天下之所共听，而莫之闻也。清明而健行者是也，博厚而静止者是也。

春秋冬夏，风雨霜露，皆此也；风霆流形，庶物露生，皆此也。山以是峙，川以是流，草木以是华、以是实，禽以是飞，兽以是走，虫鱼以是动，跃天地间变化万状，皆象环之文理也，混圆而无端也。五寸，五行也，五常也。错综成章，綦组绶也。天地万物万化，非彼孔子，非此也；玉非有声，象非无声也。一以贯之也，一非寡，万非众也。是故天数五，地数五，一也。十百千万亿以至于无穷，一也。所以事亲是也，所以事君是也，所以尊卑，所以长幼，所以夫妇，所以朋友是也。无庸加思焉，而未尝离也，愈思而愈莫之及也。及不及一也，思不思一也。至矣哉！大矣哉！孔子之象环乎？可谓斡旋天地，运动四时，发育万物，而照映千古者也。不可赞也，不可论也，而愚不肖之所同有也，不自知其有尔。颜氏之子其知之乎？月至日至者，其知之乎？知不知一也。知不知一者，孔子之象环也。

《明堂位》云："昔者周公朝诸侯于明堂之位。"又云："周公践天子之位。"且《书》曰"周公相成王"，不曰"践天子位"。《明堂位》之书，非君子之言也。

孟子曰："周公之封于鲁，为方百里也。"今《明堂位》曰"七百里"，虽以附庸通之，亦不及此。閟宫公交车千乘，乃方百里，竭作之数，或并附庸记之。若方七百里，则为方百里者四十九，为车四千九百乘矣。《明堂位》多诬。

《小记》："大夫不主士之丧。"其衰世之礼乎？古者不降，上下各以其亲其情。宜无此。

《大传》："武王追王大王、王季、文王，不以卑临尊也。"此为《大传》者之意说，非武王之心也。孝子顺孙，敬其祖考，"尊而大之"之道也。武王至是，始得以申其"尊而大之"之心也。

《大传》又曰："圣人南面而听天下，所宜先者五，民不与焉。一曰治亲，二曰报功，三曰举贤，四曰使能，五曰存爱。"

夫所谓"民不与焉"，异乎孔子所重"民食丧祭"矣。《大传》意虽在民，而言则不中，又异乎《中庸》之"九经"，曰修身也，尊贤也，亲亲也，敬大臣也，体群臣也，子庶民也，来百工也，柔远人也，怀诸侯也。《尧典》克明峻德，以亲九族，《大传》以治亲先于举贤犹云可也。至于以举贤列报功之后，不知命何人酌所以报之也。矧存问爱人者，事亦偏小。若此类多矣，何止于五？

《大传》又曰："立权度量，考文章，改正朔，易服色，殊徽号，异器械，别衣服。"夫欲齐一天下之心，则改正朔，易服色，考文章亦足矣。考诸古志，未闻更"立权度量""异器械"，既"易服色"，又"别衣服"，纷更如此。三代器服，诚有不同。盖积世之久，风俗浸变，器服浸异，非创业之圣人，遽纷然尽革朝野之器服也。

《大传》又曰："服术有六：一曰亲亲，二曰尊贤，三曰名，四曰出入，五曰长幼，六曰从服。”简窃谓其五者皆当，惟“名”未安。郑康成谓“世母叔母之属”。夫名固有之，而亦岂无尊尊亲亲之心乎？不然，则谓君之母妻之属，而亦岂无尊尊之心乎？古者，后夫人亦与其臣为礼，亦岂略无亲义？子夏谓“士为庶母缌”以名服也。岂无尊尊之心乎？亲亲之心乎？从母昆弟缌，子夏又曰：“以名服也。”岂无亲亲之心乎？大抵不知道者，多好为分裂殊异之说，其末流至此岂不坏乱人心！

《学记》亦非知道者作。泛泛外务，谓“知类通达，强立而不反”，辞气非真通达。果通达，岂九年所可限？又曰：“君子之于学也，藏焉，修焉，息焉，游焉。”夫游息，孰非修习之地？善修者无动静之殊。又曰：“凡学之道，严师为难。师严然后道尊。”是皆人为之故，非道也。尊师，道也，诏于天子无北面礼也。何必加严，何难之有！

《学记》：“古之教者，家有塾，党有庠，术有序，国有学。”郑康成求术之说不获，乃曰：“术，当为遂声之误也。”此说殊未安。按《周礼》：“六乡设官，掌书德，行道艺，书有学者。六遂设官，修稼政[1]，趋稼事。”盖士居六乡，农居六遂，遂非建学之所。《说文》：“术，邑中道也。”夫乡学，自五百家之党有序之外，不闻别有讲学之地，则道路之旁设序，可以讲学，为宜为便，则术、序为乡学明矣。何必改读？改读又碍。

汲古问：《学记》云：“学者有四失：或失其多，或失其寡，或失其易，或失其止。”人惟意固情放而有此失，一失而不救则何止于四？

先生曰：人心圆融，广大虚明，应感无所不达，安得有失？人于其间加以私意，则本心始失矣。失之多，则繁而无统；失之寡，则知一不知其二；失之易，则大轻易而不详审；失之止，则无志而怠惰，惟溺于静止而恶动作。此四者足以尽学者之失。

先生又谓：《记》云学者四失，教者必知之。故孔门问答，率随人之失而答之，各救其失而已。子游事亲，有徒养而未敬之失。孔子教之以敬，而

---

① 此“政”字，原作“改”，据《四明丛书》本改。

使之尽救其失，则子游之孝心未始不全也。仲弓未敬未恕之失，孔子告以“出门如见大宾，使民如承大祭”“己所不欲，勿施于人”，所以救其失。使其失尽去，则仲弓之心未始不仁也。人无过失，则道心融明。

先生曰：常情多责人而不责己，君子则反省诸身，惧己德之未善。上不敢怨天，下不敢尤人，自责而已。

汲古谓：圣贤诲人，皆以反身修行为要。夫子曰：“君子求诸己，小人求诸人。”孟子曰：“爱人不亲反其仁，治人不治反其知，礼人不答反其敬。行有不得，反求诸己。”先儒亦曰道学之要，正己以感人。人未之信，反躬自治。

先生曰：此言是患学者但能言而不行。见《诲语》。

《乐记》亦非知道者作。其曰“人心之动，物使之然也”，此语固然。庸众皆不知其非，而知道者不肯为是言。盖知道则信百姓日用斯道而自不知。百姓日用无非妙者，惟不自知，故昏乱也。故曰“物使之然”，则全以为非。裂物我，析动静，害道多矣。礼乐无二道，吾心发于恭敬品节，应酬文为者，人名之曰礼；其恭敬文为之间，有和顺乐易之情，人名之曰乐。庸众生而执形动意，形不胜其多，意亦不胜其多。不知夫不执不动则大道清明广博，天地位其中，万物育其中，万事万理交错其中，形殊而体同，名殊而实同。而《乐记》谆谆言礼乐之异，分裂太甚，由乎其本心之未明故，其言似通而实塞，似大而实小，是谓以其昏昏使人昭昭。己自疑阻，安能使人不疑阻？

其引孔子之言善矣，其曰“礼乐之情同”，亦庶几焉。要其本旨不为大道，故曰似通实塞。其情状尤著者，曰“礼乐极乎天而蟠乎地”，蟠之为言，乃记礼者之意态，而礼乐之道非动静之可言，而况于蟠乎？又曰“穷高极远而测深厚”，皆意说。又曰“乐者敦和率神而从天，礼者别宜居鬼而从地”，尤其可笑。孔子曰：“礼本于大一，分而为天地，转而为阴阳，变而为四时。”呜呼！圣言至矣。圣人虽因人心以天地为二，故曰分以阴阳，为流转，故曰转。今人心本无礼乐蟠乎地之意，何为又增益之，以起其意乎？辞意甚明，与圣言天壤矣。

《乐记》又曰："钟以立号，号以立横。"横，非正音也。又曰"君子听钟声则思武臣"，亦偏矣，失中和之道矣。又曰："磬以立辩，辩以致死。君子听磬声则思死。"封疆之臣死节虽正，而尊言于此[1]，益偏矣，失和矣。又曰"丝声哀"，哀非中正之声也。"竹声滥"，滥亦非正音。又曰："君子听竽、笙、箫、管之声，则思蓄聚之臣。"吁，异哉！《大学》曰："与其有聚敛之臣，宁有盗臣。"而作《乐记》者反思之乎？

《乐记》曰："其本在人心之感于物也。"吁，亦末矣！夫乐之道，无本末，无始终。如欲启诱庸众，姑言其本，则人心之未感于物者，其本也。《易》曰："乾元，万物资始。"乐者，乐也。乐说何自而生乎？知此则知乐矣，则知宫、商、角、徵、羽上下抑扬之妙矣，则知动静一矣，感与未感一矣。今也专指感于物为本，则蔽惑人心，害其本然之妙矣。

---

① 此"尊"字，《四明丛书》本作"专"。

即实而言，乐即礼，礼即乐，名殊而实一。姑循学者进德次序而言，则由礼节以入于和乐之妙，故曰：“修礼以耕之，播乐以安之。”而《乐记》曰“知乐则几于礼矣”，尤其失言。《乐记》又曰：“仁近于乐，义近于礼，乐率神而从天，礼居鬼而从地。”于大道一贯之中，而妄立町畦，至此重复。又曰：“乐由中出，礼自外作。”乐由中出故静，礼自外作故文。又曰：“乐章德，礼报情，反始。”又曰：“乐统同，礼辩异。”分裂坚定如此，害道为甚。啴慢，邪也；简节，正也；猛厉，邪也：刚毅，正也。《乐记》乃一之，何也？

乐有所谓《九夏》，夏，大也。大哉乐乎！乐音生于人心，播于歌诗、钟鼓、管弦、笙磬，通于天地，感于鬼神，节于四时，明于日月，动散于雷霆风雨，发育于万物大矣哉！王出入，奏《王夏》，王之一出一入，至大也，出入之时，大矣哉！孔子曰：“正明目而视之，不可得而见也；倾耳而听之，不可得而闻也。”不特王之出入至大也，尸之出入亦大也。故尸出入奏《肆夏》，不特尸之出入至大也，牲之出入亦大也。故牲出入，奏《昭夏》。牲之为物微也，疑不可以言大也。乌乎大哉！天地之间，何一物之不大也？何一物之可以明目而视，可以倾耳而听也？是故宾来则奏《纳夏》者，明乎宾之来，主之纳，皆大也，皆孔子之所谓不可见，不可闻也。臣有功奏《章夏》，明乎臣之有功，君之章之，至大也，亦不可见，不可闻也。

夫人祭，奏《齐夏》，齐敬之心，又何其至大也。族人侍奏《族夏》又何其至大也。至于客醉而出，或者以为醉而已，出而已，何足以为大也而奏《祴夏》焉？圣人于是特明其至大，而无以加也。是故有牍焉，有应焉，有雅焉，虽在乎陶陶之中，而步步应四时之节。公之出入也，奏《骜夏》，又以明公之一出一入，其大与天地同，与四时同，与鬼神同，与古列圣同，天下无二道也，是故天下无二大也。人皆有是大，而自谓不能者，自贼者也；谓其君不能者，贼其君者也；谓人不能者，贼夫人者也。圣人先觉我心之所同然耳。一日觉之，何所不通？何所不同？是故《九夏》一夏也，于以明天下之无二大也。圣人于礼乐一名一物，而致其深旨焉，其启佑万世至矣。 见《训语》。

汲古谓:《乐记》者，以其记乐之义是否?

先生曰:《乐记》非圣人之言。曰“乐由中出，礼自外作”，又曰“乐由天作，礼以地制”。夫道，一而已矣。《乐记》之书似高深，而实不知道，徒惑乱后学。又曰:“礼乐极乎天，而蟠乎地;穷高极远，而测深厚。”曰蟠曰测，意状益露。

汲古谓:乐者圣人所以善民心，移风俗。何周之旄人掌舞，夷乐而祭祀，宾客亦舞之?

先生曰:圣人之心，天地之心也。圣人为天地两间之主，虽四夷之民皆吾赤子也。人心皆天地之心也。四夷之乐，以中正之音一之，皆可以同天地之和，感人心之善。 互见《诲语》。

《祭法》:“王立七庙，一坛一墠。曰考庙，曰王考庙，曰皇考庙，曰显考庙，曰祖考庙，皆月祭之。远庙为祧，有二祧，享尝乃止。去祧为坛，去坛为墠，坛、墠有祷焉。祭之无祷乃止，去墠曰鬼。”《孔子家语》:“子羔问庙制于孔子，孔子曰:‘天子立七庙，三昭三穆，与太祖之庙而七。太祖近庙，皆月祭之。远庙为祧，有二祧焉，享尝乃止。’”《王制》亦曰：“天子七庙，三昭三穆，与太祖之庙而七。”而郑康成据《礼纬》谓“夏五庙，殷六庙，周七庙”。康成岂未见《商书》之《咸有一德》“七世之庙可以观德”？则殷七庙甚明。谓周七庙，大概是矣，而亦有始末。

《礼器》曰：“夏立尸而卒祭。殷坐尸，周旅酬六尸。”六尸，六庙也。周之始享，尝之庙六而已。而康成之注曰：“后稷发爵，不受旅。”凿说也。礼器方言尸，岂有发爵之尸而独不及乎？康成不思武王欲祖文王之心，而执七庙之常说也，又忘《祭法》“周人祖文王而宗武王”欤？康成礼学详审，然不无差失。其甚病者不善属文，而好穿凿牵合。此注“周旅酬六尸”，谓“后稷发爵之尸不言”，亦不善属文之验也。康成改“醴宾”为“礼宾”，改“醴妇”为“礼妇”，以“唯舒武”为“唯舒冠”。《礼》：“玄端，玄裳，黄裳，杂裳，可也。”强注作：“上士玄裳，中士黄裳，下士杂裳。”其不善属文之状，若此者众。

《孔子家语》虽曰“孔子观周，遂入太庙，后稷之庙”，然此乃记者之言，非孔子之言。况《家语》所记多误，是时其以文王未正太祖之名位，而周人或以称后稷之庙耶？《祭法》及《孔子家语》皆曰“周人祖文王而宗武王”，则文王为太祖甚明。《家语》及《祭法》皆曰“远庙为祧”，而康成以有功德者为二祧。夫远庙，不以功德言也。孔子谓“以功德见祖宗者，其庙不毁”，则殷之太宗、中宗、高宗，皆当不毁。康成又将何以处之？天子之庙七，而周旅酬六尸，六庙者，武王将以祖文王，虚其位以待之也。太祖不可迁也，是故周之始，享尝之庙六而已。后稷虽以始祖亦有庙，而不与六庙同其所①，郊则及焉，大祭则及焉，有祷则及焉。惟四时享尝祫不及。旅酬六尸，享尝祫祭也。周家推本姜嫄，《大司乐》首言“享先妣”，谓姜嫄也；“閟宫有侐”，谓姜嫄之庙也。姜嫄有庙，则后稷宜亦有庙。姜嫄之生后稷也，神后稷始封，则后稷始祖也。《周礼》：“守祧奄八人。”每庙一人，则当有八庙。武王、周公之时，庙惟姜嫄、后稷、三昭、三穆是为八欤？《家语》又曰“不及太祖，虽在禘郊，其庙则毁”者，谓鲧之类尔。无功德不祖不宗，以亲故郊，故其后去祧而坛，是为毁欤？

---

① 此“所”字，《四明丛书》本作“禘”字。

周至共王时，文王始正太祖之位；而三昭三穆，至懿王时始复；三昭三穆至孝王时，武王之庙不迁不毁，太祖及三昭三穆及武王及后稷，其庙九矣。而曾子问："古者师行，必以迁庙主行乎[1]？孔子曰：'天子巡守，以迁庙主行，载于齐车。'"言必有尊也。今也取七庙之主以行，则失之矣。当七庙、五庙无虚主。言五庙者，谓诸侯也；言七庙者，因彼失礼而生文尔。不可遂执此，以为周止七庙。

《祭义》曰："致爱则存，致悫则著。"未知鬼神之无所不在也。人自知德之无所不在，则信鬼神之无所不在矣。

《祭义》曰："殷人贵富而尚齿。"此非圣人之言也。富，非道之所贵也。而《家语》谓孔子之言，岂记者之差乎？圣言之传讹记谬者亦多矣。

"君执干戚就舞位，君为东上，冕而总干，率

---

① 《四明丛书》本此"庙"字后有"之"字。

其群臣以乐皇尸”。孝敬之诚，发于中达于外者，自尔也。而曰“此与境内乐之之义也”，非也。《礼》家之说也，失其诚敬，支离而为是说也。又曰：“所以假于外，而以增君子之志也。”此又《祭统》之意说也，求道于心外，而溺没于故智者也。

“孔子燕居，子张、子贡、言游侍，纵言至于礼。子曰：‘居！女三人者。吾语女礼，使女以礼周流，无不遍也。’”人心之礼本周流无不遍。三子未明，今启之教之，故曰使夫言以启。人因言而后生名，而人以名而致惑。天下之名众矣，不可不思其故也。曰道，曰德，曰仁，曰义，曰礼，曰乐，悉而数之，奚有穷尽？所谓道者，圣人特将以言夫人所共由，无所不通之妙，故假借道路之名以明之，非有其体之可执也。所谓德者，特以言夫直心而行者，即道之在我者也，非道之外复有德也。所谓直心而行，亦非有实体之可执也。仁者，知觉之称，疾者以四体不觉为不仁。所谓仁者，何思何虑？此心虚明，如日月之照尔，亦非有实体也。礼者，特理而不乱之名；乐者，特和乐而不淫之名。

以是观，上数名者，则不为名所惑；不为名所惑，则上数名者乃所以发明。本无名言之妙，而非有数者之异也。是故道即礼，礼即乐，乐即《诗》《书》《易》《春秋》。孔子又曰："礼本于太一，分而为天地，转而为阴阳，变而为四时，列而为鬼神。"又曰："人者，天地之德，阴阳之交，鬼神之会，五行之秀。"孔子不为名言所惑，洞见贯道至一之妙①，故确然曰："礼周流，无不遍也。"

见《训语》。

孔子曰："志之所至，诗亦至焉；诗之所至，礼亦至焉；礼之所至，乐亦至焉；乐之所至，哀亦至焉。哀乐相生，是故正明目而视之，不可得而见也；倾耳而听之，不可得而闻也。"孔子斯言见《小戴记》。学者厌观熟诵，圣诲切的如是，而未闻有表而明之者。此无他，无意之可解，无说之可求，如空之不可升，如金石之不可钻。或者强为之说，则曰"其相生有义焉"，噫嘻，异哉！孔子曰："乐之所至，哀亦至焉。"夫有相生之言也，而亦曰

① 此"道"字，《四明丛书》本作"通"字。

“至”者，又何耶？至即不见不可闻，彼惟不知可见即不可见，可闻即不可闻，故弃粗而求精，弃一而求二。哀乐必有物，人以为必可见；哭笑必有声，人以为必可闻。而孔子则曰不可见不可闻，非弃形而言义也。形即无形，无形即形，声即无声，无声即声，正不必作意以离之也。据实而论，不见其为二也。意作而始离，始二也。自孔门诸贤犹率病乎意，故孔子谆谆止绝之曰“毋意”，而况于后世乎？意积见牢，故虽闻正实之言，反骇怪以为不可解。今学者诚尽屏胸中之意说，则自明自信矣。　见《训语》。

孔子闲居，子张、子贡、言游侍，论及于礼。子曰：“慎听之！女三人者，吾语女。礼犹有九焉，大飨有四焉。苟知此矣，虽在畎亩之中，是亦圣人已。两君相见，揖让而入门，入门而县兴。揖让而升堂，升堂而乐阕，下管《象》《武》《家语》作“舞”，《夏》《钥》序兴，陈其荐俎，序其礼乐，备其百官。如此而后，君子知仁焉，行中规，还中矩，和鸾中《采齐》《家语》作“荠”，客出以《雍》，彻以《振羽》。是故君子不必亲相与言也，以礼乐相示而已。”孔子又曰：“入门而金作，示情也。”然则县兴而金作，铿然而鸣，即吾之情也。何以言为也？又曰：“升歌《清庙》，示德也。”然则人声由中而发，文德由中而畅，即吾之德也，何以言为也？又曰：“下而管《象》，示事也。”然则堂下管《钥》、武舞、文舞，次序而兴，又即吾之事也，何必身亲之也？浑然天地万物，皆吾之体也；纯然宫商节奏，皆吾之用也。荐俎非外，百官非彼。行非行，夫孰知其所以行，而自中规；还非还，夫孰知其所以还，而自中矩。和鸾，车之和鸾也，而即吾之中《采齐》也。客出以《雍》，其彻也以《振羽》，庄敬和乐之妙，又何其始始终终而不可致诘也！畎亩之中，无两君相见之礼也，而即两君相见之礼也；无金声之乐也，无管《象》《夏》《钥》也，而管《象》《夏》《钥》之音舞，未尝不日奏于其前，而昧者不见不闻也。

耒耜之器，耕艺之勤，良禾之欣荣，耘耔之仁，两目散日月之明，四体运天地之神，步中和鸾之节，声谐《韶》《濩》之音，此岂说合而强同之哉？默而识之，当自知自信也。不可思也，不可言也。学道者率以言而离，默而近，孔子引三子归之一默之中，庶乎默而成之矣。见《训语》。

孔子谓子贡曰：“女以予为多学而识之者与？”对曰：“然！非与？”子曰：“非也。予一以贯之。”孔子曰：“天有四时，春秋冬夏，风雨霜露，无非教也；地载神气，神气风霆，风霆流形，庶物露生，无非教也。清明在躬，气志如神，嗜欲将至，有开必先。天降时雨，山川出云。其在《诗》曰：‘嵩高惟岳，峻极于天；惟岳降神，生甫及申；惟申及甫，维周之翰。四国于蕃，四方于宣。’此文武之德也。”

孔子曰：“予欲无言。”子贡曰：“子如不言，则小子何述焉？”子曰：“天何言哉！四时行焉，百物生焉。天何言哉？”孔子曰：“人者，天地之德，阴阳之交，鬼神之会，五行之秀。”孔子曰：“夫礼必本于太一，分而为天地，转而为阴阳，变而为四时，列而为鬼神。”

孔子曰：“射之以乐也，何以听，何以射？”人皆曰：“所以听者以耳，而所谓耳者，肤与肉而已。肤肉能听乎？”孔子于是致其问曰：“何以听？”人皆曰：“所以射者，心与手而已。而所谓心者何状？

方其挽弓挟矢，而心已注于鹄，及其射已，心又若入，而执之无得，视之无见。穷之无乡域，卒不知其所。”

孔子于是又致其问曰：“何以射?”乌乎至哉！射者即听者，听者即视者，视者即思者，是数者杂出而并用，何末何本，何始何终？无所不通，是之谓大同。其间高者曰天，厚者曰地，明者曰日月，暄凉寒暑曰四时，震动者曰风霆，润泽者曰雨露，凝结者曰霜雪，恍惚变化者曰鬼神，其事亲曰孝，其事君曰忠，其事长曰顺，其抚下曰慈，其节曰礼，其和曰乐。言之则无穷，思之则无说。其谓之事物也非粗，其谓之道德性命也非精，粒我烝民，莫匪尔极。设官分职，莫匪尔极。哀乐相生，孔子以为不可见，不可闻，则精粗之名何所置之？知春秋冬夏、风雨霜雪之无非教，则知之矣。知神气风霆、庶物露生之无非教，则知之矣。知孔子之一贯，则知之矣。知则不知，不知则知，知即不知，不知即知。　　见《训语》。

《深衣》曰：“古者深衣，盖有制度，以应规矩，准绳权衡。短毋见肤，长无被土。”此言其纵也。又曰“续衽钩边”，此言其衡也。自旁而数之，衽居其端也。古之衽，今之襟，亦曰袂也。深衣属裳，则当续衣之衽，使之长与裳齐也。上狭下广，其边如钩，言其旁曲也，于体为宜。《玉藻》曰“衽当旁”，此之谓也。衽亦修广矣，矧当衣前，故首言之。《丧服》言丧衣裳，负适袂祛广博，尺寸靡不备载，独不见所谓襟焉，而有曰“衽二尺而有五寸”，是衽即襟也。《丧服》言“衣二尺有二寸，襟与衣齐”，而“衽二尺有五寸”何也？言衣带下尺，则衣之长略可知。袂幅属衣之处曰二尺二寸，此言袂之度，而衣之长大略三尺二寸，内阙中八寸，偏前以安项。衽缀于前领平衡之下，则衽长二尺五寸正其度也。通乎《丧服》之衽，则《深衣》之衽与衣齐，是为襟，昭昭矣。

郭璞注《方言》，亦谓衽为襟。郑康成既误释之，孔颖达复误疏之，谓：“深衣十二幅，幅即衽也。”且援鲁哀公“以衽受齐馈”为证。而《深衣》之篇未尝以幅为衽，又与《玉藻》“衽当旁”之文不符。盖孔思不及此，故不知此下广之衽，正足以受馈，不为不宽。古《志》“四夷左衽”，《丧记》“敛衣左衽”，咸谓襟也。《左传》“结衽若讼”

者，结此衽也。古棺有衽，是谓小要，以钩边如衽也。古曰衽度，度左敛右敛如衽也。详考衽制，无所不通。《深衣》曰：“要缝半下。”《玉藻》曰：“深衣三祛，缝齐倍要，祛尺二寸。”祛，袂口也。袂，今之袖也。三祛言其大略，谓深衣之长也，非恰言必三尺六寸。古尺短，盖侈乎衰衣矣。康成之注曲矣。齐，下也。其缝倍要，即要缝半下也。《深衣》曰：“袂之高下，可以运肘。”言乎当掖之度也。又曰：“袂之长短，反诎之及肘。带，下无厌髀，上无厌胁，当无骨者。制十有二幅，以应十有二月。袂圜以应规，曲袷如矩以应方。”袷，交领也。夫衰衣，上古之制也。领正方，其前平衡，故可缀六寸之衰。后儒不究古者制衣之始，自然之体若是，而曰：“如今中衣邪领之交，亦近于方也。”使古表衣之领果邪，则六寸之衰于何所制之也？邪缀于前领则非宜也，非王也。古初制衣，惟取阙中之方以安项尔。简尝为方领深衣，久则前坠，近于今之圆领，则后世变而为圆领，亦其势之自然；又变而为邪领，其当暑之为软？以是为中衣，不敢以为表衣。人心之灵，不敢向巧而下朴也，不敢贵末而忘本也。《深衣》曰：“负绳及踝以应直，下齐如权衡以应平。故规者行举手以为容，负绳抱方以直，其正方其义也。故坤六二之动，直以方也。下齐如权衡者，以安志而平心也。五法已施，故圣人服之。故规矩取其无私，绳取其直，权衡取其平，故先王贵之。故可以为文，可以为武，可以摈相，可以治军旅。完且弗费，善衣之次也。”

深哉衣乎！奚止次而已矣？十有二幅，即十有二月也。袂圆，天也；袷方，地也；负绳及踝，直也；下齐如权衡，平也。奚止于应之而已也？人性自善，自直，自平，自广大，自神明，自无所不通，自与天地同。有毫厘不平者，不可以服是衣也。有毫厘不直者，不可以服是衣也；有毫厘与天地有间者，不可以服是衣也。《深衣》惟曰“抱方”，时已圆其所负之方欤？中古之制欤？抑阙中偏前，故为“抱方”欤？循颈而势同，故独言“抱方”欤？《深衣》曰：“具父母、大父母，衣纯以缋。具父母衣，纯以青。如孤子衣，纯以素。纯袂缘，纯边，广各寸半。”《玉藻》曰：“朝玄端，夕深衣。”深衣袂可以回肘，长中继揜尺，袷二寸，谓长衣、中衣则继袂之长，掩乎不露，复一尺而已，反诎不及肘也，微短于深衣之袂也。

《家语》《小戴记》并载《儒行》一篇，其间可疑者良多。最其甚者，曰："其过失可微辩，而不可面数也。"其刚毅有如此者，殆非孔子之言。

舜命伯夷典礼而告之曰："夙夜惟寅，直哉惟清。"何谓也？寅，敬者，礼之道。礼曲折万状，而由道心行之，实未尝曲折，故曰直；实未尝万状，故曰清。曰直、曰清、曰寅，以三言明礼之一道。后世道不明，此等语多莫晓。

礼仪三百，威仪三千，皆自道心中流出。人皆有道心，苟不明而徒执迹，必至失道。《玉藻》"戎容暨暨，言容詻詻，色容厉肃"，与《皇矣》"临冲闲闲""攸馘安安"之容异矣。天下之事不可执定论也久矣。于是益信惟圣人之言礼，贯通无阻。

《大戴礼·小辩篇》：哀公曰："多与我言忠信，而不可以入患。"子曰："毋乃既不明忠信之备，而口倦其君，则不可有；明忠信之备，而又能行之，则可立待也。君朝而行忠信，百官承事，忠满于中而发于外，刑于民而放于四海，天下其孰能患之？”公曰：“请学忠信之备。”子曰：“惟社稷之主实知忠信。若丘也，缀学之徒，安知忠信？”公曰：“非吾子问之，而焉知也？”子三辞，公曰：“强避。”子曰：“强侍。丘闻大道不隐，丘言之。丘闻忠有九知：知忠必知中，知中必知恕，知恕必知外，知外必知德，知德必知政，知政必知官，知官必知事，知事必知患，知患必知备。若动而无备，患而弗知，死亡而弗知，安与知忠信？”简读孔子之书至此，不胜敬叹。大哉，圣人之善于明道如此！

夫忠信人所忽，以为至平至近，不可以为大道。而孔子大而言之，三辞而后言，且曰“大道不隐”，是明忠信之为大道也。呜呼！知忠信之为大道，则日用庸平无他之心，皆大道也。喜怒哀乐皆大道也，是谓中庸，无所不通，用之不穷，刚健中正，虚明莹融，何思何虑，如镜如空。见《训语》。

《大戴记》：“公与孔子言而善。孔子曰：‘君之言善，就国之节也。’公曰：‘是非吾之言也。吾一闻于师也。’子吁焉其色曰：‘嘻！君行道矣。’

公曰：‘道耶?’子曰：‘道也。’”大哉圣言！发明道心，坦夷明白至于此也。惜乎不载之《论语》，使万世人人知之，庶其有觉者。道心人所自有，无俟乎求。惟私意蔽之，始昏始惑。今公曰“是非吾言也，吾一闻于师也”，私意尽无，纯诚著见，即道也。而公不自知其为道，故孔子吁焉其色，发叹而告曰：“君行道矣。”惟孔子知之，公乃不自知，故惊曰：“道耶?”孔子安得不正言曰“道也!”此岂惟启明鲁公之道心，亦足以启明万世之道心。

简常读《大戴》所载孔子之言，谓忠信为大道，简不胜喜，乐其深切著明。简自总角承先大夫训迪，已知天下无他事，唯有道而已矣。穷高究深，年三十有二，于富阳簿舍双玥阁下，侍象山陆先生坐。问答之间，忽觉简心清明澄然无滓，又有不疾而速，不行而至之神用。此心乃我所自有，未始有间断。于是知舜曰“道心”，明心即道；孟子曰“仁，人心也”，其旨同。孔子又曰：“心之精神是为圣。”简人人本心知①，皆与尧、舜、禹、

① 此“简”字，《四明丛书》本作“某谓”。

汤、文、武、周公、孔子同，得圣贤之言为证，以告学子，谓吾心即道，不可更求。曾子谓“夫子之道，忠恕而已矣”，程伯淳求之太过，曰：“忠，譬则流而不息；恕，譬则万物散殊。”简谓“忠者，与人忠；恕者，己所不欲，勿施于人。”即吾庸常之心即道。孔子曰“主忠信”，谓忠信即主本。渡河丈人亦曰：“吾之入于波流，忠信而已；其出也，亦忠信而已。”孔子使二三子识之。

乌乎至哉！即吾与人忠，不妄语之心即道，丈人当日之言，未必果曰忠信，往往曰“吾出入波流，吾心如是而已”，无说也，无术也。始吾之入也，如是而入；其出也，亦如是而出。世以如是而往，实直无他之心谓之忠信，故二三子识之，或传录失真而微差欤？

后读《大戴记》孔子忠信大道之言，如获至宝。盖深喜得圣言为证，正平常实直之心即道。孟子亦以徐行后长即尧舜之道。箕子曰：“无有作好，遵王之道；无有作恶，遵王之路；无偏无党，王道荡荡；无党无偏，王道平平。”人心至灵至神，虚明无体，如日如鉴，万物毕照。故日用平常，不假思为，靡不中节，是为大道。微动意焉，为非为僻，始失其性。意消则本清本明，神用变化之妙，固自若也；无体无际，范围天地，发育万物之妙，固自若也；即视听言动，即事亲、事君、兄弟、夫妇、朋友，慈爱、恭敬、喜怒、哀惧、恶欲，未始不妙，固自若也。而实不离乎庸常。圣人曰“中庸”，所以昭示万世，深切著明矣，而学者犹曰“我未有道”，吁！

《大戴》所记《诰志篇》：孔子曰：“古之治天下者，必圣人。圣人有国，则日月不食，星辰不悖。尧、舜、禹之时历，年多无日食，至大康失邦，始日食。”历家虽谓日月薄蚀可以术推者，衰世之术也，而亦不能一一皆中。僧一行归之君德，颇与孔子之言合。一行之术精矣，而有此论，则诚不可尽委之数。胡康侯于《春秋》误解日食，殆未读《大戴记》。孔子斯言世罕诵习，故表而出之。 见《训语》。

《小戴记》：孔子云：“礼必本于大一。”陆德明音“泰”，学者咸读为“太一”。简一日忽省其非，自孔殁，学者罕知道，奚止千无一、万无一，故靡然作“太一”。自郑康成谓“本于太一与天”，而况于天乎[①]？以太一与天为二，则必读“大”为“太”。太之为义，始也。言始而不该终，非大全也，非大道也。不当音“太”，当如字。一明无二，大明无外；有外焉，不足以言大。曰大曰一，所以明道，亦犹曰中曰庸，所以明道。大一，道之异名，异用于筮，百姓所日用，故权以谕俗曰“乾元”，曰“资始”。道人推始[②]，庶其易觉。觉始无始，则无始无终，浑然大通。《系辞》间有圣言，大统多非圣正言。“乾知大始”，是读作“太始”。又曰：“易有大极，是生两仪。”辞意亦音“太”。自作《系辞》者已失孔子大旨，而况于后世乎？

又曰：“鼓万物而不与圣人同忧。”裂易与圣人为二，岂孔子一以贯之之旨？简尝曰：“幽明本无故，何必仰观而俯察也？死生本无说，何必原始而反终也？”皆指《系辞》之蔽。易，天地一也，何必言易与天地准？准，平也。言二者平齐，其辞意谓实二物，而强齐之也。

---

① 此“天”字，《四明丛书》本作“陆”字。
② 此“推”字，《四明丛书》本作“惟”字。

又曰："形而上者谓之道，形而下者谓之器。"裂道与器，谓器在道之外邪？自作《系辞》者，其蔽犹若是，尚何望后世之学者乎？然人性皆善，此性皆与尧、舜、禹、汤、文、武、周公、孔子同，皆与天、地、日、月、四时、鬼神同。"与"亦非二，因形与气，与名之异，而姑言与，因人情而姑言，亦犹孔子言"何莫由斯道"，非我自我，道自道也。亦因人之常情而姑言也，孔子曰"言不尽意"谓是欤？

天下事理诚不可以执一论。《周官·大司寇之职》曰："刑新国，用轻典；刑平国，用中典；刑乱国，用重典。"《土均》曰："礼俗丧纪祭祀，皆以地媺恶为轻重之法而行之。"《洪范》曰："平康正直，强弗友刚克，燮友柔克，沉潜刚克，高明柔克。"然则天下事理诚不可以执一论，必如此而后可行。

《周官·卿老》："二卿则公一人。"夫六官之长，不过卿而已①，而乡老则以公焉何也？三公论

① 此前三"卿"字，《四明丛书》本作"乡"字。

道经邦，燮理阴阳，官不必备，惟其人，不必常也。夫六卿之治，而以备道经邦、燮理阴阳者临之，则古之所以治其近者，若是其至。大司徒以乡三物教万民，以乡八刑纠万民，乡大夫每乡卿一人，六乡之民，皆教之以德行道艺。而后世尹京都者，其说曰“辇毂之下先弹压”，无惑乎后世之治不如三代。人心无古今之异，政教有古今之殊。

《周官》职方氏，辩其邦国都鄙，四夷八蛮，七闽八貉，五戎六狄之人民，与其财用九穀六畜之数，要周知其利害。《毕命》：“四夷左衽，罔不咸赖。”孔子曰：“圣人以天下为一家。”《中庸》曰：“日月所照，霜露所坠，凡有血气者，莫不尊亲。”《左传》：“天子有道，守在四夷。”自汉以来，士大夫有知此理者绝少。不思夫上帝一视同仁，有国家者不视夷狄如赤子，使无罪之民肝脑涂地，大违上帝之心，无乃不可乎！　见《训语》。

行人之职，掌朝觐宗遇之礼。其朝位宾主之间，公九十步立，当车轵；侯、伯七十步立，则车前；子、男五十步立，当车衡。不曰宗觐，遇有别义，则知通言朝位，其制同。夫诸侯立不离车，则王不可负斧扆于户牖间。如《觐礼》所云："王当出在应门之内，以受诸侯之礼。"如《康王之诰》参验事状，则与今仪礼之中觐礼不合。意者《周官》乃周公所为，有所损益，而成王未之行欤？迁都洛邑，封建益地，成王皆不能行，以此类知之。《记》曰："觐礼不下堂，而见诸侯由夷王以下。"诸儒率以周家所行之礼，与周公所著之书，合而论之，故多不通。或者又过疑《觐礼》汉儒所为，则又不然。

孔子曰："昔者周公摄政，践阼而治。"阼非王之常位，惟觐诸侯为宾主之礼，则王践阼，则王有东序西向之位，其常朝皆南乡。周公不敢南乡，不得已而践阼也。《周礼·大行人》：诸侯朝位，主宾之间若干步，是践阼之礼也。《司士》：正朝仪之位，惟曰"王南乡"，以是知常朝皆南乡。

《周礼·司服》"掌王之吉凶衣服"："凡凶事服弁服，凡吊事服绖服，凡丧王为诸侯缌衰，为大夫、士疑衰，其首服皆弁绖。"不闻爵弁缁衣也。

而《檀弓》篇："天子之哭诸侯也，爵弁绖缁衣。"此殆衰世之礼。而郑康成又谓"绖，衍字也"，无乃不可乎？康成之学，率牵合群书杂说为一说，故至于此。《檀弓》篇记曰[①]："或曰使有司哭之，为之不以乐食。"观此则《檀弓》所记衰世之礼亦明，"使有司哭之"，益薄矣。《檀弓》所说多衰世之礼。

汲古问：古之族党州乡，皆有相保相宾之义。今日之州乡族党，徒有相两相靡之习。岂非古今之制不同，而风俗人情之变所致如此耶？

先生曰：《周礼》"伍家为比为邻"，即今之五家结为一甲，又如州长、党正、族师、闾胥，亦今之小保长、大保长、保正、保副之类。古者设官分职，得贤久任，行乡举里选，德行道义之法，是以比闾族党之制修，而有长有师，皆儒士。故曰"师以贤得民，儒以道得民"。使其法复行于今，则士民亦何敢为不善？而德行孝悌之俗自成，三代之治复见于今，此势之所必至也。　见《诲语》。

① 此"记"字，《四明丛书》本作"继"字。

汲古曰：尝见《周礼·夏官》，多有侍御仆从之职，皆以端人正士为之。大仆掌正王之服位，而小臣上士四人；御仆掌王之燕令，下士十二人；颖仆掌扫除粪洒洗乘石，而下士二人。其职虽卑，而以士人为之者，谓王之前后左右关系尤重，不可以非其人。故穆王命伯冏为大仆正，曰“正于群仆侍御之臣，无以巧言令色，便辟侧媚，其惟吉士”，后世则失其制矣。虽汉时宿卫之人，犹有光禄勋考其德行而进退之，终不免具文。如孔安国掌唾壶，扬子云为执戟，初非古人以德诏爵之意，厥后侍御多宦寺，卫士皆武夫，良可惜哉！

先生曰：此言是。　　见《诲语》。

家记四　论论语上

论论语上

子曰："学而时习之，不亦说乎？"知学之道者，以时习而说；不知学之道者，以时习为劳苦。劳苦则安能时习？时习必不劳苦。今学者欲造无时不习之妙，断不可有毫厘劳苦之状，当知夫学问之道无他，求其放心而已矣。但夫放逸则劳他求，他求则成放，他求则成劳。是心有安有说，无劳无苦。是心初无奇，初无心，则吾目视耳听，手持足履，口语心思之心。此心非物，无形无限量，无终始，无古今，无时不然。故曰无时不习。时习之习，非智非力。用智，智有时而竭；用力，力有时而息。不竭不息，至乐之域。

“有朋自远方来，不亦乐乎！”此爱人之心也，此广大之心也，此不私之心也。有朋自远方何为乎来也？以好善之心来也，则吾乐与共之，乐吾之善，盖有不自知其所以然而然，此乐天乐也，非人乐也。杨朱拔一毛利天下不为，固无是乐也。此则异端之道，非天地大公之道也。庄子谓杨朱得道于老聃，则亦非碌碌者[①]。朱盖知有己而已，不知他也。见天地间未始有一物，而不见天地间未始无万物也。知一而不知十百千万也，知静而不知动也。溺心于小，而不知大也。然而此非碌碌者所能知，故天下靡然从之，而无君之说遍天下。非孟子不能辟，非知夫子朋来而乐之意，无以知孟子所以辟杨、墨之意。

“人不知而不愠，不亦君子乎？”人不知而不

① 此“者”字后，《四明丛书》本有“矣”字。

愠①，虽贤者容或有之。此愠不必暴见于外，苟动于念虑间，即谓之愠已。子思曰："遁世不见知而不悔，惟圣者能之。"《易》曰"遁世无闷"，不见是而无闷，谓之潜龙之德，非德之纯而无毫厘外驰者，至是乎？

子曰："学而时习之，不亦说乎？有朋自远方来，不亦乐乎？人不知而不愠，不亦君子乎？"学者多疑所习者何事，必有其说。吁！使所习之有说，则必不能时习矣。时习者，言乎时时而习，无时而不习也。使所习有说，则必有意，意作必有时而息，至于息则非时习也。惟其无意也，故能时时而习。时习之习，乃不习之习。《易》曰："不习无不利。"今学者患乎习之不能时者，正以其以思虑而习，以智力而习，故不能时也。使果有说，果有可言之事，则孔子已明言之矣。孔子无所言，正以明时习之习，非学者作辍之习也。正以明学者本有之心即道，而无俟乎复为也。作辍之学，安得有悦？非智非力，无作无辍之学，故有无穷之悦

① 按，此"不愠"之"不"字，疑为衍文。

乐也。

或者又曰：孔子言“弟子入则孝，出则弟，谨而信，泛爱众而亲仁，行有余力则以学文。”若斯之类，是乃所习之说。吁！是又实未识所谓孝弟、谨信、泛爱、亲仁、学文者也。方子之事亲时，爱敬之心自生，不知所以然，此则孝也。使作意曰：吾将以学为孝也，则亦伪而已矣，非真心之孝也。孟子曰：“人之所不学而能者，其良能也；所不虑而知者，其良知也。孩提之童，无不知爱其亲，及其长也，无不知敬其兄也。”使胸中有意有说，则失其所以为真孝真弟矣。不真则伪，伪则终于失。孔子诲学者，使出入之间无非孝弟，则真而不伪，不思不勉，而自爱自敬矣。谨则无放逸，无思虑，信则允塞，亦安得有思虑？惟如此者，乃能泛爱。其不能泛爱者，必其思虑纷扰，私意横生，则不虚明不广大也。孝弟、谨信、泛爱，无非道心之所发见，自然喜于亲仁，自然与仁者同心，自然谦虚，不敢自足。其有不亲于仁，必有私意，必有阻隔，但顺此孝弟、谨信、泛爱、亲仁之心而行，谓之由道而行。行之既熟，为有余力，乃可学文。文非道外之物，文学之事，皆此道之精华，日用之妙何往而非一贯？但圣人设教之序，当自孝弟始，当自幼而达之，通则悟其本一，一则无时而非习矣。

伯成子高不以一毫利物，后学靡然从之，偏枯孤止，无爱利之大用，非道也。夫朋至，而吾乐善之心油然而生，乃道心之变化，非思虑之所及，是为圣人之大道。举天下万古之人皆有此，而人自不知之，自不信之，自偏溺之，不溺于动，则溺于止。朋来而乐，不溺于静止之穽矣，然又虑其复溺于动。乐于人之知己，不知则愠，则亦非君子之道。君子朋至而乐自生者，非动也；朋不至、人不知而不愠，非勉强抑止也。清明之性，自尔寂然，夫是之谓学，夫是之谓天下何思何虑，夫是之谓不习之习。《论语》谓之“时习”，《中庸》谓之“时中”，无时而不中也。无时而不中，即无时而不习，有意则必有倚著，不可谓之中，故曰“时中”即“时习”。

子曰：“学而时习之，不亦说乎？有朋自远方来不亦乐乎？人不知而不愠，不亦君子乎？”学者多疑所习者何事，必有其说。吁！使所习之有说，则必能时习矣。时习者，言乎时时而习，无时而不习。使所习有说，则必有意，意作必有时而息，至于息也，非时习也，非时时而习也。惟其无意也，故能时时而习，时时而习乃不习之习。《易》曰："不习无不利。"今学者患乎习之不能时时者，正以其思虑而习[①]，以智力而习，故不能时也。使果有说，果有可言之事，则孔子已明言之矣。孔子无所言，正以明时习之习，非学者作辍之习也；正以明学者本有之心即道，而无俟乎复为也。作辍之学，安得有悦？非智非力无作无辍之学，故有无穷之悦乐也。

或者又曰：孔子又言："弟子入则孝，出则弟，谨而信，泛爱众而亲仁，行有余力，则以学文。"若斯之类，是乃所习之说。吁！此孔子言弟子之事，言岂一端而足？然事似异而实非异，孔子曰："心之精神是谓圣。"孟子亦曰："仁人心也。"此心即道，故舜曰"道心"。心无形体，故变化无方。孝之心何状？弟之心又何状？谨之心又何状？信者不诈欺而已，不诈欺之心又何状？泛爱之心又何

① 《四明丛书》本，此"其"字下，有"以"字。

状？亲仁之心又何状？学文虽不可胜纪，夫学文之心[1]，精神变化又何状？孔子谓："孝者，天之经，地之义。"谓礼断然本于大一[2]，分而为天地，转而为阴阳，变而为四时，然则百姓日用之妙，果有不可得而思，不可得而言者。伯成子高不以一毫利物，后学靡然从之，偏枯孤，故自古学者，率求于无思无为之说，而不悟无思无为之实，乃人心之精神妙用。《易》曰"变化云为"，日月之光，无所不照[3]，而无思也，无为也，溺于沉寂而不达日用之妙，故子曰"知者动"。知道之谓智。夫朋至，而吾乐善之心油然而生，乃道心之变化，非思虑之所及，是谓圣人之大道。举天下万古人，皆有此大道之常，而人自不知之，自不信之，自偏溺之，不溺于动则溺于止。朋来而乐，不溺于静止之阱矣，然而又虑复溺于动。乐于人之知己，不知则愠，则亦非君子之道。君子朋至而乐自生者，非动也。朋不至，人不知而不愠，非勉强抑止，清明之性自然寂然。夫是之谓学，夫是之谓天下何思何忧，夫是

① 此"夫学文"三字本阙，据《四明丛书》本补。
② 此"谓"字本阙，据《四明丛书》本补。
③ 此"无"字本阙，据《四明丛书》本补。

之谓不习之习。《论语》谓之“时习”，《中庸》谓之“时中”。时中，无时而不中也。有意则必有倚著，不可谓中；有说则必有倚著，不可谓中。无时而不习，即无时而不中。

子曰：“巧言令色，鲜矣仁。”又曰：“刚毅木讷近仁。”雍也仁而不佞，大抵精神外浮，此心放逸，则安得仁？仁人心也，动则失之，而况于外浮乎？放逸乎？由心而发，为事亲，为从兄，为众善，为百行，如四时之错行，如日月之代明。随物而动，为昏迷，为机巧，为诈妄。

曾子曰：“吾日三省吾身。”盖曾子有此三过，故日以自省。此三语者，乃问心之辞。人若不自问心①，其不觉又陷乎此也。尝读《檀弓》，见曾子出祖之遽以告从者裼裘之讥，遽以示人，而实未尝学习。观此，则知曾子有传而不习之过，特无所考见。君子不以过为讳，而以不能改过为耻。人心即道，自灵自明，过失蔽之，始昏始乱。观过，则知

① 此“问心”二字本阙，据《四明丛书》本补。

仁矣。无过，则此心清明广大如故矣。云气散释，而太空澄碧矣。

汲古问：子曰："道千乘之国，敬事而信，节用而爱，人使民以时。"此亦是圣人治天下之道，而孔子止言千乘之国者，其义何也？

先生曰：千乘谓侯国，其时王室微，诸侯寖强盛而多，故此言其多者。古之治天下者，必圣人。诸侯难遽责以圣，度其能行者言之，事不敬必失必害；不信，无以出令。民无信不立，而况于君乎？敬生信，治国之道敬信为大。其次节用，节用则可以推有余以补助斯民；不节用，则厚敛于民矣。民为邦本，厚敛于民，是自伐其邦本。民离国亡，君随以亡。爱民而后能使民以时。国君爱民，乃所以自爱其国，自爱其身。 见《诲语》。

孔子曰："君子不重则不威，学则不固。主忠信，无友不如己者。过则勿惮改。"又曰："君子正其衣冠，尊其瞻视，俨然人望而畏之。"子思亦曰："斋明盛服，非礼勿动，所以修身也。"盖严重则此心不放逸，自然有德威，所学亦固。此要当知主于忠信，忠信即吾之心，吾心日用平常无诈伪，是为忠信。是即吾之主本，非吾心之外复有忠信也。人皆有此忠信之心，而不自知，其为吾之主本。故孔子明以告之，使勿外求。学者既自省主本，又当亲贤以求助，不可友不如己者。若不如己者来亲于我，固不可拒；若不来求而我自友之好之，与胜己者疏，与不如己者亲，畏人之压己，乐人之奉己，此学者大患。又有虽亲能胜己之友，谦虚乐善，而止于此，惮于改过，此尤切身大害。学道无他，改过而已。高明之士往往不无过，而改过之士诚为难得。此心虚明，一无所有，安得有过？因起意故生过。　　见《训语》《诲语》。

子贡曰："夫子温良恭俭让。"记者曰："子温而厉，威而不猛，恭而安。"此非夫子学温又学良，学恭又学俭也，亦非学温而厉，又学威而不猛，又学恭而安也。初学者则然，至于适道则不然矣，而况于圣人乎！人心自神，人心自灵，人心自备众德，不学而能，不虑而知，自温自良，自恭自俭，自温而厉，自威而不猛，自恭而安。人不自知，因物有迁，故昏故失。自适道而上，则自知自信。孟懿子问孝，夫子对以“无违”；孟武伯问孝，夫子对以“父母唯其疾之忧”；子游问孝，夫子对以“敬”；子夏问孝，夫子对以“色难”。所问则一，所答则异，夫子之意安在哉？盖曰孝者，人之良心也，人人之所自有也。人之所自有，而有不足焉者，有以蔽之也。孟懿子蔽处在违礼，孟武伯蔽处在父母不以疾而忧，子游蔽处在不敬，子夏蔽处在色，各去其蔽，则数子之心固自全也，数子之孝固未始不足也。圣人不能予人以其所无，能去人之蔽而已。

子曰：“为政以德。”为政之道，无出于德。吾夫子以一语尽之，甚明白，甚简易，更无余论。而自两汉以来，至于五代，无一人信得及者，岂夫子欺罔天下后世哉？盖后世不识所谓德者，习闻其号，未烛厥理，故辄疑德之外更有事在。如法令，如礼乐，如任选，如赏罚，如兵财，科条殆纷纷未易一二数。呜呼，有是哉！有是言也，是岂德之散殊哉？谓德之外自有无穷之事，不惟不知德，亦不知事。政事不出于德，非德政也；政非德政，苟非安即危乱矣。法令不出于德，则将以遏民之不善，反以长民之不善。民有良心，不可贼也，不可扰也。衰世之法，唯便利之从，增之削之唯己意所欲，非有皋陶之胸中，何足定天下之刑？一失其中，则贼民之良性多矣。礼乐不出于德，则礼文不足以导民心之正，而反以起民心之伪；乐音不足以导民心之和，而反以感民心之淫。任运不出于德，则我既无德，亦不知何者为德，以贤为不肖，以不肖为贤。后世法度坏，礼乐崩，风俗浮荡，虽有贤才亦难于不随其间。无文王而自兴者几人？故贤才多不成就，不缺则瑕。然贤者，虽有瑕缺，大概诚悫，不肯习诈，故过失亦不隐。小人终日为不善，见人则掩然去其不善而著其善，又善于佞媚，使人君无德，其以贤为不肖，以不肖为贤也则宜。赏罚不出于德，则赏以行一人之私喜，罚以行一人之私怒。兵财不出于德，则将不肖而兵惰，兵虽多而蠹财，兵多财匮，虽周公不能为也。善为财者如刘晏，王者之佐乎？晏之术三代之法乎？苟道耳。人君无德而欲为政，无一可者。然汉唐治绩亦有可称者，亦其君不至于全无德也。是德之在人心，人皆有之，非惟君天下者独有也。

圣人先得我心之所同然耳，得其所同然者谓之德。同然者，天下同此一心，同此一机。治道之机，缄总于人君之一心，得其大总①，则万目必随，一正君而国定矣。选任自明，教化自行，庶政自举，如水之有源也，何患其无流？如木之有本也，何虑其无枝叶？凡后世君臣之所忧，不足忧也。不知后世何为不及此，而为是纷纷！

子曰："为政以德，譬如北辰，居其所而众星共之。"大哉德乎？天以此覆，地以此载，日月以此明，四时以此行，百物以此生，君以此尊，臣以此卑，父以此慈，子以此孝，家以此齐，国以此治。故曰："孝弟之至，通于神明，光于四海，无所不通。诗云：'自西自东，自南自北，无思不服。'"何以能至此也？天下同此一德故也。孟子曰："圣人先得我心之所同然耳。"人皆有此德性，患上之人无以感之，则民之应也如响。《易》曰："圣人以神道设教，而天下服矣。"以德施教，其妙如神，故曰"神道"。《禹谟》谓"后克艰""臣克艰"，而政即乂，民即敏德，亦神速矣。孔子又曰：

① 此"总"字，《四明丛书》本作"纲"。

“正者[①]，正也。子帅以正，孰敢不正？”又曰：“其身正，不令而行；其身不正，虽令不从。”曰德，曰孝弟，曰神明，曰克艰，曰正，其名不同，其实一也。秦汉以来，不复知有此矣。权谋纵横，唯利是务。张良发八难，谓汉高必不能行仁义。娄敬谓汉不当比隆成周。君臣相与规图乃如此，故高帝断弃《诗》《书》，慢骂陆贾，及贾说曰：“使秦行仁义，法先圣，汉安得而有之？”于是心动，始听贾言，赖有此耳。故汉家规模本以霸王道杂之。使贾果能开明正德，帝明达易晓，导而入王道不难也。贾亦唯义利为言耳，故仅足小补。

子曰：“吾十有五而志于学，三十而立，四十而不惑，五十而知天命，六十而耳顺，七十而从心所欲不逾矩。”孔子之学异乎他人之学，他人之学，冥行而妄学；孔子之学，明行而实学。子曰：“吾尝终日不食、终夜不寝以思，无益，不如学也。”孔子于此深省，天下何思何虑，实无可思虑者。经礼三百，曲礼三千，皆吾心中之物，无俟乎复思，

① 此“正”字，《四明丛书》本作“政”。

无俟乎复虑。至于“发愤忘食”，虽愤而非起意也；“好谋而成”，虽谋而非动心也。终日变化云为而至静也，终身应酬交错而如一日也，是谓适道之学。子曰：“可与共学，未可与适道；可与适道，未可与立。”孔子如是者久之，至于三十而后有立，所谓立，非于学之外后有立也。学久而固，如木之生久则坚立，非有二木也，成就之叙也。困苦患难之足以动其心，非立也；富贵声名之足以动其心，非立也；白刃鼎镬之足以动其心，非立也。此非勉强而为立也，立非强力之所能致也。以强力而立，立于暂不至于久；不以强力而立者，吾心之所自有也。吾心未始不刚健也，戕而贼之始弱，始不立。立非孔子之所独能而他人无之也。人皆有之，而未明也，未学也，是以未立也。明乎己故立，通乎物故不惑，物己一贯，而进德有序。知己而不知物者，有矣。天下古今、物情、事理、利害、本末、虚实、众寡，曲折万状，不可胜穷，自古明智之士至此一无惑者有几？孔子既明乎己，又明乎物，物己一贯，利害一贯，本末一贯，虚实一贯，众寡一贯，夫是以惑无从而生也。一则虚，虚则明，明则无所不照。故凡物之情理，昭然自明；凡事之利害晓然自辩。虽询谋不废，而明德内彻，学道而至于不惑，可谓光明洞彻内外矣。而旧习之气或未能尽泯，感物而动，日用百为，犹有谓吾之所为，不知其为天也。非不知也，习气间兴而偶昏，则虽谓之不知天命可也。孔子至五十，则旧习之气消尽，无有或昏者矣。必至是而后可以言知天命。呜呼至矣！日用百为，如四时之错行，如日月之代明，如水鉴之永无尘矣。天而不人矣。物之拂违乎我者，不知其几也；顺适乎我者，不知其几也。进德之纯，至于六十，则凡物之顺乎我，不复微动其意；凡物之逆乎我，阻乎我，亦不微动其意。顺逆一物，物我一体，明之非难，常明为难。常纯纯然而无间，则耳顺矣。目之所见犹寡，耳之所接为多，莫夜无月与烛，目力所不及，而耳接其声，又自近而远，四方万里目所不及，而言辞之所传，事物情状不胜其多，举不足以动其意；又自此而上，极于远古简册之所载，言辞之所及，亦属乎闻，无不融然而一，怡然而顺，纯然而和，是谓耳顺，耳顺则无不顺矣，无不纯一矣，而亦非一无所辩。如鉴焉妍丑万状纤微毕见，而鉴无动也。自志学而已默造斯妙矣，至是而纯乎纯也。

孔子曰："加我数年，五十以学《易》，可以无大过矣。"闻蘧伯玉使者寡过之言，而叹美之，寡过之难如此。微动乎意，即谓之过；微有不一，即谓之过。故六十而始耳顺，至七十虽从心之所欲未尝逾矩焉。纯乎纯不足以言之矣。至矣尽矣，不可以有加矣。非谓未七十而犹逾矩，因言从心而及乎此，释学者之疑也。然圣人至此，初无以异于志学之道。道无先后精粗之间，而进德则有先后精粗之序。如谓道果有先后精粗之不同，则何以谓一以贯之？

汲古问：人既知觉，则无不通达，何孔子谓"五十而知天命"？

先生曰：此圣人之学也。自"十五而志于学，三十而立，四十而不惑"，学力进进有次第。志学之初，虽已知天性之本然，而习气间起，未纯乎天，日用应酬，人为未尽释。至五十，始知皆天命，无俟乎人为。六十而耳顺，无所不顺，有顺无逆，纯乎天矣。

汲古又问：耳目同体，何以言耳顺而不及目？

先生曰：目之所见者寡，耳之所接者多。莫夜无月与烛①，目力所不及，而耳接其声，又自近而远，四方万里事物情状，目力所不及，而耳皆闻之。又自此而上，极于远古方策之所传，言辞之所及，亦属乎闻。　见《诲语》。

先生曰：子曰：“温故而知新，可以为师矣。”温故，则善有进而无退；知新，则善愈益而愈通。道不在他，善而已矣。人性自善，又能尽集天下之善，则道在我矣。学者自少至壮，由壮至老，所知不胜其多，惟其旋得旋失，是以终为无成。诚能已知者不失其善，未知者又知之，则此心无非善，日用无非善。学者如无顿觉之明，当自此入，虽觉而未能无过，亦不可无学。

汲古云：尝见周子《通书》云：“曷为天下善？曰师。故先觉觉后觉，暗者求于明，而师道立矣。师道立则善人多，善人多则朝廷正，而天下治矣。”

先生曰：是如此。

汲古问曰：道者，所以明德也；德者，所以尊道也。是故非德不尊，非道不明。此夫子答曾子之

① 此“莫”字，《四明丛书》本作“暮”。

问，其分道与德，而为尊与明之义如何？

先生曰：道、德非二。道者言其无所不通，谓如道路之四通。人心之善谓之德，此德即道也。苟不通达，则己虽有德而不自知。故曰道所以明德，非德外复有道，道外复有德也。然人亦有虽明乎道，而己德犹有不善，则人心终未服故。孔子曰：“知及之，仁不能守之，虽得之，必失之。”又曰：“不在于善，而皆在于凶，德虽得之，君子所不贵。君子行斯可乐，德义可尊，是以其民畏而爱之。”原壤，孔子之故人，母死而歌，其德不修，则人咸贱之。圣人以学者于道未洞明，或微明而未全，则德行多亏，故循循善诱。　　见《诲语》。

子曰：“君子不器。”偏则器，不偏则不器；止则器，不止则不器；有意、必、固、我则器，无意、必、固、我则不器。　　见《训语》。

“君子周而不比”。君子之心无私好，无私恶，如天地太虚然，万物纵横纷乎其中，孰为反我者？孰为顺我者？反我顺我，在物则尔，天地太虚安知哉！惟其若此，故周而无可比者也。小人之心夺于物，倚于物，又从而为血气所使，有顺我者喜之，反我者恶之。喜则比，恶则否。比左则遗其右，比此则失乎彼，安得周天下哉！此无他，本心一失，坐血气纷扰之中，吾固知其然也。君子以天下为一家，中国为一人，如日月之光然。日月之光容光则及，何所取舍？知此，则可以知君子之心矣。故亲亲而仁民，仁固杀于亲，而君子非私也；仁民而爱物，爱固杀于仁，而亦非私也，惟其义尔。故君子之爱，铢分锱别，而天下不以为私，固非如墨氏兼爱而二本也。小人以利合，尔汝爱昵，相濡以沫，胡越可使一家；一旦临小利害，父子有疑心焉。私欲之为害如此，血气之能夺本真如此。

子曰："由，诲汝知之乎？知之为知之，不知为不知。"则多矣，以不知为知，非曰饰其辞之谓。饰辞以欺人者，不足道，固有胸中自以为有见，自以为知道，如斯而已，不复求知，若此者多矣。然非真知，诘之则穷，用之必不继，似是而非，似明而昏，似真而伪，以此知为知，殆不若不知之愈也。然能自知其不知，不认伪为真，不执昏为明，此亦明者也。此虽不知，乃所以为知也，其进于真知也有日矣。以不知为知，是无时而知也。子张亦有此病，故夫子诲之曰“多闻阙疑”，盖子张以疑为不疑，而言者有矣，此子张所以难与并为仁，而由知德者鲜。

子谓子路曰：“由，诲女知之乎？知之为知之，不知为不知，是知也。”大哉圣言！夫不知而曰是知何也？子曰：“道不远人，人之为道而远人，不可以为道。”又曰：“心之精神是谓圣。”又谓“忠信为大道”，又曰：“吾有知乎哉？无知也。”不知为不知，诚实无他。无思无为，非道而何？圣言善于明道如此。

子曰：“由，诲汝知之乎？知之为知之，不知为不知，是知也。”圣训至矣！惜乎子路之不领也。不知为不知，何以曰知？孔子谓忠信大道，见于《大戴记》。《中庸》曰：“诚者，天之道也。”子又曰：“主忠信。”又诲子张，见其参前倚衡者，指忠信也。学者于此所以多疑者，以于平常实直心之外，复求之也。孔子曰“中庸”，庸常也，平常也。箕子曰：“王道平平。”孔子又曰：“心之精神是谓圣。”人皆有是心，即平常实直之心，空洞无形体，无际畔，变化云为，不可度思，矧可斁思。诚实之妙如此，复何求？即此即知。 见《训语》。

哀公问曰：“何为则民服？”孔子对曰：“举直错诸枉则民服，举枉错诸直则民不服。”“直”与“服”同一机缄，“枉”与“不服”同一源流。天下之道二，善与不善而已矣。善者天下之公道，不善者非天下之公道；直者善道为公，为民心之所服；枉者不善道为不公，为民心之所不服。一开其端，其类咸应。於戏！直者民心之所同然，枉者非民心之所同然。圣人得我心之所同，然举之于上，而天下之同然者应矣。此之谓要道。 见《训语》。

或谓孔子曰：“子奚不为政？”子曰：“《书》云：‘孝乎惟孝，友于兄弟。’施于有政，是亦为政。奚其为为政？”学者随文释义，皆能言之，而能深知孔子之心者有几？后世学者，其能于平居事亲，从兄时与出，而事君临民果一而无二乎？于以验孔子之心常一而无二，变化云为，日用万殊，而道心常一。此一人人所自有，而自不知，自不信。　见《训语》。

“人而无信，不知其可也。”实为信，实则不伪，不伪则直，无矫揉，无支曲，荡荡坦坦，可与天地同，鬼神合。人生天地间，所以相处群而不乱者，以其有此心也；无是则相诬相罔，相诈相夺，亦安能一日而处？今日平居，暇日所与人交，苟未睹利害，往往皆诚实语，有物夺之，则伪耳。人惟不知自有良，昏蔽既久，奸诈日炽，至以机变为巧，不复知耻，见伪诈之巧者则喜，见信实之人则窃笑，又从而讥侮；甚至父子兄弟之间，无所不用其诈。此与禽兽鬼魅等耳，尚何可齿以为人哉！

林放问礼之本，子曰：“大哉问！礼，与其奢也，宁俭；丧，与其易也，宁戚。”俭则不放逸，奢则放逸；戚则不放逸，易则放逸。不放逸之心，至矣哉！为孝，为弟，为谨，为信，为忠，为恕，为敬，为恭，为刚健，为中正，为万善。顺而无失，应而无穷，不识不知，何思何虑？俭与戚，人皆有之而不自信，其为大本。孔子又曰：“礼本于天。”所谓天道在此。又曰：“礼本于大一。”所谓大一者在此。不放逸之心，至矣哉！孟子亦曰："学问之道无他，求其放心而已矣。"尧曰"钦哉"，禹曰"克艰"，皋陶曰"兢兢"，周公曰"无逸"，孔子"七十而从心所欲不逾矩"，一也。

汲古问：圣门言礼者非一，子张问礼之损益，曾子问婚祭之礼，言偃问礼之急也，惟林放问礼之本，而夫子乃答云："大哉问！礼，与其奢也，宁俭；丧，与其易也，宁戚。"因其问礼之本而有奢易、俭戚之分，非礼有本末欤？

先生曰：孔子答门人之问，每每不同，各去其蔽尔，或有非切要者。唯林放问礼之本，子曰"大哉问"，以礼之本难言，礼即人心之妙用。奢易放逸则非道，使放即俭戚而忽觉焉，虚明澄一即太一，即天地，即四时，即鬼神，即经（理）［礼］三百，曲礼三千，无本无末，匪异匪同，匪有匪无，不可度思，矧可射思。 见《诲语》。

子夏问"巧笑倩兮，美目盼兮，素以为绚兮"，子曰："绘事后素。"曰："礼后乎？"子曰："起予者商也，始可与言《诗》已矣。" "绚"，文也。

“巧笑”，美目之文，不俟外饰，以质素为文也。孔子于是明质素之为本，而曰“绘事后素”。子夏稔闻夫子一贯之教，故曰：“礼后乎？”疑不可以礼为后也。文质一致也，本末一贯也，他日以子游本末之论为非，即此意也。子夏蔽在溺于文，故孔子示之以质素。子夏之论又高焉，夫子安得不是之曰：“起予者商也。”非子夏能发夫子之所未知，谓能发夫子之所未言也。子夏不为《诗》所拘，则庶乎善观《诗》矣。他日子夏以有若似圣人，欲以所事孔子事之，曾子不可，则子夏犹不无蔽。

汲古问：子夏问曰：“‘巧笑倩兮，美目盼兮，素以为绚兮’，何谓也？”子曰：“绘事后素。”曰：“礼后乎？”子曰：“起予者商也。始可与言《诗》已矣。”因观卫人闵庄姜之诗，止有“巧笑倩兮，美目盼兮”，而无“素以为绚兮”一句，恐此《诗》之阙文。何圣人又据以子夏之对，而为“起予”耶？

先生曰：《硕人》诗四章，章七句，若益“素以为绚兮”一句，则八句矣。他章皆七句，又此章文势不应继此一句。此疑当阙，孔子答以“绘事后素”者，谓绘画之事后于素功，质素为本也。其旨欲潜消子夏尚文无实之蔽。子夏不领孔子之旨，而为大言如此，则“礼后乎”言文与质一也，无本末先后。孔子于是因而善之曰：“起予者，商也。”圣心虚明广大，一无意必。　见《论语》。

子曰：“夏礼吾能言之，杞不足征也；殷礼吾能言之，宋不足征也。文献不足故也，足则吾能征之矣。”杞、宋二国文献既皆不足，无所征验，则孔子何所考而能知夏商之礼？既无所考，又何所据而能言大哉？礼言本于大一，分为天地，转为阴阳，变为四时，生而为万物，行而为万务，为经礼三百，曲礼三千，父以此慈，子以此孝，君以此尊，臣以此卑，兄弟以此笃，夫妇以此和，是谓天则，是谓帝则。是岂以有文与献而存，无文与献而亡？近在人心，本非外物。贤献知之，愚众惑之，唯孔子自知自信，故自能言。但无文策可证，无贤献能证，则庸众必疑必不信也。然则礼岂礼家之所能知？

“祭如在，祭神如神在。”此门弟子纪录之辞。

若夫孔子之心，则知鬼神之实在也，不止于“如在”。何以明鬼神之实在？知人则知鬼神矣，知我则知彼矣。人不自知我，故亦不知鬼神。季路问事鬼神，子曰：“未能事人，焉能事鬼？”问死，曰：“未知生，焉知死？”于以明死即生，人即鬼神。鬼神者，无形之人；人者，有形之鬼神。夫人之所以为人者，以其神也。神无形，无形故无限量。《易大传》言“范围天地之化”，《中庸》言“圣人之道，发育万物”，圣人与人同耳。圣人先觉我心之所同然耳。举天下万古之人，皆能范围天地，发育万物，而人自不知也。知人之神心无方无体，无所不在，则知鬼神亦无所不在。孔子自信，故亦信鬼神，以为鬼神实在，非意之也。

子曰：“《关雎》乐而不淫，哀而不伤”，此“师挚之始乱，洋洋盈耳之音”也。师挚能知其音，不达其道。孔子能知其音，又达其道。此乐而不淫，即人之乐而不淫；此哀而不伤，即人之哀而不伤。此不淫不伤之妙，至矣哉！至坦明，至简易，从心所知，自乐自不淫，自哀自不伤，自怒自不迁，自惧自不慑。人之本心自如此，不昏不放，则常如此。微昏微放，则不如此。意起则昏，意起则放。

子曰："为礼不敬，临丧不哀。吾何以观之哉？"此惟指人心放逸之病。至于子张"祭思敬""丧思哀"，其可已矣。思敬思哀，虽异乎不知耻者，然亦伪已。导学者为伪不可。子游曰"丧致乎哀而止"，此亦意说。曾子曰："吾闻诸夫子：人未有自致者也，必也亲丧乎！"夫子发明人之道心如此端的，亦异乎子游矣。人之本心，临丧自哀，临祭自敬。敬与哀，乃道心之变化。迁于物，动乎意，则昏矣，肆矣。

子曰："知者利仁。"深知仁之为美为利，故好之。好德不如好色，未知仁之为美为利故也。何思何虑之妙，静虚纯明，如天地日月，融融和乐，无始无终，如春风和气，此唯知者知之，仁者安之。

子曰："富与贵，是人之所欲也。不以其道得之，不处也。贫与贱，是人之所恶也。不以其道得之，不去也。""君子去仁，恶乎成名？君子无终食之间违仁，造次必于是，颠沛必于是。”仁者欲恶与众人同，至于不以其道得之则不处不去，则与众人异。志于仁，用力于仁，则必不处不去。自古知道者，大不易得。比一二十年，觉者寖多。子曰：“君子去仁，恶乎成名？”勉学者用力于仁也。盖知者虽觉，而旧习久固，未精未一，唯纯明无间辍，始能尽仁。知者所觉，造次颠沛，已无非妙用矣。然蒙养未精一，与已精一者不同，此曰必于是者，明精一也。圣言一字不苟，学者感圣训明切罔极之恩，何以报也？

子曰：“君子无终食之间违仁，造次必于是，颠沛必于是。”呜呼，圣言至矣！造次颠沛，始信不可置意、必、固、我于其中，始信忠信即我之道心，始信涉河丈人，出入风波之中，不过忠信，无他奇巧。孔子使弟子志其事者，此也。子曰“知者动”，惟得天下之至动，斯可以言“知及之”。惟吾心之喜怒哀乐，造次颠沛，如天地之变化，四时之错行，而未始不寂然，而后知知者之动，而后知丈人出入于风波之中，即仁即忠信。

学者观孔子曰“君子无终食之间违仁”，往往切意饮食之外自有所谓仁之道，以此求仁，却行而求前也。不知夫举匙施筴，仁也；咀嚼厌饫，仁也；别味知美恶，仁也。但于其中微起意焉，则心始动，始迁，始不仁矣。仁，人心也。人心清明，澄然如鉴，万象毕照而不动焉。 互见《训语》。

子曰：“我未见好仁者。”知仁者鲜，好仁尤鲜。既知而后可以言好，不知则安所好？仁人心也，何知之难？求仁于心外故难，求仁于心内亦难。心无实体，安有内外？微起意象，辄昏辄迷。意实非意，象实非象。直心直意，实无内外；变化万状，实无作止。智者知之，故得动中之妙，无所似之，托之乐水。仁者不惟知之，又能好之。斯好非意，斯好非为，常静常明，山或似之。好仁固鲜，知不仁而恶之者亦鲜。何以明之？仁既难知，则不仁亦未易知；不仁之粗者易知，不仁之微者难知。意象微起，即为不仁，意象微止，亦为不仁。此类无穷，不可备述。孔子“绝四”，止绝学者四病：意、必、固、我。无越四者。病本不去，祸流无穷，众蔽百恶，皆自此出。尽知不仁之病，则不仁渐除，仁道渐著矣。

颜子曰："仰之弥高，钻之弥坚。"盖尝自以为道如是矣，又知以为如是者意也，非道也。既知以为如是者非道矣，又知以为如是非道者，亦意也非道也。穷之而益远，测之而益深。夫是以有弥高弥坚之叹，以为如是者皆未离乎意，知其尤为不仁而恶之也。又曰："虽欲从之，末由也已。"夫欲从未离乎意，夫子之所绝而恶之者，恶其不仁也。惟颜子知夫不仁之病如此其微，故他日获至三月不违之妙。用力于仁之力，异乎他人之所谓力，他人之用力，乃意、必、固、我之力，故有不足用于仁之力，乃不识不知之力，故无不足。"盖有之矣"，谓他人。

子曰："有能一日用其力于仁矣乎？我未见力不足者。盖有之矣，我未之见也。"虽已闻道，而未精未一，奚可不用其力？是力非思非为，故孔子未见力不足。"盖有之矣"，谓他人。他人不知道，用思为之，力故有不足。孔子得道，道心无思无为，而如日月之光，无所不照，故其力未见不足。君子道心初明，旧习未释，断不可不用力，未精未熟，岂能遽绝思为？久而精纯，泯然无际。孔子曰

“用力”，其旨甚明，特其初不免于思为，然亦至平至易，过失之泯如雪入水，道心发光如太阳洞照，无拟议无渐次，不可度思，矧可斁思？自然无力不足之患。彼小人之中庸，荡然无忌惮者，则以为无所用其力，此学者之大患。孔子教学者，惟言仁，曰：“知及之，仁不能守之，虽得之，必失之。”仁则常觉常明，如日月，如水鉴，如天地。《中庸》曰：“力行近乎仁。”仁非徒知不行之谓。果实核中之所藏曰仁，此仁无思无为，而能发生，仁道亦然。圣人正名，百物而寓教焉，其旨微矣。曾点咏归之妙，夫子所与，而逮大杖挞曾子，气绝几死，则亦不用力之故也。孔子曰“我学不厌”，孔子犹用力，而况于他人乎？至于“耳顺”，“从心所欲不逾矩”，则无所用其力。　　见《训语》。

子曰：“人之过也，各于其党。观过，斯知仁矣。”说者曰：“党，偏也。”简年六十四，始省偏与党相近，而微不同。党者，意好所向。人心本清明，动于意欲，始有过。知意欲之为过，则知意欲之不作，为仁矣。仁者，复其本心之清明如鉴，如日月，万物毕照而未尝思为也。

子曰："人之过也，各于其党。观过，斯知仁矣。"党，偏也。动乎意，则有所倚，故曰党倚则有过。观动意有倚有过，则知不动乎意，庸常平直，虚明日用，非思非为，斯仁矣，中庸矣。大过易知，小过难知。知过不尽，以过为仁。　　见《训语》。

子曰："朝闻道，夕死可矣。"子曰："心之精神是谓圣。"精神虚明无体，未尝生，未尝死，人患不自觉耳。一日洞觉，则知死生之非二矣，则为不虚生矣。　　见《训语》。

子曰："士志于道，而耻恶衣恶食者，未足与议也。"此心在道则不在物，在物则不在道。耻恶衣恶食，是堕在事物中，为事物移换，未能格物，而欲致之，是无理也。

"格物"不可以"穷理"言，文曰格耳，虽有至义，何为乎转而为穷？文曰物耳，初无理字义，何为乎转而为理？据经直说，格有去义，格去其物耳。程氏倡穷理之说，其意盖谓物不必去，去物则反成伪。既以去物为不可，故不得不委曲迁就，而为穷理之说。不知“书不尽言，言不尽意”，古人谓“欲致知者，在乎格物”，深病学者之溺于物，而此心不明，故不得已为是说。岂曰尽取事物屏而去之耶？岂曰去物而就无物耶？有去有取犹未离乎物也。

格物之论，论吾心中事耳。吾心本无物，忽有物焉，格去之可也。物格则吾心自莹，尘去则鉴自明，滓去则水自清矣。天高地下，物生之中，十百千万皆吾心耳，本无物也。天下同归而殊途，一致而百虑，天下何思何虑？事物之纷纷，起于虑念之动耳。思虑不动，何者非一？何者非我？思虑不动，尚无一与我，孰为衣与食？必如此而后可以谓之格物。格物而动于思虑，是其为物愈纷纷耳，尚何以为格？若曰“今日格一物，明日又格一物，穷尽万理乃能知至”，吾知其不可也。程氏自穷理有得，遂以为必穷理而后可，不知其不可以律天下也。

子曰：“君子之于天下也，无适也，无莫也，义之与比。”无适无莫，非学而至者也，君子之心本如此也。岂独君子之心如此，举天下人心，皆本如此也。本如此而或者蔽之，故有偏倚，有适莫。若曰我欲如此，我不欲如此，吾方寸中窒矣碍矣，安能惟义之从？君子之心如太虚，安得有适与莫也？人心皆然，识我之心则识君子之心。见《训语》。

汲古问：子曰："君子怀德，小人怀土；君子怀刑，小人怀惠。"先儒谓君子安安而能迁，小人则怀居矣；君子以刑为体，小人则惟利之从。而又谓乐善，恶不善，所以为君子；苟安务得，所以为小人。其说是否？

先生曰：上之德政则一，而怀之者不同。君子怀其德，又怀其刑，以其不及无辜。小人则怀其土，得安土不扰，故怀其惠。见《诲语》。

曾子曰："夫子之道，忠恕而已矣。"忠恕之意，正不必推大之、深求之。若曰："忠，譬则流而不息；恕，譬则万物散殊。"皆未得曾子之意。曾子见夫子之道，只寻常忠恕之心便是。故曰"忠恕而已"。言不必外求，只此已足。且何以知其已足？夫子之道，穷之则无穷，究之则难尽，曾子何所见而谓尽在于此？此非君子胸中洞彻无疑，岂敢为此断然之论？向者曾子之有孝悌而已，知事吾亲而已，他不知也。事亲之心自是事亲之心，与他人之心自是与他人之心，断不相似。一旦闻夫子一贯之诲，正触此机，忽通其碍，向之二今之一也。忠恕之心，即吾孝友之心，即吾事亲之心也。一而不二，通而无间，不可别择。漫举一事言之，即夫子之道，何浅何深，何内何外？不曰“孝悌”而曰“忠恕”，盖曾子从其所通处言之。使曾子纵言之，则曰“仁义而已矣”亦可也，曰“礼敬而已矣”亦可也，曰“和乐而已矣”亦可也，曰“中而已矣”，曰“正而已矣”，曰“顺而已矣”亦可也，曰“洒扫应对而已矣”亦可也，曰“事亲从兄而已矣”亦可也。读书不可只读纸上语。

曾子曰：“夫子之道忠恕而已矣。”此语甚善。子思曰：“忠恕违道不远。”此语害道。忠恕即道，岂可外之？以忠恕为违道，则何由一贯？

或问：“吾道一以贯之，而曰‘忠恕而已矣’，则所谓一者即仁否？”程正叔曰：“然。此一字当子细体认。”“一还多在忠上，多在恕上?”曰：“多在恕上。”曰：“不然。多在忠上！才忠便是一，恕即忠之用。”此论殊为蔽窒！既已谓之一矣，何多何少?“体认”两字便见用意积力之状，孔子未尝教人体认，惟曰“一以贯之”，别无注脚。曾子曰“忠恕”，发明亦坦夷明白，不谓后世学者穿凿撰造至于此，其病甚著。

“夫子之道，忠恕而已矣。”善求夫子之道者，不求诸夫子，而求诸吾之心。夫子之忠恕，固夫子之心也，亦吾之心也。天下同然者，谓之心。或者贱己而贵圣人，平时妄虑纷纭，恶习深固，织织藩篱，复复限阈，一旦语夫子之道，固望而惊，畏而遁，慊然自以为不敢企及。闻曾子之言曰“忠恕而已”，固以为曾子姑以其浅者告之，不然则夫子之忠恕，必非常人之所谓忠恕也。是不可不推而大之。曰：“忠，犹流而不息；恕，犹万物散殊。”又曰：“忠则无我，恕则无物。”呜呼！此夫子之道所以愈昏昏于天下。

乾坤易简之理，所以戛戛乎始返而为难。善乎！孟子之言曰：“道在迩，而求诸远；事在易，而求诸难。”又曰：“仁，人心也。”可谓大明白而无隐情。知尧舜之道，无出于孝弟，则知夫子之道，无出于忠恕。尧舜之道，不出乎徐行后长之间；夫子之忠恕，固不出于众人之日用。众人日用此心，苟与人而诚，孰非此忠？苟待人以宽，孰非此恕？忠则忠直，恕则平恕。夫子之道坦然甚明，无有余蕴，谓之一贯，信乎其为一贯。何往而非此心？何往而非此忠恕？天得此忠恕而高明，地得此忠恕而博厚，日月得此而明，四时得此而行，鬼神得此而灵，万物得此而散殊于天地之间，人得此忠恕而为君臣、父子、兄弟、夫妇、长幼。人惟裂于其私，囿于所见，夺于其形，执于其名，断断然谓天地必不与我相似，万物必不与我一本，心体之间，其喜、其怒、其哀、其乐与夫语默、意虑、少壮、衰老尚不得而一，而况自身之外如天地万物之纷错，又乌得而一？略不思天地之所以施生运化者，不可得而知；日月之所以明，四时之所以行，亦不可得而知；鬼神之吉凶，万物之生生不穷，飞鸣蠢动，走伏潜跃者，亦不可得而知；人之能视、能听、能言、能动、能思、能虑、能喜怒、能哀乐、能爱敬恤睦者，亦不可得而知。可以知则可以异，不可以知则不可以异。可以异则二，不可以异固一也。

自夫不可以异者而观之，则天之气，地之形，与万殊之不可胜穷，与人之位乎两间，皆同体而异形，同机而异用。如人之耳目鼻口手足而一身也，如木之根干枝叶华实而一木也。顺是而达之，曰仁、曰义、曰礼、曰智，曾子之谓“忠恕”，又谓之“孝”，子思之谓“中庸”，又谓之“诚”。逆是而行之，则为不仁、不义、不礼、不智，为愚、为小人，亦曰不忠恕。然而此私也，非公也；妄也，非诚也。曾子指其诚者而告人，故曰“忠恕”；孟子指其全体而告之，故曰“仁，人心也”。

人虽甚不肖，忠恕之心，盖每发见。是心之发，不由矫激，不由要誉，悠然出于其天，而不由乎人。此固夫子之大全，天地之大用，尧舜之大德，而非曾子一人之论也。人皆有此心，皆闻曾子之言，往往直信而不疑者千百无一二。若信而忠以为未必然者，皆是也。此非曾子之言，犹有隐乎尔也。指金而告人曰“此金也”，识者固信，不识者固疑，然则奈何！曰夜半爨火息灭，饥者索食，对烛而坐，不知烛之为火也，则亦终饥而已。忠恕之论，烛喻也。

子曰："参乎！吾道一以贯之。"曾子曰："唯！"子出，门人问曰："何谓也？"曾子曰："夫子之道，忠恕而已矣。"天地内外，人物有无，变化万状，未始不一，不必言"贯"。以曾子未觉，姑言"贯"以启之。曾子既"唯"，既觉悟此心，日用无非此道。与人忠信，恕人如己，此道也。日用见于忠恕者多，故曰忠恕。孝，此道也；弟，此道也；礼，此道也；乐，此道也。不必贯而本一也。《中庸》篇曰："忠恕，违道不远者。"子思记言之讹欤！　见《训语》。

先生问汲古曰："忠恕"二字晓得否？

汲古对曰：忠以尽己，恕以及人。此合体用而言，只是一道。汲古又问："曾子曰"指忠恕为夫子一贯之道，则忠恕即道矣。至《中庸》却谓"忠恕，违道不远"，如何？

先生曰：曾子言："夫子之道，忠恕而已矣。"此语甚善。子思言"忠恕违道不远"，此言未安。忠恕即道，岂可外之？以忠恕为违道，则何由一贯？一贯是一片无间断。

汲古谓：《易》云“德不孤”者，以其敬义之立也。《语》曰“德不孤”者，以“必有邻”。未晓此所谓“德不孤”者如何？

先生曰：人心之善谓之德。此心天下之所同，同然之机，翕然而应，众所共服。苟动乎意，则邪枉而民不服。子曰：“为政以德，譬如北辰居其所，而众星拱之。”又曰：“君子之德风，小人之德草，草上之风必偃。”又曰：“德之流行，速于置邮而传命。”直心感动之妙如此。 互见《诲语》。

子游曰：“事君数，斯辱矣；朋友数，斯疏矣。”数生于放心。心苟不放逸，日用常在不识不知中，安得有繁数之事？事君与朋交而数，虽出于忠，未离私欲。 见《训语》。

汲古问：子贡问曰：“赐也何如？”子曰：“女器也。”曰：“何器也？”曰：“瑚琏也。”未达圣人何以取其器质之美？

先生曰：《明堂位》云：“夏后氏之四琏，殷之六瑚，周之八簋，皆黍稷器也。”子贡达于事理，而未达其道，故不及君子之不器。

汲古又问：子曰“君子不器”，此言君子之广大无方，非拘于一用，是否？

先生曰：器则可名，生于有意，无意必固我，则不器。

先生曰：子使漆雕开仕，对曰：“吾斯之未能信。”子说。汝晓此否？

汲古对曰：漆雕开自以为其学未能见信于人，未可以仕，故夫子喜其知己而笃学。

先生曰：漆雕开可以仕而不仕，故子使之仕。夫圣人以为可以仕则仕，异乎子张之干禄，仲弓、子路之为季氏宰矣。乃曰“吾斯之未能信”，唯曰“斯”者，以所觉不可信而言也。曰道曰德，则可得而言，而非漆雕开之所觉。孔子以觉为“知及之”，又必“仁能守之”，漆雕开虽已觉此，不可容言之妙，可曰“知及”，而用力于仁，蒙养之功未至纯明。虽颜子三月不违，而三月之外亦或违。虽不远复，终未纯明。漆雕开未自信其纯明欤？唯曰未信，不复详言。蒙养之妙非思非为，略言即泯，不可度思，矧可射思。是宜子说。互见《诲语》。

夫子之文章也，性也，天道也，其名言不同而一物也。而子贡以为三，又以文章为可闻，以性、天道为不可闻，是安知可闻之即不可闻？不可闻之即可闻也哉！故夫子曰："二三子以我为隐乎？吾无隐乎尔！吾无行而不与二三子者，是丘也。"群弟子率求夫子之道于日用之外，率以不一之见见夫子，夫是以得其门者寡矣。天地间何物不一？人自不一。起思起意，绝然殊异，不知一贯无二。

季文子三思而后行，子闻之曰："再，斯可矣。"张横渠以为：圣人深美之辞，若曰"再斯可矣，况能三耶"，所以明夫思之可贵，所以明夫思之不可不深。曰"思曰睿，睿作圣"，曰"思无邪"，曰"思之弗得，弗措也"。周公仰而思之，夜以继日，何止于三而已乎？又曰："思之一门，其大矣哉！"

横渠之论甚有味乎其言，但圣贤立言，不必以一定论。执言语以求圣人之道，非但圣人所望于学者。横渠发挥思之一义，尽美尽妙，而不可以此论“再斯可矣”之旨。圣贤之言，有时如此论，有时乎不如此论，要当会圣贤之意，不可执圣贤之言。况季文子之思，乃每事必三思而后行，“思曰睿”，终身思可也。“思之弗得弗措”，终年思可也。周公思兼三王以施四事，夜以继日思之可也。至于日用之事，苟每事必三思而后行，则过矣，滞矣，不通矣。随遇辄应而不思，固不可，思之思之又思之，每事如此亦不可。随遇辄应谓之太简，每事三思谓之太详。太简谓之不及，太详谓之过。太简未是，太详亦未是。太简则有简之意，太详则有详之意。皆非无意无必，大中至正之道也。是道也，初非绝思虑之谓，得此中，虽终日思虑，终年思虑不可谓动心也；失此中，虽终日不思虑，终年不思虑，不可谓不动心也。周公日夜以思，乃圣人之道；原壤登木之歌，乃反而用之。智者知其动心也，圣人扣之以为老贼。此非得圣人大中之道，未易辩此。 见《训语》。

子曰：“甯武子邦有道则知，邦无道则愚。其知可及也，其愚不可及也。”其知，有才智者或能之；其愚，非有道者不能。有一点动心处便不能愚也。故甯武子之不可及，至于愚乃见。

子在陈曰：“归与归与！吾党之小子狂简。”狂是过，简是不及；狂是为，简是不为；狂是动，简是静；狂是进，简是止。过非此道，不及亦非此道。为非此道，不为亦非此道；动非此道，静亦非此道；进非此道，止亦非此道。此道甚坦夷，惟人动其心，斯失之矣。

子曰：“巧言、令色、足恭，左邱明耻之，丘亦耻之；匿怨而友其人，左邱明耻之，丘亦耻之。”圣人何为深耻乎此？人皆有此良心，有此质直心。此质直心，即道心而合也。昏迷颠倒，驰放不返，为诈为变，为巧为机，为鬼为魅，故圣人深恶深羞之。或者曰：“此圣人深诛小人变诈之心耳，未可遽谓发明道心。道心恐不止于质直而已。”是不然，独不闻圣人曰“主忠信”，忠信之心乃大本。使圣人于此姑言其浅者，则其深者为如何？圣人之言无浅深，无本末，吾圣人之道所以至于今不明于天下，正以学者不知孝弟忠信即天下大道。夫是以圣人之道，往往以平易见卑于高明之士，而异端空虚寂灭之论满天下。孔子曰："莫我知也夫！"又曰："知我者其天乎？"言人不我知也。　见《训语》。

子曰："十室之邑，必有忠信如丘者焉，不如丘之好学也。"观圣人此语，益信圣人之道不为难也。夫子亦尝曰"主忠信"，是忠信圣人之主本。今十室之邑即有忠信如圣人，则苟诚实无诈伪，即已得圣人之主本，但以不好学，不能通达耳。然则圣人之道，朴实无诈伪而已，岂不甚易？观此，则忠信之士不可不自信。然此自信亦复难，常以语人，人终未信；非直不信，终不无疑者亦多矣。固有天资纯朴，确诚无伪，宛然有圣人之质而自不知，良可惜哉！

子曰："雍也可使南面。"仲弓问子桑伯子，子曰："可也，简。"仲弓曰："居敬而行简，以临其民，不亦可乎？居简而行简，无乃大简乎？"子曰："雍之言然。"由道心而发，其居自敬，其行自简；居不敬则慢，行不简则扰。居敬行简，乃道心之常。意念微作，即有微偏。君子不器，以其无意、无必、无固、无我，故人不得名之以器。子桑伯子则为孔子所名，故孔子亦以此微贬之，使不可以简名，则善矣。敬简不偏，本于无意，好恶微偏，人即得以名之。

哀公问：“弟子孰为好学？”孔子对曰：“有颜回者好学，不迁怒，不贰过。”知道者有之，好学者难得。如闵子骞、冉伯牛、仲弓与夫曾子诸贤，不可谓无日至月至，至于三月不违，非颜子不能。颜子纵有怒过，怒不迁而旋止，过不贰而旋释。意念微动，便自寝息。他人岂无志于学者？往往不能旋止旋释，怒过以暴露而不可掩，乃徐救之，或自以为小过无伤于义，姑纵而迟之，此皆怠惰之故。虽已至于道者，犹有此病，则圣人谓独颜子一人好学，他人不与，信乎他人不可得而与也。此病惟曾、闵诸公知之，未至于道者，亦不知。

怒已动于心矣，颜子何为而能不迁？过已作于心矣，颜子何为而能不贰？以颜子之心本无怒，动乃有怒；颜子之心本无过，动乃有过。今颜子既知其动而改矣，则复不动如故，不动则尚不知心之为心，孰为怒孰为过？曾子曰“江汉以濯之，秋阳以暴之”，皜皜无际，荡荡无涯，融融无止，是中安得有怒与过也？

孔门诸贤，孰不愿学？何独称颜子好学？日至者终一日不动于意，纯明精一，是为至道；月至者终一月如此，亦非众人之所能矣。犹不得谓之好学，盖比于三月不违仁者，勤惰有间矣。好学之所勤，非思虑之所到，非继续之可言。本一也，本不动也，本清明也。此学日至月至者之所共知，惟弗如颜子之勤尔。孔子学不厌，亦此勤也。

子华使于齐，孔子不与之粟者，“君子周急不继富”也。冉子不知此道，乃为其母请粟。孔子亦不以其不当与而固执不可之义。盖冉子来请，又生变通之义焉，与之釜。釜，六斗四升，亦兼示不当与之义。冉子又不悟而请益，孔子亦不执不与之义，又益之以庾。庾，十六斗。既不深绝冉子之请，又兼明不当与之义，此与尧试鲧同道。虽明知鲧方命圮族，不可用，以佥岳并荐，谕之不从，而姑从众。於戏！此尧之所以如天，孔子所以亦如天也。

冉子擅与粟五秉，孔子亦不怒，唯曰“君子周急不继富”，亦略明大旨而已。於戏！孔子真如天矣。

冉求曰：“非不说子之道，力不足也。”子曰：“力不足者，中道而废。今女画。”学者常情往往多与冉有同，而孔子断然不以为力不足，以为自画止者，何也？斯道无不通，人自阻碍；斯道无思无为，人自起意。意起则碍矣，道本无所碍。孔子所谓力不足者，非谓学道者于斯道之中有力不足也，谓徒步远行而力不足则中道而废。负任而行而力不足则中道而废，谓此类也。夫斯道忠信而已矣，何思何为，何阻何碍，而曰力不足乎？足与不足皆人心自作。此见道初不如此，不作足不足之见，则人心之灵未始不一贯，非力不足而自不学者谓之画地，而曰止于此，吾不进也。学者多此类也。唯圣人则不画，日月至者亦不画，余皆画也。 见《训语》。

学道安得有力足不足？足与不足，皆人心自作。此见道初不如此。不作足不足之见，则人心之灵，未始不一贯。冉有乃自画。

汲古问：学者用力果有不足处否？

先生曰：学道安得有力不足？足与不足，是人心自为之。如冉求曰："非不说子之道，力不足也。"故孔子曰："力不足者中道而废，今汝画。"

汲古问：用力于仁，又如何？

先生曰：用力于仁，无思无为，精明纯一。

子曰："谁能出不由户？何莫由斯道也？"圣人如此明告，不知学者何为乎不省？视听言动者道也，俯仰屈伸者道也。寐如此，寤如此，动如此，止如此。徒以学者起意，欲明道，反致昏塞。若不起意，妙不可言。若不起意，则变化云为，如四时之错行，如日月之代明。故孔子每每戒学者毋意。

子曰："谁能出不由户？何莫由斯道也？"圣言如此明告，不知学者何为乎不醒？日用云为，无非变化，无非斯道。视者斯道，所视之形色亦斯道；听者斯道，所听之音声亦斯道。思者斯道，所思之人情事理亦斯道。自清浊未分，以至于既分，阴阳交而四时行，百物生皆斯道，动静有无皆斯道。不劳思索，念念皆妙。曰天，曰地，曰人，曰物，曰事，名谓不同尔，何者不妙？学者惟毋动乎意。　　见《训语》。

野不可，史亦不可，何故？野偏，史亦偏，偏皆未离乎意。惟文质彬彬，庶乎无意。

子曰："人之生也直，罔之生也，幸而免。"此直非刚直不温和之谓，乃直正之直。子又曰："一物失理，乱亡之端。"又曰"苟违此道，民叛如归。"人惟睹不直而生者满天下，故翫忽，以未必然而妄言妄行者多。略不思圣人曰：此乃幸免尔，其不免者皆不直也。圣言无不验，天下后世，当深思幸免警告切至之旨。

孔子曰："知之者不如好之者，好之者不如乐之者。"自古学者几千万人，解释论辩，自以为知之矣，而实不可以为知。此知不属思虑，有思虑不可以言知。知者，孔子谓"知及之"；好，如颜子好学。日至月至者，可以言知之，不可以言好学。"不如好之者"，专为日至月至者发，言其怠也。若孔子则好而乐之矣子曰"为之不厌"，亦好也。知斯好，好斯乐。好与乐，孔子谓“仁能守之”。　见《训语》。

孟子曰：“人皆可以为尧舜。”而孔子曰：“中人以上可以语上，中人以下不可以语上。”何也？盖孔子之言非谓中人以下不可以为尧舜，但其气质昏甚，难以语上。“不可”云者，难之之辞也。又曰：“唯上智与下愚不移。”亦非谓其断不可移也，特甚言下愚之不可告语，不肯为善，亦犹上智之不肯为不善，故曰“不移。然又曰“性相近，习相远”，孟子亦曰“尧舜与人同耳”，又曰“圣人先得我心之所同然耳”。孔子又曰：“心之精神是谓圣。”然则所谓中人以下者，自昏自迷耳。一日内明忽开，方悟吾性本与圣贤同，殊不相远。“心之精神是谓圣”，乃孔子所以告子思，此可谓圣人至言，而《论语》不载首篇，乃多载有子之言，有子乃曾子之所不可者，则记《论语》者，固不足以知圣人之至言也。　见《诲语》。

家记五　论论语下

论论语下

子曰："知者乐水，仁者乐山；知者动，仁者静；知者乐，仁者寿。"圣人于此，无以形容其妙，唯曰知者所乐者水，托象以示学者，惟觉者自觉。夫水流行，汩汩不息，至虚而无实体，至动而非思虑。如此解释，亦未足以尽水之妙，亦莫能言知者之乐，又继之以"动"之一辞，虽言其动，亦不能言其所以动之者，得动中之妙，真不可度思。学者求道，率求之于静，徒观圣人之言曰"天下何思何虑"，往往离动而求静，愈求愈远，而不知圣人未尝溺于静，惟能动者乃得之必也。酬应万务，扰扰胶胶，而未始不寂然，不可以心知意度者，庶几乎知者之动矣。动即水，水者动中之妙也。必至此而后可以言仁，必能动而后能静，必乐水而后可以进于乐山。山亦非专于静而已，草木生焉，未尝无用，而尝静焉。知者虽得动中之妙，而未能常明常觉，事物汩之，间有转移，未能如仁者之常觉、常明、常不动，故惟仁者可以言静，静即山。知者之动，即仁者之静。动静离，不足以言仁知。知者得动中之妙，岂不堪乐？仁者念虑常静，则气常和平，心火不炎，火常济水，故多寿考。腐儒不知道，意其必有深义，不可作寿考训释，而妄引老子曰“死而不亡者寿”，若老子无此言，又当引何言为证耶？乐，五孝反者，非为此音者不知道。默而识之义，学而不厌乃可。

子曰：“知者乐水，仁者乐山；知者动，仁者静；知者乐，仁者寿。”知道之谓知，知非心思之所及，伊尹谓之“觉”，孔子谓“知及之”，此曰“知”。子欲言知者之所乐，不可得而言，姑指水以明之。盖学者观水而忽觉，循循善诱，虑其或未觉，又释之曰“动”。圣人每见学道者率求诸寂静止定，不悟变化云为，喜怒哀乐之妙，故曰动以别知者所觉之妙。又曰“知者乐”者，初言乐水，指在于水。虑学者未得其乐，兹专言乐，明知者常乐。知者虚明澄然，死生忧患不足以动，或日用常乐。仁者乐山，又何也？仁，觉也。医家谓肌体无所知觉，曰不仁。知者亦觉而不同其仁，何也？孔子曰：“若圣与仁，则吾岂敢？”仁几于圣矣，知者虽觉虚明，而旧习未尽消，意念微动即差，未能全所觉之虚明。必至于纯明不已，而后可以言仁。知者虽得动中之妙，虽动而未尝动，虽扰扰而未尝扰扰，而旧习之气忽乘隙而至，终未得静中之妙，或有迁动，故圣人又取山为象。山之妙不可言，即水之妙不可言。答子张“仁者何乐乎山”之问，曰：“山者，岿然高。”至哉圣言！妙不容言。子张又不领，又问“高则何乐尔”？子不得已而言曰：“夫山，草木植焉，禽兽蕃焉，财用出焉，直而无私焉。兴吐风云，以通乎天地之间，阴阳和合，雨露之泽，万物以成，百姓咸飨。此仁者之所以乐乎山也。”亦犹观水而曰：“以其不息，遍与诸生而不为也。”即山虽静，而未尝无发生之妙用，特以仁则纯明。知未纯明，虽大体虚明而未纯。舜曰“惟精惟一”，用力于仁也。孔子“发愤忘食”，用力于仁也。用非思非为之力，故未见力不足。知者乐，则仁者之乐不言可知。仁者寿，以无思无为之妙，纯一无间，故至和保育，多寿考焉。颜子之夭，命也。天下事皆不可以一概论，然寿与夭亦一也。　　见《训语》。

先生曰：子曰“知者乐水”，汝以为何如？

汲古对云：知之运动，犹水之周流。

先生曰：孔子欲言知者之所乐，不可得而言，姑取水以喻，惟学者自觉。夫水虽流行，汩汩不息，而所谓水者，本至虚而无思虑。

汲古问：如此则何谓知者动？

先生曰：孔子能言其动，亦不能言其所以动。使可训释，则不足以为动矣。智者得动中之妙，真不可度思！学者求道，千人万人，率求之虚静，多溺于沉寂，不知日用应酬万变无非妙用。必能极天下之至动，而实未尝动者，始可言知。

汲古又问：以至动而未尝动言知，则必静矣。未晓“仁者静”又何如？

先生曰：离动而求静，则愈求愈远。不知圣人未尝溺于静，惟动者乃得之必也。应酬万务，扰扰胶胶，而未始不寂然，不可以心知意度者，庶几乎可以言仁之静。必能动而后能静，必乐水而后可以进于乐山，山亦非专于静而已。草木生焉，水泉发焉，宝藏兴焉，未尝无用而常静焉。知者虽得动中之妙，而未能常明常觉，事物汩之，间有转移，未能如仁者之常觉常明不动，故惟仁者可以言静。静即山，智者之动即仁者之静，动静离，不足以言仁智。

汲古又问：古注读作知者乐五孝反水，今先生读作乐音落水，何义？

先生曰：乐五孝反是有意，乐音落是自然。

宰我问曰："仁者虽告之曰：井有仁焉，其从之也？"子曰："何为其然也？君子可逝也，不可陷也；可欺也，不可罔也。"圣贤气象大略相类。宰我之问，孔子之答，在今时风俗，必且大笑，以为愚人不通晓之甚也。特以孔子、宰我为是言，故不起诮。使言不出于孔子，必付一笑置之不足复道之域。吁！无惑乎今人之不如古也！木讷近仁，巧言鲜仁，岂今时风俗所知哉！　　互见《诲语》。

子曰："君子博学于文，约之以礼，亦可以弗畔矣夫。"夫读书为学者，文也；三百三千者，礼也。或者以礼为理，非的也。礼固理之不可易者，而必易以理为礼，则不可也。盖因《小戴记》有曰："礼也者，理之不可易者也。"故近世学者多以理释礼，舍礼而言理，以三百三千之众多，疑其不可以为约也，故必归之于理。不知夫三百三千，条目虽多，为礼则一，三百三千非自外至，皆由人心以生者也。尊尊卑卑，升降揖逊，周旋裼袭，皆循吾心之所安，加一毫不可也，损一毫不可也，一而已矣，不必舍三百三千而言也。即礼而未尝不约也，即其至繁而未尝不至简也。《小戴记》有曰"礼自外作"者，非知礼之言也。博学之初，多识前言，往行不胜其多，故曰博犹未得返约之本。至于礼则一贯矣，约矣。惟近世学者，沈溺乎义理之意说，胸中常存一理不能忘舍，舍是则谿焉无所依凭，故必置"理"字于其中。不知圣人胸中，初无如许意度。此曰博文约礼，正谓三百三千之礼，岂不易简？岂不中庸？岂非天下之至理？若必舍礼而言理，乃不知理。　见《训语》。

“中庸之为德也，其至矣乎！民鲜久矣。”中庸之德，本无可言，“至矣”之名，生于“民鲜”。使圣人不因“民鲜”之久则亦无“至矣”之叹。然则何以为之中庸之德？曰圣人极力形容，惟有“至矣”一语，虽欲言之，又恶得而言之？然圣人名之曰“中庸”者，“中”言其不必求之过，“庸”言其不必离乎日用之常。

子曰：“述而不作，信而好古，窃比于我老彭。”至哉斯言！俨然有道者之情状也。有道者无思无虑，一无所以为，故其居世不得已而后动，故多述而不作。古人有道，我与之同，故深信深好之。不知道者，不足以与此。

子曰：“述而不作，信而好古，窃比于我老彭。”舜告禹曰：“无稽之言勿听。”稽者，稽千古也。傅说曰：“事不师古，以克永世，匪说攸闻。”《康诰》曰：“往敷求于殷先哲王，用保乂民。”又曰：“由古先哲王，用保乂民。”《召诰》曰：“其稽我古人之德。”《周官》曰：“唐虞稽古。”唯大圣大贤信古好古，述而不作。古典古则，经几圣人皆述而不敢作，故老彭如此，孔子亦如此。其作聪明、乱旧章者，皆昏愚自取凶祸之徒也。见《训语》。

子曰：“默而识之，学而不厌，诲人不倦，何有于我哉？”“默而识之”，觉也，不可思，不可言也。故孔子曰：“吾有知乎哉？无知也！”《易·上系》：易曰“神而明之”“默而成之”。此“学而不厌”，即“默而成之”。孔子亦谓用力于仁，又曰“时习”，舜曰“惟精惟一”，学也。以此诲人，而在我实无所有。默识，“知及之”也；学不厌，“仁能守之”也。文王不识不知，即帝则，即学也。有毫发焉，即为放逸，为意，为我。见《训语》。

孔子言：“吾默而识之，学而不厌，诲人不倦，何有于我哉！”言无所有也。又曰“出则事公卿，入则事父兄，丧事不敢不勉，不为酒困”而已，“何有于我哉”！言我何所有也。群弟子皆疑孔子胸中有所蕴蓄，不以尽告。故尝曰：“二三子以我为隐乎？吾无隐乎尔。”他日又曰：“吾有知乎哉！无知也。”可谓至明白矣。而学者不悟，立意植我，如胶如漆，如荆如棘，如铁如石。然则本有无体无方之道心，何从而清明乎？

子曰：“德之不修，学之不讲，闻义不能徙，不善不能改，是吾忧也。”人有德而不修，则偏则亏，学未能时时而习，或时习而未说，其间气质不同，所见不同，孔子答门人之问，每每不同，学之不可不讲如此。子与颜子言终日，退而省之，知其已发。发，觉也。讲之足以启觉又如此。至于“闻义不能徙，不善不能改”，孔子之告语所不及，唯忧焉，忧其纳诸罟获陷阱之中，而莫知之辟也。冉有之不能救季氏之旅泰山，又实佐季氏伐颛臾，而伪曰“不欲”，千载之下，此辱不可洗涤。见《训语》。

汲古问：孔子云“吾不复梦见周公”，或谓圣人叹道不行，故托梦为辞，非果梦也。此说是否？

先生曰：孔子方强壮可行道之时，屡梦见周

公，必有神交之祥，孔子不言尔。一日忽曰：“吾衰也久矣，吾不复梦见周公。”以衰老，道不可行，故不复梦见。孔子之心澄明如大虚，既与天通，又与古圣神通，故梦随时而见。见《诲语》。

子曰：“志于道，据于德，依于仁，游于艺。”孔子当日启诲门弟子之时，其详必不如此，记录者欲严其辞，而浸失圣人之旨也。然而圣言之大旨终在，孔子之本旨，非并列而为四条也。叙事先后，浅深云尔，通三才惟有此道而已。天以此道而高明，地以此道而博厚，日月以此道而照临，四时以此道而变通，人物以此道而散殊于天地之间。无他物也，无他事也，皆此物也，皆此事也。孔子曰：“谁能出不由户？何莫由斯道也！”学者舍道，诚无所用其心，人知所以用心于他事他物也，非果有他事他物之可用心也。谬以为他事，而不知他事之即道也；谬以为他物，而不知他物之即道也。不知故昏，昏故妄作，而为无道，非果无道也，百姓日用而不知也。虽视听言动心思之皆道，而自昏也。此心即道，奚俟他求！既昏既妄则不可不志于此，故曰志于道。学者孰不知志于道？求者纷纷，得者千万无一二，求道于外，心不内觉，道非在我，由非我有。德者，得道之名。道非有物，初无实体之可得，谓之得者，姑以别夫昏不知者耳。孔子曰：“心之精神是谓圣。”孟子曰：“仁，人心也。”所谓“入则孝，出则弟”者，此心也；所谓“忠恕”者，此心也；所谓“恻隐”“羞恶”“恭敬”“是非”者，此心也。不学而能，不虑而知，不疾而速，不行而至。孟子谓之“良知”“良能”，诚非作为之所到。意态微起即入智，故孟子曰：“天下之言性也，则故而已矣。”孟子非不谆谆，而天下学者终不领会。求性于意虑而自不省也，用心于心外而放逸也。“直方大”“不习无不利”，不习，即孔子之“无知”也，即文王之“不识不知”也。直而不思，直而不习，是谓实得，非疑似意度恍惚不实之谓也。故曰“据”，故直心而行，谓之德，字从“直心”，微起意焉，则支离，则曲矣。有德者，虽实有道，而或不能常觉常明，或转移于事物，虽能旋觉其未觉也，犹为不仁。仁，觉也。觉非思为，故《易》曰：“无思也，无为也，寂然不动，感而遂通天下之故。”草木之实曰仁，政以明“无思无为”“感而遂通”之妙。此古圣之寓教也。

草木“无思为”而自发生。孔子曰：“知及之，仁不能守之，虽得之必失之。”德即知，知与仁一也，皆觉也。惟常觉而后可以言仁，仁非思为之谓，一而非二。依，犹据也，非仁在彼而我依之也，一也，亦犹“何莫由斯道”也，非谓我与道为二也，达其旨可也。艺，谓礼、乐、射、御、书、数，亦非道外之物，虽非学者所当急，而非学者所当弃。高明之士傥以为末务而弃之，亦非道之全。故卒曰“游于艺”，是谓彝伦攸叙。

子曰：“志于道，据于德，依于仁，游于艺。”此盖本旨次第而言①，记者误条列而为四。士志于道而罕觉，唯觉始知道在我。孔子曰：“心之精神是谓圣。”故直心为德。舜曰“道心”，明心即道。忽觉心明，无所不通，确信无疑，实有所据，非疑似恍惚，故曰“据”，非谓德在彼而我据之也。虽已得道而未精纯，或不能不动于旧习，或因事物意微动，即谓不仁，故依于仁，亦非仁在彼而我依之也，亦犹德曰“据”云尔。不然，亦岂记录之差

① 此“而言”《四明丛书》本作“大略”。

邪？　见《训语》。

子食于有丧者之侧，未尝饱也。子于是日哭，则不歌。于《乡党》一篇所载，皆非圣人之所勉强，为人之所不能，亦非圣人之遏此心而为此，皆圣人率此自然尔，夫道在圣人，当哀而自哀，当乐而自乐，当敬惧而自敬惧，当舒徐而自舒徐，当微哀而自微哀，当极哀而自极哀，当甚敬而自甚敬，当小敬而自小敬。不待斟酌审处，圣人之心自如此也。故曰："成性存存，道义之门。"天下无穷之义，皆自性中出也。

子谓颜渊曰："用之则行，舍之则藏，唯我与尔有是夫！"前辈以为"用之则弥满六合，敛之则不盈方寸"，正不必如此穿凿。如前辈所云，乃贤不肖所共有，夫子何得以"我与颜子"独有此？此只合作平常解释，却是圣人之事。大凡意在于行，必不能藏，如子路、冉有不能正季氏之妄作，而不知止，意在于藏者，必不能行如长沮、杰溺、荷蓧丈人，知止而不知动，至如柳下惠三黜而不已，与闵子骞汶上之辞之类，皆未能至于意必消尽、固我都忘、此心和平、毫发不动者也。然则圣人谓“唯我与回也有是夫”，信乎非诸子之所及也！

子在齐闻《韶》，三月不知肉味，曰：“不图为乐之至于斯也！”孔子曰：“移风易俗，莫善于乐。”子之武城，闻弦歌之声，子游曰：“昔者偃也闻诸夫子曰：‘君子学道则爱人，小人学道则易使也。’”谓弦歌音乐之为道也。子曰：“成于乐。”《记》曰：“礼乐行乎阴阳，而通乎鬼神。”又曰：“乐者，天地之和也。”常情莫晓乐之为道也，尤其莫晓闻《韶》而三月不知肉味也。司马迁莫晓，故于“三月”上，加“学之”二字。迁于道无觉，尚何望其纯明？后学皆迁之徒，故或从其说，或疑“三月”为音字之讹。简初亦疑之，后知孔子“发愤忘食，乐以忘忧，不知老之将至”，其初勇进敏修，至于“不知老之将至”，则和乐融融，何思何虑，无始无终，大虚不足以拟，天地自然默同，言之不可，推之莫穷，加以《韶》音之至和，妙合感通，三月不知肉味。圣心变化，岂比于横目之遇蒙，纵于道或觉终日，虚明澄然，无始无终之日至，尚不逮弥月虚明澄然，无始无终之月至，亦不逮三月虚明澄然，无始无终，如颜子之不违仁。仁，非思非为。孔子虽曰："若圣与仁，则吾岂敢？"谦恭则然，而其"不知老之将至"，况"耳顺""从心所欲不逾矩"之妙，愈不可思，不可称赞，而或妄议其无闻《韶》三月不知肉味之事，坐井观天，多见其不知量也。 见《训语》。

子曰："饭疏食，饮水，曲肱而枕之，乐亦在其中矣。不义而富且贵，于我如浮云。"子虚明变化，动静一，穷达一，死生一，其乐不可言，不可思。 见《训语》。

圣人五十以学《易》，而后始可无大过，是犹未免小过也。而学者小有得，遽曰"吾无过"。圣如伯夷、伊尹、柳下惠，而犹过于清、过于任、过于和，而况未至三子者乎？仕止久速无毫发差，可否唯诺无一语失，俯仰屈伸无锱铢弗当，而后可以谓之无过。《易》之为书，正所以开物成务，惟变所适，委曲周尽者也。此圣人晚年所到，如其本则自十五志学时已洞白于胸中，至三十时已坚固不可摇动矣。盖未得道者，以得道为难而已；得道者，又以尽道为难也。

汲古问：《易》即己也①，孔子何以云“加我数年，五十以学《易》，可以无大过矣”？圣人必待五十而学《易》，其义如何？

先生曰：《易》者千变万化，无一不中节，圣人“学而时习”，日就月将，蒙以养正，至于五十，则渐入“耳顺”，纯一无间，故圣人谓“可以无大过”。至七十而“不逾矩”，此是五十学《易》之效。　见《诲语》。

“子所雅言，《诗》、《书》、执《礼》，皆雅言也。”雅者，文雅之谓。雅言，谓非俗语乡音，乃雅正之音也。圣人于平居无事，不必修敬，故只常言，至谈《诗》《书》与执《礼》之时，则乃为雅正之音。非圣人之改其常也。圣人之心即天道，自天道中流出，自有如此变态，非不知道者所能知也。

---

① 此“己”原作“已”，据《四明丛书》本改。

子曰："其为人也，发愤忘食，乐以忘忧，不知老之将至云尔。""发愤忘食"，用力如此，不知如何而用力也？"乐以忘忧"，不知所乐安在也？"不知老之将至"，此何语也？发愤疑无乐，今圣人则乐天下之所谓乐者，必有时而已，今圣人乃以此乐终老。此意圣人自知之。自夫子以来，更几千百年，更几千万人，敢谓举不知也？不知者固不得而知，知者亦不得而知，使可得而知则离于思虑；不离于思虑则有起必有止，思虑起则知之止，则不得而知也。此知尚不能为一日之久，而况于终身之久耶？当知夫发愤忘食，非用人力，乐以忘忧乃有天乐。人心可知，道心不可知；人乐有尽，天乐无尽。可知者，有久暂，不可知者，前无端绪后无终止。喜如此，怒亦如此；哀如此，乐亦如此；今日如此，明日亦如此，千岁亦如此；无思虑，亦无不思虑。融融悠悠，是岂为生而存、死而亡？生与死尚不能入，而况于老幼耶？"不知老之将至"，夫子尚自不知，后人岂得而知？夫子所可得而知者，以吾一心存焉耳。吾心所可得而知者，以吾之心即夫子之心也。以古今无二心也，文王之"不识不知"，颜子之"如愚"，子思之"无声无臭"，孟子之

“圣不可知”一辙也，以古今不容有二心也。

“叶公问孔子于子路，子路不对。子曰：‘女奚不曰：其为人也，发愤忘食，乐以忘忧，不知老之将至云尔。’”子言虽不矜，而实天下皆无及。子曰：“有颜子者好学，今也则亡。未闻好学者也。”又曰：“学如不及，犹恐失之。”谁能发愤至于忘食？发愤忘食，已未之见，又谁能乐以忘忧？孔门之“日月至”者，“三月不违仁”者，“舞雩咏归”者，能乐以忘忧矣。而曾皙挞曾子几于死，无发愤忘食之学。颜子短折，余无好学“日月至”者，虚明澄然而精一纯明，至于不知老之至，惟夫子而已矣。比一二十年以来开明者，何其多也！日月至者，相与切磨以发愤忘食，惟精惟一，以无负先圣所以垂教所望于后学之旨。见《训语》。

“叶公问孔子于子路，子路不对。子曰：‘女奚不曰：其为人也，发愤忘食，乐以忘忧，不知老之将至云尔。’”孔子惟言愤，不言所愤而为之者何事；惟言乐，不言所乐者何意。惟继曰“不知老之将至”，呜呼至矣！使愤而为之者其事可言，则无以为孔子使所乐者；其意可言，则无以为孔子。子曰："吾有知乎哉？无知也。"门弟子往往多以孔子为有知，故孔子语之曰"吾无知"，人心即道，是谓道心无体无方，清明静一，其变化云为，虽有万不同，如水镜之毕照万物而非动也；如日月之溥照万物而非为也。世名之曰心，而非实有可执可指之物也。言其无所不通，而托喻于道，谓如道路之四通，人所共由，而非有可执可指之物也。愤者，愤已德之未纯，而愤融融纯纯，非思非为也，故忘食。此惟亲履者自知之，此无思无为之妙，固无始终，无今古，则固不知老之至也。呜呼至矣！子又曰"我学不厌"者，此也：又曰"用力于仁"者，此也。仁者，道心常觉常明之称，常觉常明者，常不昏而已，非思也。　见《训语》。

子曰："二三子以我为隐乎？吾无隐乎尔。吾无行而不与二三子者，是丘也。"孔子虽如此言，亦不能言其无隐之状，不能言其无行不与之物。予幼读《论语》，常病圣人不明以告人。自予惟省，始悟古圣贤亦止可如此告人，如此告人已详矣；若复加诸言则反失之矣。圣人言止于此，他日犹曰

“予欲无言”，而况欲详说其所以然乎？君子胸中空洞，诚无所以然之故。昧者出入乎意、必、固、我之中，不能暂离，故疑圣贤言之不详。

先生谓汲古曰：孔子言：“二三子以我为隐乎？吾无隐乎尔。吾无行而不与二三子者，是丘也。”汝以为何如？

汲古对曰：道在圣人，何隐之有？视听言动无非教也。如子曰“予欲无言”，子贡曰：“子如不言，则小子何述焉？”子曰：“天何言哉？四时行焉，百物生焉。天何言哉？”此谓天虽不言，初无所隐。又曰：“天有四时，春秋冬夏，风雨霜露，无非教也。”

先生曰：是。 见《诲语》。

子曰：“若圣与仁，则吾岂敢！抑为之不厌，诲人不倦，则可谓云尔已矣。”此为当达其旨，此为即圣人之学，即无时不习之为，即“不知老之将至”云尔，即“哀乐相生，正明目而视之不可得而见也，倾耳而听之不可得而闻也”；即“立则见其参于前，在舆则见其倚于衡”也。即一以贯之。　　见《训语》。

“动容貌”，何为便能“远暴慢”？“正颜色”，何为便能“使人信”？“出辞气”，何为便能“远鄙倍”？此固有精神之妙行乎其间，我亦不知，他亦不知。一动容貌而人自敬，一正颜色而人自信，一出辞气而自无不服。此上帝所以降衷于我，天以是覆，地以是载，人以是生者。在人谓之心，是心有慈有爱，有恭有敬，有忠有信，有刚大，有高明，有博厚，有神圣，有武文①。穷天下万世之思虑，集天下万世之名称，不足以尽此心之形容。而是心人皆有之，惟庶民去之，君子存之，则有如此妙用。远暴慢，近信，远鄙倍，岂止于此而已？可以通于神明，光于四海，无所不通。自西自东，自南自北，无思不服。呜呼至哉！非曾子，安知此？百圣所传唯此一心？曾子传之子思，子思曰：“道不远人，人之为道而远人。”心，我心也，为则成外物也。子思传之孟子，孟子曰：“仁，人心也。”可谓直而无隐，而学者不省也。又曰：“行之而不著

① 此“武文”，《四明丛书》本作“我文”。

焉，习矣而不察焉，终身由之而不知其道者，众也。”又曰：“君子之言也不下带，而道存焉。”非心而何？天下之至深，常存乎至浅；天下之至难，常存乎至易。至浅，故虽明告之以此心即道，往往复疑，以为天下之至妙，必不止此。于是乎始他求，始放其心，纷纷支离，终日不休，终岁不休，终身不休也。曾子既明知此矣，何不明告人曰此心而已？盖道虽不离此心，而径告之则往往未必自悟，未必自信，不如发其端，形容其似，而使人自得也。然亦有纯实之士与夫明智之士，亦可以径告，彼亦径领，不复疑贰。故孟子悯思秘之未剖，一举而告人曰：“仁，人心也。”信孟子者，不可谓无其人，而复有疑者，往往而足也①。

曾子曰：“以能问于不能，以多问于寡，有若无，实若虚，犯而不校，昔者吾友尝从事于斯矣。”此数语，正画出圣门气象，混混融融，一片和气，唯无己私而后有此。己私无处即是道，即是吾心，虽众人亦时有此心，形见时此便是道，而人不自省

---

① 此“足”字，《四明丛书》本作“是”。

者多。吾友谓孔门诸贤大略如此，而近世士大夫多尚乎豪，与孔门气象冰炭矣。孔子温良俭让，殊非近世所谓豪者之容。

汲古问：子曰："兴于诗，立于礼，成于乐。"或以此为学者治身之序，又以为成人材之道，其言孰是？

先生曰：《诗》者正心之所发，正心即道心，三百篇皆思无邪，诵之则善心兴起，由此心而行自有伦理，即礼。然经礼三百，曲礼三千，惟圣人一一中节。学者道心方兴，其言其行，未能一一中礼，或语默动止，未知所据依，学礼则有所据依而立。子曰："不知礼无以立也。"乐者，和也。至于全成，则和乐融畅，何思何为？夫子之武城闻弦歌之声，有牛刀之笑。子游曰："昔者偃也闻诸夫子曰：君子学道则爱人，小人学道则易使。"子曰："二三子，偃之言是也。前言戏之尔！"成于乐之旨，于是益明，谓乐为道也。　见《诲语》。

子曰："如有周公之才之美，使骄且吝，其余不足观也已。"有才智者往往有骄病，自视以为一世不如我，故有骄意。自尊自大，自珍其所怀，有吝惜不予之意，故曰“吝”。然骄吝皆私意，非君子之道。圣人所以成就后学，如此其周也。

子曰：“麻冕，礼也。今也纯俭，吾从众。拜下，礼也。今拜乎上，泰也。虽违众，吾从下。”好礼者，往往过于执；从众者，往往过于和。此皆意、必、固、我，有以害之也。圣人则都无，一从一违，皆天道当如此，非圣人如此也。圣人之心即天道，其体本如此，非勉而进此也。

“吾有知乎哉？无知也。”纵有鄙夫来问于我，常情以为甚易于答，而我亦“空空如也”，无以答其问。我但扣之以一二端，而已竭焉，实无以酬之。鄙夫之问，尚无以为答，群弟子之问，盖知随机以解其惑，释其疑，救其过耳，实无得以与人也，实无所知以告人也。然而圣人又曰：“盖有不知而作之者，我无是也。多闻，择其善者而从之；多见，而识之知之次也。”如此则又自以为有知，然则圣人果有知乎？果无知乎？曰“无知”者，圣人之真知；而圣人知之，实无知也。如以为圣人之道实可以知之，则圣人之道乃不过知识耳，不过事物耳，而圣人之道乃非知识，非事物，则求圣人之道者，不可以知为止。然以圣人之道为可以知者，固未离于知；以圣人之道为不可知者，亦未离于知。惟其犹有不可知之知，非真无知也。圣人之真无知，非智识之所到，非知不知所能尽，一言以蔽之曰“心而已矣”。此心非知，非不知，苟明此心，自然非知不知之所及，此之谓真无知。不得此心而求无知，则愈无知愈多知，去却一重障，又有一重篱，不如休心无作，即心自是妙，更不可测度。不惟他人不可测度，我亦自不能测度。子思曰：“虽圣人亦有所不知焉。”心无异心，即目视耳听之心，手握足行之心，自是不可知，不可限量，不可形容也。知者必信，信者必知，是谓无知之知。

孔子曰：“吾有知乎哉？无知也。有鄙夫问于我，空空如也，我叩其两端而竭焉。”孔子以群弟子以我为有知也，故告之曰：吾有知乎哉？无所知也。尝有鄙夫来问于我，鄙夫宜易于答，而我空空无所有，无以告之，我不过叩其一二端，而我已竭矣。盖详言胸中实无所有，实无所知，而群弟子往往多谓孔子必有高识远见，而不以明告，故疑孔子为隐。吁！使孔子有知，则无以为圣人矣。有知则有意，孔子每每戒门弟子曰“毋意”，则有意何以为孔子？其所以教人，特去人之蔽尔。见《训语》。

汲古问：孔子云“空空如也”，其义当如何解？

先生曰：孔子言：吾有知乎哉，无知也。虽有鄙夫来问于我，我亦空空如也，无可为答，我不过叩问其一二端，而我已竭焉，无复可言矣。言即不言，不言即言；知即不知，不知即知。见《诲语》。

子曰：“出则事公卿，入则事父兄，丧事不敢不勉，不为酒困，何有于我哉！”此皆平常，初无高峻难行之状。孔子明示中庸庸常之道，所以破学者求道于高深幽远之弊。又谓我实无所有，盖门弟子多疑孔子胸中有所蕴蓄，不以尽告，故尝曰：“二三子以我为隐乎？吾无隐乎尔。”又曰：“吾有知乎哉？有鄙夫问于我，易于酬答矣，我亦空空如也，不过叩问其一两端，而已竭尽，无可告者。”

乌虖！孔子如此谆谆明告，而学者率不领会，立意植我，如胶如漆，如荆如棘，如铁如石，然本有无体无方之道心，何从而清明乎？

“子在川上曰：‘逝者如斯夫，不舍昼夜。’”时运而往，自生至死，流逝如川之急，常情恋景着物多不误。时运如此之速，故不勇于道学，圣人斯言，所以警诲学者深矣。

《乡党》一篇，皆夫子之变化，如四时之错行，如日月之代明。人惟睹其变色屏气，勃如躩如，礼节纷然，而不知不可度思，矧可射思！互见《训语》。

汲古问：子曰：“从我于陈蔡者，皆不及门也。”德行：颜渊、闵子骞、冉伯牛、仲弓；言语：宰我、子贡；政事：冉有、季路；文学：子游、子夏。以自“德行”而上为孔子言也；“德行”而下，则门人之所记也。如何？

先生曰：晦翁《集注》：弟子因孔子之言记此十人，而并目其所长，某因其书字不书名，此非孔子之言。然分为四科，又害道。孔子曰：“心之精神是为圣。”孟子亦道“性善”，言必称尧舜，此书德行则善，而谓宰我、子贡止于言语，冉有、季路止于政事，子游、子夏止于文学，则害道。子夏虽为小人儒，使西河之民疑子夏于夫子，以言不称师，而曾子责之，然孔子于子夏亦尝弃绝，忠告无隐，况余子虽不及颜、闵。而精神之圣，盖人之所同，奚可止科之以言语或政事或文学乎？大不可。吁！以孔门而知道者如此之寡，无惑乎子夏、子张、子游以有若似圣人强曾子，而曾子不可也。一贯之妙，知之者有几？

汲古问：夫子答季路问事鬼神，曰：“未能事人，焉能事鬼？”问死，曰：“未知生，焉知死！”及宰我问鬼神之名，子曰：“气也者，神之盛也；魄也者，鬼之盛也。合鬼与神教之至也。”此圣人之言也。而先儒又曰：“鬼神者，造化之迹，二气之良能也。”又云：“鬼神自家要有便有，要无便无。”又以心无死生，几于释氏轮回之说。如何？

先生曰：人鬼、生死实一，非强一。盖人道之大，通三才，贯万古，分而言之有气有魄，合而言之一也。魄气轻清，其死也复于天，体魄则降而复于土，天地之分也。孔子曰："人者，天地之德，阴阳之交，鬼神之会，五行之秀。"《中庸》曰："天地之道，其为物不贰。"天者，吾之清明，非特吾之魄气归于天而已；地者，吾之博厚，非特吾之体魄复于地而已。人心广大虚明，变化万状，不出于中。其曰"范围天地，发育万物"，岂特圣人如此？圣人先觉我心之所同然尔，德性无生，何从有死？非二道也。此道昭然，不可亟语于庸人之前，唯曰"未能事人，焉能事鬼"，"未知生，焉知死"，"合鬼与神教之至也"。庸情知魂气归天，如彼其高，体魄归地，如此其下，以为不可合而为一。达者观之，未始不一也。人之骨肉毙于下阴为野土，此吾之地；其气发扬于上，为昭明、焄蒿、凄怆，此吾之天。百物皆有此地，皆有此天。天地之精妙，名之曰鬼神。如曰祖曰考者，圣人使民知祖考之精神终不泯灭，遂制为祭祀之礼。筑宫室以为庙，设宗祧以序远迩亲疏，顺人心亲爱等杀，所以教民反古复始，追思祖考不忘其所由生也。皆由乎人之本心之孝，而又使之报以二礼，早朝祭事。有燔燎膻芗，萧光见焉，此以报气。气，神也。此教民反始，所以通祖考之神也。至于荐黍稷，羞肝肺首心，间以侠甒齐酒，加以鬱鬯臭阴所达此，以报魄。魄，鬼也。又教民相爱，以通祖考之魄也。上下用情，孝事其亲，鬼神合一，生死无二，岂不甚明？人自以为二尔。故曰反古复始，追思祖考，而不忘其所由生，是以敬发情，竭力从事，不惟行吾道心之孝，而亦以教民也。学者当以圣言自信，毋以异说滋惑。

汲古承先生之诲，乃知人心与天地鬼神之心通一无二，虽云贤愚有异，而此心初无少异。唯智者由之，则清明在躬，愚者失之，则昏蔽不反。如释氏自云“能觉”，于礼教则不知矣。

先生曰：释徒多昏蔽，误读《梵（纲）[网]戒经》，不礼拜君王父母，大悖逆，大坏人心，大败风俗。　互见《诲语》。

子贡问：“师与商也孰贤？”子曰：“师也过，商也不及。”曰：“然则师愈与？”子曰：“过犹不及。”众人皆谓过愈于不及，圣人独谓过犹不及。开明天道，于是为切。人心即道，是谓道心，特以或加之意而过之，或畏惰退缩而不及之耳。使子夏无畏惰之心，则子夏之道心无恙也。使子张不于心外而加意焉，则子张之道心无恙也。子曰：“求也退，故进之；由也兼人，故退之。”此亦过犹不及之意。道心人所自有，本不必更求。或于其中生进意，或于其中生退意，进者去其进意，退者去其退意，则道心无恙矣。

子路、曾皙、冉有、公西华侍坐。子曰：“如或知尔，则何以哉？”观圣人此问，谁则无他日欲有所为之志？曾皙独无。子路率尔而对，有华再承师问而对，及皙再承师问，方鼓瑟希铿尔，舍瑟而作，对曰“异乎三子者之撰”，亦无所言。子曰：“何伤乎？亦各言其志也。”皙于是不容但已①，乃徐而曰：“暮春者，春服既成，冠者五六人，童子六七人，浴乎沂，风乎舞雩，咏而归。”此数语者，乃适然暂语，非中怀本说，悠然澹然，无所止倚，即文王之不识不知，即夫子之不知老至，故夫子曰“吾与点也”。　互见《训语》。

---

① 此“但”字，《四明丛书》本作“自”。

颜渊问仁，子曰："克己复礼为仁。一日克己复礼，天下归仁焉。为仁由己，而由人乎哉?"大哉，克己复礼之训乎！由孔子而来至于今，千有余岁。学者罕有知其解者，知其解者，大道在我矣。"克"，有二训，能也、胜也。左氏谓楚灵王不能自克，继以孔子"克己复礼"之言为证，是谓克为"胜"，而未必孔子本旨果尔也。以颜子粹然之质，加以屡空之学，虽未能至于无过，过亦微矣。何俟于克而胜之也?《诗》《书》所载，多以克为"能"，况此孔子又继曰"为仁由己"，殊无克胜其己之意。且一"己"字无二义也。大哉己乎！由孔子而来至于今，千有余岁，知其解者鲜矣。己本无过，本与天地为一，亦能范围天地，亦能发育万物，不独圣人有此，夫人皆然，尧舜与人同尔。孔子曰："心之精神是谓圣。"孟子亦曰："仁，人心也。"道在我矣，何假他求?我即道矣，何必复求?颜子劳于钻仰，欲从末由，尚疑道之在彼。孔子于是教之以至易至简之道，曰能己复礼，则为仁矣。礼亦非己外之物，礼者我之所自有。凡礼之所有，皆我心之所安，复我本有之礼斯已矣，复何所为?是己尚足以范围天地，则天下安有不归吾仁?再言由己，所以明仁道之在我。颜子于是虽领会，犹疑其复有条目之事。孔子又告之曰："非礼勿视，非礼勿听，非礼勿言，非礼勿动。"盖曰不过礼而已矣，无他事也。

颜渊问仁，子曰"克己复礼为仁"云云。孔子所与颜子终日之言，惜乎其不记。颜子聪睿静止，闻即领会，无疑可问，故如愚。孔子省察其私，见其有启发之状，与未与言之前不同，此颜子之始觉也，是谓知及之。至是，又问仁守之道，夫子告以能克己复礼则仁。礼者，道心之发见于文为之名。经礼三百，曲礼三千，皆吾心所自有；以动乎意而放逸，始失之。今复我本有之礼，无一点私意，则孔子所谓"心之精神是谓圣"，虚明无际，万善具足，谓之天下归仁不为过。傥如诸儒谓"克去己私"，则"为仁由己"，又非己私，况已启发洞觉，虚明无我，本无己私可克，仁守之道，蒙养而已。非礼勿视听言动，初不必求诸外。孔子发愤忘食，盖用非思非为，不识不知之力，此惟觉者自知。颜子自知此"克己复礼，天下归仁"之旨，即精神谓圣之心。左氏谓楚灵王不能自克，继以"克己复礼”之言为证，是训“克”为“胜”，恐非孔子本旨。　　见《训语》。

先生谓汲古曰：孔子言“克己复礼为仁”，晓得否？

汲古对曰：克，谓克尽己私，天理浑全，所以为仁。所晓者止如此。

先生曰：克有二训，能也、胜也。左氏谓楚灵王不自克，继以孔子“克己复礼”之言为证。是谓屡空之学，虽未能至于无过，过亦微矣，何待于克而胜之？《诗》《书》所载多以“克”为“能”，况此孔子又继曰“为仁由己”，殊无克胜其己之意。大哉己乎！由孔子而来至于今千余岁，知其解者鲜矣。己本无过，与天地为一，亦能范围天地，亦能发育万物，不独圣人有此，夫人皆然，尧、舜与人同尔。孔子曰：“心之精神是谓圣。”孟子亦曰：“仁，人心也。”道在我矣，何假他求？我即道矣，何必复求？颜子劳于钻仰，欲从末由，尚疑道之在彼，孔子于是教之以至易至约之道，曰能己复礼则为仁矣。礼亦非己外之物，礼者我之所自有。凡礼之所有，皆我心之所安，复我本有之理斯已矣，夫何所复为？自是已尚足以范围天地，则天下安得不归吾仁？再“言由”，己所以冉明仁道之在我。颜子于是虽领会，犹疑其复有条目之事，孔子又告之曰：“非礼勿视，非礼勿听，非礼勿言，非礼勿动。”盖曰不过礼而已，无他事也。

先生又曰：颜子云：“仰之弥高，钻之弥坚，瞻之在前，忽然在后。”此时犹未觉。及问仁与请问其目，此时方觉。故曰“请事斯语”。见《诲语》。

子张问明，子曰：“浸润之谮，肤受之诉，不行焉，可谓明也已矣。可谓远也已矣。”明即远，远即明，孔子知子张未必喻明之道，故又曰远。夫道本无近远，惟人苟狥浅近，日用逐逐，不知广大，故曰远。然而学者求道于远，不悟其不出乎此心，故又曰不远。诚内省此心之无体，无方，无限量，则范围天地，发育万物，何思何虑？澄然而静，自无所不照矣，故曰“远即明”。

子贡问友，子曰：“忠告而善道之，不可则止，毋自辱焉。”不可而犹不止，亦忠爱矣，而失于过，是谓私欲，故圣人止之。　　见《训语》。

樊迟问仁，子曰："居处恭，执事敬，与人忠。虽之夷狄不可弃也。"至哉圣言！此三条岂樊迟之所独宜？诚万世学者之要路。人心即道，不必雕琢。特有以害之，故圣人之训，惟治其害人心者。居处不恭则放逸，而此心失矣；执事不敬则放逸，而此心失矣。日用万变无非执事，常敬则虽动而常静；与人不忠则变而为诈，为不信，而此心失矣。放逸之门无出此三者，窒此三门则道心自无恙矣。　　见《训语》。

子曰："若藏武仲之智，公绰之不欲，卞庄子之勇，冉求之艺，文之以礼乐，亦可以为成人矣。"人道大矣，与天地并名之曰三才，非得道者不能，而孔子止云尔者，正以明夫道者。道路，物皆由之，无所不通之义，本无实体。人性即道，惟意起蔽兴，故智不明，故不能无欲，故慑而无勇，故陷于孤静而无艺，故礼乐不备。诚兼此数者，非道而何？

子曰："莫我知也夫。"子贡曰："何为其莫知子也？"子曰："不怨天，不尤人，下学而上达，知我者其天乎？"孔子之道，诚非众人之所能知，亦非众贤所能知。往者子贡闻圣人"莫我知也"之叹，又疑其不无悼道之不行，殆有怨天尤人之微情也，故孔子首释其不然。

人惟观孔子好古敏求，发愤忘食，终夜以思，是殆下学耳，安睹所谓上达者？又见夫子在乡党，则恂恂似不能言；在朝，君在则踧踖如，使摈则色勃如、足躩如。入公门鞠躬如不容，升堂则屏气似不息、执圭如不胜。盛馔变色而作，迅雷风烈必变。是安睹所谓何思何虑，寂然不动者？莞尔之笑，前言之戏如常人耳；以貌取人，失之子羽；以言取人，失之宰予。见南子，从佛肸，不脱骖于门人，而说骖于旧馆。故子贡以为多学而识之，子路以为迂，甚者陈子禽疑仲尼不贤于子贡，叔孙武叔至于见毁，而微生亩以为栖栖，晨门、荷蒉、荷蓧、接舆、沮、溺，咸致讥贬，是诚有所不可晓者，然则所谓孔子者，果何如哉？

子曰："吾有知乎哉？无知也。"自孔子犹不能以自知，而况于他人乎？孔子之欲启告门弟子亦勤矣，惟曰："二三子以我为隐乎？吾无隐乎尔！吾无行而不与二三子者，是丘也。"终不能详言无行不与之实。自孔门诸贤犹疑其师为隐，而况于门外之人乎？夫可以知则可以言，孔子既不能知，则亦安能自言？所可得而言者，特其近似耳。

子思曰："譬如天地之无不覆帱，无不持载，譬如四时之错行，如日月之代明。"知四时之错行，则知孔子矣；知日月之代明，则知孔子矣；知天地之犹有愆阳伏阴，日月薄食而星陨，则知孔子之过差矣。此犹可以类而知者，犹不足以见圣人之全。

其不可以类而知者，如孔子告子夏曰："哀乐相生，正明目而视之，不可得而见也；倾耳而听之，不可得而闻也。"人皆以哀乐相生为可见可闻，而孔子乃以为不可见不可闻，此固众人之所莫晓，而明者以为固然，初无可疑。此非训诂之所及也。或者求其义不可得，则又曰："是言其相生之妙耳，意不在哀乐也。"吁！彼以同异虚实揣度之见见圣人，是何异指白曰黑，谓青曰丹也？

孔子又曰："天有四时，春秋冬夏，风雨霜露，无非教也；地载神气，神气风霆，风霆流形，庶物露生，无非教也。"知此所教之旨，则知孔子矣。

子击磬于卫，荷蒉者以为有心。瞽者固无与乎文章之观也。子亟称于水，曰“水哉水哉”，终不言水之说。孔子岂有隐而不详言之哉？欲致其辞不可得也，孟子以为取其有本善矣，而非圣人之旨也。知水则知磬矣，则知孔子矣。孔子知，则自知矣。　　见《训语》。

子张问行，子曰：“言忠信，行笃敬，虽蛮貊之邦行矣；言不忠信，行不笃敬，虽州里行乎哉？立则见其参于前也，在舆则见其倚于衡也。”夫所见者何物也？忠信、笃敬也。是物不属思虑，纯实混融，无始无终，曾子谓之“皜皜”，舜谓之“精一”，子思谓之“诚则形，形则著”，皆不过忠敬而已矣。忠信，不妄语而已，不为欺而已，无他奇也。笃敬亦犹是也，不放逸而已矣，不慢易而已矣，无他奇也，中庸而已矣。动乎意而支离，则失其忠信，失其笃敬矣，失其“皜皜”“精一”者矣。　　见《训语》。

子曰：“君子义以为质，礼以行之，孙以出之，信以成之。君子哉！”此言学者之序。义以为质，则己私不存，洞然无我，全体为义；而行之有重轻进退之节，是为礼。至于孙以出之，则纯熟和顺矣；至于一出于诚心无有他，而自合乎义，自中乎礼。自孙出而顺，是谓成。孔子又尝语子张，曰“立则见其参于前，在舆则见其倚于衡”者，即忠信也。孔子曰“主忠信”，明忠信之为主本也。诚信，无说之可言，无义之可寻，诚信而已矣。此之谓道心。

“君子疾没世而名不称焉。”此非病其无名，病其无实也。有实则有名，其上曰“君子病无能焉”，下曰“君子求诸己”。

子曰：“吾尝终日不食，终夜不寝，以思，无益，不如学也。”则是学非思也。然则子曰“我学不厌”，曰“用力于仁”，皆非思也。又曰：“吾有知乎哉？无知也。”又曰：“不知老之将至。”的然无所知也。又曰：“不逆诈，不亿不信。”抑亦先觉是不逆不亿，而亦先觉其诈不信，果无俟乎思虑也。子曰“天下何思何虑”，明天下之实道也。吾心清明无体，而变化云为，如四时之错行，如日月之代明，而天地无思无为也。呜呼！此孔子之学也，亦天下万世学道者之学也。故曰："哀乐相生，正明目而视之，不可得而见也；倾耳而听之，不可得而闻也。"然则学不足以言之。而孔子曰学者，盖道心初觉，虽纵心皆妙，而旧习未尽泯，日用万变，微有转移，皆足以蚀吾无思无为之本明，是故不可以不学，而学非思也。不学之学，非力之力，不可以有无言，不可以作辍言，不可以动静言，不可以虚实言。然则何以泯旧习？何以免转移？道心发光，如太阳洞照，过累之泯，如雪入水，不可度思，矧可射思！《易》曰："蒙以养正，圣功也。"是谓蒙养，是谓用力于仁。

圣门讲学，每在于仁。圣人曰："知及之，仁不能守之，虽得之必失之。"又曰："力行近乎仁。"以此知，仁非徒知不行之谓。吾目视耳听，鼻嗅口尝，手执足运，无非大道之用，而有一私意焉隔之，不觉不知谓之不仁可也。然则仁者，谓己常觉之，非徒知而已。圣人曰"造次必于是，颠沛必于是"，非徒知而已也。又曰："不仁者，不可以久处约，不可以长处乐。"非徒知而足也。又曰：

“唯仁者能好人，能恶人。”必于好恶间验之，非知者所能也。又曰：“观过，斯知仁矣。”必无过而后谓之仁，过失未尽去，未可谓之仁也。答颜子之问以“克己复礼”，答仲弓之问以“敬与恕”，答司马牛之问以“讱其言”，答子张之问以“能行五者”，答樊迟之问以“爱人”，又答以“居处恭，执事敬，与人忠”，无非即实履以语学者，达之者，本末贯通，浑然天成，即孝弟忠信，即无声无臭之妙，即戒谨恐惧，即不识不知之则，即人伦日用，即惟精惟一之极。未达者，循循慎谨，业业恭愿，不失为寡过之士，必无异端猖狂忘行，为小人之无忌惮。是故，儒者不可不以仁为己任。用力于仁，圣人深志；三月不违，亚圣之仁；日月至焉，诸子之仁。惟仁者为能静。知者虽得乎动之妙，终不及也。惟仁者乃能寿，为其念虑闲静，气凝而意平，长年之道也。此固非徒知者所能到，学而不仁，非儒者也。

自古知道者寡，故先儒误释孔子“知及之”一章，以为创业以知，守成以仁，况乎《易·系》又曰：“圣人之大宝曰位，何以守位曰仁。”又秦二世而亡，正应夫“知及之，仁不能守，虽得必失”之说。呜呼痛哉！是无惑乎？自秦汉而下，治日少乱日多也。《下系》之言，虽非子曰，犹未至于甚悖也。曰大宝者，谓位可以行道。孔子不得位，道不可得而行，故云。而先儒用以证“仁守之”则大乖矣。

自秦汉以来，号英杰豪雄者，率以权谲攘夺土地，视杀人如刈草菅，坑降不知其几千万，往往以此为“知及”，故肆行而无忌。乌虖痛哉！“君子于其所不知，盖阙如也。”知道之谓知，不知道何足谓之知？而医家者流，谓四体不仁曰无所知觉者。盖知者虽觉，而旧习未能顿释，必纯明无间，所觉无亏，而后曰仁。颜子三月不违仁者，三月澄然，非思非为，照用无方，纯明无间也。三月之外，不无微违，不远即复。孔子发愤忘食，为之不厌，犹曰：“若圣与仁，则吾岂敢？”

简之行年二十有八也，居大学之循理斋，首秋初夜，燕坐于床，奉先大夫之训，俾时复反观。简方反观，忽觉天地内外，森罗万象，幽明变化，有无彼此，通为一体。曰天曰地，曰山川草木，曰彼曰此，简皆名尔。方信范围天地非空言，发育万物非空言，唯旧习未易释。后因承象山陆先生扇讼是非之答，而又觉简澄然清明，安得有过？动乎意始有过。自此虽有改过之效，而又起此心与外物为二见。一日，因观外书，有未解而心动，又观而又动，愈观愈动，掩书夜寝，心愈窘，终不寐。度至丁夜，忽有如黑幕自上而下，而所谓窘者，扫迹绝影，流汗沾濡泰然。旦而寤，视外物无二见矣。亦有小人而觉者，但不改过，是谓无忌惮之中庸，是谓仁不能守之，虽得之必失之。

子曰："君子不可小知，而可大受也；小人不可大受，而可小知也。"君子而不大受，则道不明；小人大受，则为无忌惮之中庸。　　见《训语》。

孔子曰："君子有九思。"视未能不蔽于物，奚可不思明？听未能不蔽于物，奚可不思聪？色患不温，恶得而无思？貌患不恭，恶得而无思？言有未忠，恶得而不思忠？事有未敬，恶得而不思敬？既有疑，恶得不思问？既有忿，胡可不思难？既见得矣，则必思义；苟不见得，不必思义可也。有病必施药，人之无病者寡矣。当思不思则罔，不必思而思则赘，不可罔亦不可赘。初学之思，即成德之无思；成德之无思，即初学之思。思非劣，无思非优。致优劣之见者，不足以学道。

子曰：“予欲无言。”子贡曰：“子如不言，则小子何述焉？”子曰：“天何言哉？”自有天地以来至于今，不知几春几夏几秋几冬矣，而识其春秋冬夏者有几？不知百物几生几死，何止百物，人自谓吾识某物，某物生，某物死，而实能识者有几？孔子谓哀乐不可见，不可闻，而春秋冬夏可见可闻乎？又谓“庶物露生无非教”，不知如何而教也？此教不可见不可闻，即可见可闻，言即无言，无言即言。此非梏束于形体、沉溺于文义、胶执于意见者所能知也。惟洞觉者自知，未至于洞觉者终疑，疑即知，知即疑，一以贯之，妙不可思。见《训语》。

曾子曰：“吾闻诸夫子：人未有自致者也，必也亲丧乎？”众人无知，安能自至于道？唯遭亲丧乃能自致。何以明之？人心即道，本不假求，因物有迁，始动始放，始昏始乱。初遭亲丧，哀痛由中，全体真实，全无计度，全不顾利害，全无其它念虑，纯然道心，但人自不觉尔。

孔子曰："不知命，无以为君子也；不知礼，无以立也；不知言，无以知人也。"人之所以营营不已，意欲前进者，以不知命也。苟知命，则吾之所处皆命也。贫富命也，贵贱命也。其居此位，处此室，衣此衣，食此食，毫发皆命，非人之所为也，则庸何求？无求则无所用其思虑。人之所以进学不已者，以其能约于礼也。知约于礼，则一进一退，一语一默，一动一静，一予一取，皆有正礼不可移易，故曰"立于礼"。礼，道之所在。至于知言之妙，则非方术之所可施，非思虑之所能到。人心自明，人心自灵，无作好，无作恶，无思无虑，自清自明，自能知言，自能知人。

孔子曰："不知命，无以为君子也；不知礼，无以立也；不知言，无以知人也。"即今所居何位何所，所饮食，所衣服，其贫富，其死生，皆命也，非人之所能为也。小人以为亦有以无道为之而得者非命也，不知夫所得者亦命也。不以无道为之亦得，徒以无道而致后祸，故君子亦无所作为，唯循道而行。经礼三百，曲礼三千，其语其默，其进其退，视听动止，无非礼。不知礼，则茫乎无据，无以立，耳目无所加，手足无所措。知言不可强，明者自知，不明者自不知。何由而明？人心未尝不明。孔子曰："心之精神是谓圣。"谓之圣，则聪明睿知不假他求，唯以动意而昏，始失其明，无我则明矣。孔子又曰："清明在躬，志气如神。"如水鉴，水鉴无意无我，故无所不照之。　见《训语》。

今世所行《论语》乃《鲁语》，非孔壁中古文《论语》。古《论》分《尧曰》下章"子张问"以为一篇，有两"子张"，凡二十一篇。篇次不与齐鲁《论》同。《新论》云："文异者四百余字。"

夫《论语》乃有子之徒所集，有子尚不为曾子所可，而况其徒乎？首篇载有子之言为多，次载曾子之言亦略。使颜子记集，必专记孔子之言，必不失本真。今记集者，见识乃出有子之下，则何以知圣言之本旨？所幸大圣之言，虽纪录有差，大体犹在。孔子每每止绝学者之"意"，每每止绝学者之"固"，止绝学者之"必"，止绝学者之"我"，纵不能尽记，或每事记其二三，则犹可以明示后世。其余至言，当亦备记。如今孔子《闲居》一篇、《燕居》一篇、《礼运》一篇，及所与子思言“心之精神是谓圣”，及鲁公曰“是非吾言也，吾一闻于师也”，孔子吁焉其色曰：“嘻！君行道矣。”公曰：“道耶？”子曰：“道也。”能详记如此，则一以贯之之道岂不大彰明也哉！

今鲁《论》又有异于古《论》者四百余字，则不能无差明矣。况为文简短，多失当日语话本真，故后学不克遽明，众说淆乱。有子、子夏之徒之言，害道多矣。虽有善言，惟当存之卷末，不可著之前篇。有问答，乃可因圣言而录。

《论语》乃有子之徒所记，首篇首记有子之言，又不止于一二章。有子尚为曾子所不可，而况其徒乎！其所记亦难尽信。“子以四教：文、行、忠、信。”此记者之辞耳，非孔子之言也。孔子曰：“行有余力，则以学文。”而记者冠文于首，见识又不逮有子矣。所幸圣言本无瑕，故记者虽差，亦可默会。　见《训语》。

家记六　论孝经

论孝经

孔子曰："夫孝，天之经，地之义，民之行。天地之经，而民是则之。"夫天之不可以俄而度如彼，地之不可俄而测又如彼，而民何以则之？谓民则，不惟圣贤，凡民皆在其中。然则凡民何以则之也？"身体发肤，受之父母，不敢毁伤"，是则之也，是天地之经也；"居则致其敬，养则致其乐，病则致其忧，丧则致其哀，祭则致其严"，是则之也，是天地之经也。自膝下嬉嬉，皆知爱其亲，爱其亲之心曰"孝"。

是爱其亲之心，吾不知其所自来也。穷之而无原，执之而无体，用之而不可既。不勉而中，不思而得，洞焉通焉，广大而无际。天之所以健行而不息者，乃吾之健行也；地之所以博载而化生者，乃吾之化生也；日月之所以明者，乃吾之明也；四时之所以代谢者，乃吾之代谢也；万物之所以散殊于天地之间者，乃吾之散殊也。吾道一以贯之，果吾之所自有也。

人皆有之，而自省自信者寡也。《志》曰："圣人之道发育万物。"又曰："圣人先得我心之所同然也。"孩提之童，无不知爱其亲，及长无不知敬兄。敬兄，即爱亲之心也。壮而事君，无不知忠于君，忠于君之心，即事亲之心也。无二心也，无二道也。及其临民博施之心，又不期于生而自生，即爱其亲之心也。此无二心也，无二道也。泛焉应酬，纵焉交错，爱敬互兴，哀喜怒乐，无二心也，无二道也。仁此谓之仁，宜此谓之义，履此谓之礼，乐此谓之乐，知此谓之知。古人以礼言之，故曰："礼本于大一，分而为天地，转而为阴阳，变而为四时，列而为鬼神。"又以哀乐言之，故曰："哀乐相生，正明目而视之，不可得而见也；倾耳而听之，不可得而闻也。”又曰：“无声之乐，日闻四方。”此即天之经也，此即地之义也。谓民之则之，非则乎彼也。昏昏者满天下，不可不以渐通也。渐以通之，庶乎其听也①。“明目不可见，倾耳不可闻”，所以告子夏，非以告众人也。孔子曰：“天有四时，春秋冬夏，风雨霜露，无非教也。”简亦曰“无非教也”。孔子曰：“地载神气，神气风霆，风霆流形，庶物露生，无非教也。”简亦曰“无非教也”。“不敢恶于人”者，此也；“不敢慢于人”者，此也；“在上不骄”者，此也；“制节谨度”者，此也；不敢服非先王之法服者，此也；不敢道非法之言者，此也；不敢行非法之行者，此也；爱于母、敬于君而兼敬爱于父者，此也；“因天之道、因地之利，谨身节用以养父母”者，此也。是三才之所同也，人性之所自有也。

人性之所自有，而为悖为乱者，动于意而昏也。孔子每每戒学者“毋意”，绝其昏乱之萌也。意欲不作，清明和融，为爱敬，为博爱，为敬让，为不敢，为不骄不溢，为德义，为礼乐，为不敢遗

① 《四明丛书》本“听”字前有“视”字。

小国之臣，为不敢侮鳏寡，为不敢失于臣妾，为不敢从父之令，惧其父得罪于乡党州闾，为补君之过，为哭不偯，礼无容，皆此心之变化，一以贯之也。不可以为彼粗此精也。曰粗曰精者意也，非吾所谓无所不通者也。其物似十百千万，其实未尝十百千万也。故曰："孝弟之至，通于神明，光于四海，无所不通。《诗》云：'自西自东，自南自北，无思不服。'"此之谓也。此心之神，无所不通，光明如此。由此谓之正学，失此谓之伪学。而章句陋儒，取孔子所与曾子之书，妄以己意增益之，曰"开宗明义章"，曰"天子章"，曰"诸侯章"，取混然一贯之旨而分裂之，又刋落古文"闺门"一节，破碎大道，相与妄论于迷惑之中而不自知。此惟心通内明乃克决择。

孔子曰："夫孝，天之经，地之义，民之行。"此道通明，无可疑者。人坚执其形，牢执其名，而意始分裂不一矣。意虽不一，其实未始不一。人心无体，无所不通，无所限量。是故事亲之道，即事君事长之道，即慈幼之道，即应事接物之道，即天地生成之道，即日月四时之道，即鬼神之道。

孔子曰："孝弟之至，通于神明，光于四海，无所不通。《诗》云：'自西自东，自南自北，无思不服。'"六合之间，一而已矣。曰天曰地，曰神曰鬼，其名殊，其实同。惟同，故无不通，无所不应。自私自蔽，始隔始离；私去蔽开，通应如故。　　见《训语》。

子曰："夫孝，德之本，教之所由生也。复坐，吾语女！身体发肤，受之父母，不敢毁伤，孝之始也；立身行道，扬名于后世，以显父母，孝之终也。夫孝，始于事亲，中于事君[①]，终于立身。《大雅》云：'无念尔祖，聿修厥德。'"人咸以身体发肤为己，不知受之于父母，孔子于是破其私有之窟宅，而复其本心之大公。人莫切于己，莫爱于己，因其爱己而启之以受之父母，则爱出于公；因其不肯毁伤而转曰不敢，则公而不私，困而不拂。圣人循循善诱，发明人心本有之道德，行之以立其身，则身为公器而不私。名扬于后以显父母，则名为公名而不私。

---

① 此"中"字，《四明丛书》本作"忠"。

夫人之所以失其道者，私而已矣。以此大公至孝之心而事君无二道也。言事君所以明此心之通，又引《大雅》“念祖”，自父母而通之于祖，亦明此心之通。无念，念也。聿，语助也。见《训语》。

子曰：“昔者明王之以孝治天下也，不敢遗小国之臣，而况于公、侯、伯、子、男乎？故得万国之欢心以事其先王。治国者不敢侮于鳏寡，而况于士民乎？故得百姓之欢心以事其先君。治家者不敢失于臣妾，而况于妻子乎？故得人之欢心以事其亲。夫然，故生则亲安之，祭则鬼享之，是以天下和平，灾害不生，祸乱不作。故明王之以孝治天下如此。《诗》云：‘有觉德行，四国顺之。’”此章发明道心之至和，何其深切著明也！此心虚明变化，至和至顺，为孝为弟，为博爱，无一点己私置其中，如春风，如和气，如箫《韶》九成之音，可言而不可尽，乌虖至矣！

简每诵此章，每每乐生，亦如春风和气，油然动于中，而自不能喻。如身在唐虞三代之盛世，其亲安鬼享，天下和平，灾害不生，祸乱不作，灼知其可致，圣人非虚言。斯道天地同之，四时鬼神从之，宜四国顺之。　　见《训语》。

子曰：“昔者，明王事父孝，故事天明；事母孝，故事地察；长幼顺，故上下治。天地明察，神明彰矣。故虽天子，必有尊也，言有父也；必有先也，言有兄也。宗庙致敬，不忘亲也；修身顺行，恐辱先也。宗庙致敬，鬼神著矣。孝弟之至，通于神明，光于四海，无所不通。《诗》云：‘自西自东，自南自北，无思不服。’”爱敬父母之心，即天地之心，天地之变化。孔子循循善诱，姑以类言，父天母地。明，犹察也，谓晓达也。明王之事父母孝，异乎未明者之孝。未明者之孝，虽孝而未通，故于事天不明其天，事地不明其地。不特不明其天地，亦不明其父母。虽知父母之情意，不知父母之正性。人惟不自明己之正性，故亦不明父母之正性，亦不明天地之性。

人皆曰“我惟知父母，不知天地”，此不知道者之言。明者观之，父母即天地。人生而执己私，起意彼此，牢不可解，一日醒觉，吾性清明广大，无际无畔，诚不见其有天地之殊。苟未明通，则事父母实不识父母，况能事天地？孝子之心即天地之道，惟不自知，故《易》曰："百姓日用而不知。"于天地明察，则神明彰著，融一无间，不可度思，矧可斁思！天子祀乎明堂，释奠先老，有尊也，言有父也；食三老，五更有先也，言有兄也。宗庙致敬不忘亲也；修身慎行，恐辱先也。至孝之发用，即天地之变化也。致敬于宗庙，鬼神实在实著，融明静虚，是谓孝弟之至。道心见诸事亲谓之孝，见诸事长谓之弟。浑然神明，本无间隔，如日月之光，光于四海，而非思非为，无所不通。引《诗》为证，所以"无思不服"者，以东西南北之心同此道心，故默感而应也。有道则应，无道则离。《易》曰："圣人以神道设教，而天下服矣。"以此道至神，无所不通故也。　见《训语》。

家记七　论大学　中庸

论大学

言有似是而非，似深而浅，似精而粗，足以深入学者之意，其流毒沦肌肤，浃骨髓，未易遽拔者。正以其与学者心术之病同，故合夫学者心术之中，其洁清无滓浊者寡矣。孔子诲仲由曰："知之为知之，不知为不知。"学者以不知为知者，往往如是。盖其用力之久，积学之深，自以为穷高极远，蔑以加此，惟无诘焉，诘则必穷。否则好己胜而已矣。其中心亦岂能洞焉，而无少留阻？

自近世，二程尊信《大学》之书，而学者靡然从之。伊川固出明道下，明道入德矣，而尤不能无阻。惟不能无阻，故无以识是书之疵。《大学》曰："欲治其国者，先齐其家；欲齐其家者，先修其身；欲修其身者，先正其心。"判身与心而离之，病已露矣，犹未著白。至于又曰："欲正其心者，先诚其意；欲诚其意者，先致其知；致知在格物。"噫！何其支也！孔子无此言，颜、曾亦无此言，孟子亦无此言。

孔子曰"忠信"，曾子曰"忠恕"，孟子亦曰"天下之本在国，国之本在家，家之本在身"而已。他日，又曰："仁，人心也。"未尝于心之外起故作意也。又曰："人之所不学而能者，其良能也；所不虑而知者，其良知也。"又曰："而勿正心。"岂于心之外必诚其意，诚意之外又欲致知，致知之外又欲格物哉？取人大中至正之心，纷然而凿之，岂不为毒？

又曰："有所恐惧，则不得其正；有所好乐，则不得其正；有所忧患，则不得其正。"孔子临事而惧，作易者其有忧患？好贤乐善何所不可，而恶之也？是安知夫恐惧、好恶、忧患，乃正性之变化，而未始或动也？又曰："心不在焉，视而不见，听而不闻，食而不知其味。"孔子谓"心莫知其乡”，而此必曰“在”。“正”云者，正意象之凝结，孔子所以止绝学者之意者，谓是类也。又曰：“在止于至善。”夫所谓“至善”，即明德之别称，非有二物。而又加“止于”之意。禹曰“安女止”，非外加“止于”之意也。“穆穆文王，於缉熙敬止”，浑然圆贯，初无心外作意之态也。而《大学》于是又继之曰：“为人君止于仁，为人子止于孝，为人父止于慈。”大禹之“安止”，文王之“敬止”，岂顽然无用之止哉？其见于事亲曰孝，见于与子曰慈，发于博爱曰仁，见于恭曰敬，而此曰君止于仁，臣止于敬，父止于慈，子止于孝，何其局而不通也！

又曰：“无所不用其极。”是又意说也。致学于性外，积意而为道，异乎子思“无入而不自得”矣。胡不观箕子为武王陈《洪范》乎？箕子之言极曰：“无偏无陂，遵王之义；无有作好，遵王之道；无有作恶，遵王之路；无偏无党，王道荡荡；无党无偏，王道平平；无反无侧，王道正直。”论极如箕子，诚足以发挥人心之极矣。盖人心即道，作好焉，始失其道；作恶焉，始失其道；微作意焉，辄偏辄党，始为非道。所以明人心之本善，所以明起意之为害。而《大学》之书则不然，曰“无所不用其极”，曰“止于至善”，曰“必正其心”，曰“必诚其意”，反以作意为善，反蔽人心本有之善。似是而非也，似深而浅也，似精而粗也。

又曰“道盛德至”，德可以言至也，道不可以言盛也。于道言盛，是又积意之所加，而非本也。又曰：“知止而后有定，定而后能静，静而后能安，安而后能虑，虑而后能得。”吁！此膏肓之病也。道亦曷尝有浅深、有次第哉？浅深次第，学者入道自为是不同耳，是人也，非道也。学者学道，奚必一一皆同？而欲以律天下万世，无益于明道而反壅之。道无浅深，无次第，而反裂之。人心自直自一，自无他顾，作而起之，取而凿之，岂特大学之士不可以是告之，虽小学亦不可以是乱之也。小学虽未壮，其良心固未斲丧也。作是书者，固将以启佑后学，非欲以乱后学，而学者读之，愈积其意，愈植其山径之茅，愈丧其正也。孔子大圣，其启佑学者，当有造化之功，而三千之徒犹尚勤圣人谆谆“绝四”之诲。有意态者，则绝之曰“毋意”；有必如此、必不如此者，又绝之曰“毋必”；有固执而不通者，绝之曰“毋固”；其胸中隐然有我者存，则又绝之曰“毋我”。如是者不胜其众，故门弟子总而记之曰：“子绝四：毋意、毋必、毋固、毋我。”然则学者难乎脱是四者，自古则然，而况后世乎？然则无讶乎！《大学》之书盛行于今，未闻有指其疵者，不可不论也。

先生曰：某少年不知《礼记》多非圣人语，甚喜《大学》“心有所忿懥则不得其正”一章。后因觉，却于此章知非知道者所作。夫忿懥则断不可有，至于恐惧，若以威武，恐惧则不可，或君父震怒而恐惧，何不可？好乐而好色、好货则不可，若好善、好学何不可？忧患，如为贫而忧，患失而忧，则不可，若忧其不如舜，或忧虑国家，则何不可？盖不知道者，率求道于寂灭，不知日用交错无非妙用，觉则于日用应酬交错间，自无毫发非礼处。故《大学》无“子曰”者，非圣人之言。孔子曰“心之精神是谓圣”，孟子道“性善”。心未始不正，何用正其心？又何用诚其意？又何须格物？　见《诲语》。

《大学》曰：“小人闲居为不善，无所不至。见君子而后厌，然揜其不善，而著其善。人之视己，如见其肺肝然，则何益矣？此谓诚于中，形于外，故君子必慎其独也。”吁！作《大学》者，其学亦陋矣！小人情状如此，何足发明慎独之学哉？苟不如此，则遂可以为慎独乎？疏略亦甚矣！学道者固如此乎？

简少时，不知《大学》非圣人语，甚喜“有所忿懥则不得其正”一章，后因有觉，却于此章知其非知道者作。夫忿懥则断不可有，至于恐惧，特不可屈于威武而恐惧尔，或君父震怒而恐惧，何不可？好乐而好色、好货则不可，若好善、好学，何不可？忧患而为贫而忧、患失而忧，则不可，若忧道、忧国，何不可？盖不知道者，率求道于寂静，不知日用交错无非妙用，觉则于日用应酬交错间自无非礼处。故知《大学》非圣人之言，益可验者，篇端无“子曰”二字。

论中庸

中庸，不偏不倚之谓。《洪范》曰：“无偏无陂，无党无偏。”子曰：“人之过也，各于其党。”学者往往以中为实体，而致意焉则有所倚，倚即偏，非中也。尧舜“允执厥中”，亦不过不偏不倚耳。意微动则偏倚，即谓不中。既曰“中”矣，而又曰“庸”，何也？至哉圣言！可谓深切著明矣。庸，常也，中道初不深远，不过庸常而已。而智者自过之，愚者又自不及。贤者自过之，不肖者又自不及。切实言之，曰庸常而已矣。又曰：“庸言之信，庸行之谨。”明其初无奇也。所谓视者是也，所谓听者是也，所谓言者是也，所谓动者是也，所谓心思者是也；其有不思之时，不言、不动、不视、不听之时，亦是也。故孔子曰：“谁能出不由户？何莫由斯道也？”又曰：“百姓日用而不知。”而人自不知，自不信，如终日怀玉而索诸人，此喻犹未切也。正犹孩提未辨寒暖，终日流汗而曰寒也。人日用此道而自不知，何以异此？及其省也，其言常言也，其行常行也。不必加微意焉，不必损微意焉，而浑浑融融，荡荡平平，皜皜之妙，我所自有。虽终日思虑，而如不思虑也，虽终日云为而如不云为也，似动而未尝迁也，似静而未尝止也。是妙也，惟觉者自知而不可以语人，虽强言之，终不可以尽也。故孔子曰："中庸之为德也，其至矣乎！民鲜久矣！" 见《训语》。

子思曰："喜怒哀乐之未发谓之中，发而皆中节谓之和。中也者，天下之大本也；和也者天下之达道也。"孔子未尝如此分裂，子思何为如此分裂？此乃学者自起如此意见，吾本心未尝有此意见。方喜怒哀乐之未发也，岂曰此吾之中也？谓此为中，则已发之于意矣，非未发也；及喜怒哀乐之发也，岂曰吾今发而中节也？发则即发，中则即中，皆不容私。"大本""达道"，亦皆学者徐立此名，吾心本无此名。学者放逸，驰骛于心外，自起藩篱，自起限域。孔门惟曰"吾道一以贯之"，未尝分裂也。《书》曰："善无常主，协于克一。"吾心浑然无涯畔，无本末。其未发也，吾不知其未发；其既发也，吾不知其既发。故孔子曰："吾有知乎哉？无知也。"文王"不识不知，顺帝之则"，"知"则失帝"则"矣。事亲事君，非无知也；应物从事，非无知也；周公仰而思之，孔子临事而惧，好谋而成，非无知也。如四时之错行，如日月之代明，油然而生，忽然而止，生不知所生，而是非自明，利害自辨；止不知所止，止无其所，止无其事。如此而知，犹无知也；如此而为，犹无为也。子思觉焉，而未大通者也。其卒章曰："上天之载，无声无臭，至矣！"此又分裂之意也。孔子之言则不然，曰："夫孝，天之经也，地之义也。"明乎孝，即天之经地之义，未尝分本末也。又曰："哀乐相生，是故正明目而视之，不可得而见也；倾耳而听之，不可得而闻也。"即哀乐而发明其至，未尝外哀乐而发明其至也。众人自以为哀乐之可见可闻也，孔子则以为实不可见不可闻也。此惟洞达者知之，未至于洞达者终疑也。

汲古问：子曰："中庸其至矣乎？民鲜能久矣。"又曰："中庸不可能。"何谓鲜能与不可能？

先生曰：中庸"能"字，此子思闻孔子之言，不审孔子未尝云"能"。在《论语》止曰"民鲜久矣"，无"能"字。如子曰"中庸不可能也"，此"能"是"用"意矣。道无所能，有能即非道。见《诲语》。

孔子曰："道之不行也，我知之矣。智者过之，愚者不及也。道之不明也，我知之矣。贤者过之，不肖者不及也。人莫不饮食也，鲜能知味也。”子曰“道其不行矣”，夫人心即道，本不假求，学者自昏，误求之外。愚不肖罔然不自知，固为不及；贤知又加之意，故又过之。圣人历观天下，自古人心不失之不及，即失之过，故为之屡言再叹而深念之也。愚不肖之不及，不足多论，贤知者之过，皆于清明无体无意中而加之意，或有动之意，或有静之意，或有难之意，或有易之意，或有多之意，或有寡之意，或有实之意，或有虚之意，或有精之意，或有粗之意，或有古之意，或有今之意，或有大之意，或有小之意。意态万状，不可胜穷。故孔子每每止绝群弟子之意，亦不一而足。他日，记者欲记，则不胜其记。故总而记之曰：“子绝四：毋意、毋必、毋固、毋我。”必如此必不如此，固滞而不通。行我行，坐我坐，衣我衣，饮食我饮食，俨然有我者存。凡此，皆意中之变态，不省吾心虚明，牢执气血，坚持意态，守焉而不知其非，固焉而不省其妄。虽贤虽智，难逃四者。惟颜子自知其受病之所，曰：“仰之弥高，钻之弥坚，瞻之在前，忽焉在后，虽欲从之，末由也已。”盖自知欲从之意，去道犹远，至于“三月不违仁”，则脱此患矣。默省寂然不动之妙，何思何虑，自清自明，何高何坚，无劳钻仰，何今何曩，无体无意。夫如是，故三月如一日，莫究厥始，莫穷厥终，变化云为，如四时之错行，如日月之代明，浑浑融融，又如万象毕见于水鉴之中。夫是之谓仁，又谓之道。此道可以默识，而不可深思，可以略言而不可详议，自省自信，则终日思为，而未尝或动；未省未信，则终日静默，而未尝少闲。《易》曰“百姓日用而不知”，孔子于此曰：“人莫不饮食也，鲜能知味也。”视听言动，圣愚则同，一明一昏，圣愚斯异。此诚非告语之所及也。虽以孔子之圣，亦末如之何已，故良久而复叹曰：“道其不行已夫！”若夫于行言知愚，于明言贤不肖者，正以明夫行即明，明即行。今夫人之所以不行道者，以其不明也。是明也不以思，是行也不以为。不思即不为。明犹强名，而况于行乎？此又非告语之所及。见《训语》。

先生曰：孔子谓：“君子和而不流，强哉矫！”汝以为何如？

汲古对云：子路问强，未明孔子何以如此答？

先生曰：矫者欲明，故罔然无知，既知而不学，不能行其所知则危矣，即入小人之域。《书》云“人心惟危”，起意为人心。

又曰：不起意，非谓都不理事。凡作事，只要合理；若起私意，则不可。如事亲从兄，治家接物，若子哭颜渊恸与见其过而内自讼，此是云为变化，非起意。惟觉者自知。

汲古对曰：不起意，便是君子坦荡荡，而无一毫之累。若起意，则是小人长戚戚，而无片时宁一。

先生曰：是。 见《诲语》。

或问：“‘及其至也，圣人有所不能。’不知圣人亦何有不知也？”程正叔曰：“天下之理，圣人岂有不尽者？盖于事有所不遍知，不遍能，至纤息委曲处，如农圃百工之事，孔子亦岂能知哉？”何言之浅！若此，众人皆能知之。子思之分精粗，裂本末，知者独得议之。正叔不必论矣。然而程之笃行亦岂易及？不可不敬也。但讲学不得不辨明耳。

汲古问：《中庸》云：“天地之大，人犹有所憾。故君子语大，天下莫能载焉；语小，天下莫能破焉。”谓天地至大，而有所憾者，以祁寒暑雨之失中也。君子之道中正不倚，是以大而无或过，故天下莫能破。此说是否?

先生曰：天地未离乎形，君子足以范围之也。先生曰：程明道谓至诚可以赞化育者，可以回造化，诚有此也。又谓惟神也，故不疾而速，不行而至。神无速亦无至。此言善。 见《诲语》。

孔子曰：“道不远人，人之为道而远人，不可以为道。”至哉圣言！破万世学者心术之蔽，可谓切中。人心即道，学者自以为远。《易》曰“百姓日用而不知”，惟其不知，故人以道为远，则求道于心外，不免于有所为。道在我而求诸彼，道不俟于为而求诸为。夫是以愈求愈远，愈为愈远。万古之学者，其蔽一也。舜曰“道心”，明心即道。《易》曰“日用”，奚俟复求?弃心而之外，弃道而入意，意虑纷然，有作有为，而益昏益妄矣。至于昏妄，是谓“百姓日用而不知”，是终日怀玉而告人以贫，终日饮食而自谓其饥渴也。至近而自以为远，自有而自不认其有。夫其所以不自知者昏也，所以昏者动乎意也。如水焉，挠之斯浊矣。不动乎意，则本清本明之性自不昏矣。变化云为，如四时之错行，而自不乱矣。心无质体，无限量，而天地范围其中，万物发育其中矣，此无俟乎辨析，而知之本如此也，自觉自信，匪思匪为。孔子深惜夫中庸平易之道，人皆有之，因其为之，是以远之，复戒之曰：人不可以为道，深知大患在乎为道而已。“执柯伐柯”近矣，“睨而视之”，犹以为远者，终于二物也。为道如伐柯，终不近道。然而旧习难于遽消，有过不可不改，则亦不为而已乎？故孔子于是又曰：“改而止。”有过则改，如有病则加之药，病去则药可止。人欲已尽，则用力可止。见《训语》。

家记八　论孟子　诸子

论孟子

孟子言舜、傅说、胶鬲，困于心，衡于虑，而后作。此正说孟子之学，而非所以言舜“精一”之学，非傅说“厥德修罔觉”之旨也。

孟子谓伊尹治亦进，乱亦进。未当伊尹之心，徒以就汤就桀之迹言之尔。夫伊尹处畎亩之中，乐尧舜之道，虽汤再使人聘之未为之起，岂治亦进乱亦进？意度哉！无非惟义之从尔。

孟子言："我善养吾浩然之气，养而无害，则塞乎天地之间。其为气也，配义与道，无是，馁也。"夫人广大与天地同体，惟自乳稚，梏束于气血形骸之中，失其本体之大。孟子既明固有之心，渐复本体之广大，故蔽渐脱，体渐明，广大渐著。孟子明见广大渐著之体，无以名言之，曰是殆吾气之浩然者也，养而无害，则塞乎天地之间。然而非的也，性体本大，因蔽而小，复因蔽去而大，其实复我本有之大耳，非体有消长也。自人物言之谓之性，自人物万化莫不由之而言谓之道，自其细缊和育发达言之谓之气，自其万事各有宜谓之义，自其恻隐谓之仁，自其恭敬谓之礼，自其诚实谓之忠信，其实一物，特所从言之异，非果有纷纷实殊，本不可同之体也。

鉴中之气，水中之形，性中之变化，有小有大，有消有长，有动有静，有实有虚，有多有寡，有异有同，变态万状，不可胜穷，而实一性也，一贯也。凡是皆人性所自有，惟众人蔽之，君子明之。其蔽也似无，其明也似有，非众人本无也。

孟子又曰："其为气也，配义与道。"道即义，不可言“与”，气即道，亦不可言“配”。孟子谓“游圣人之门者难为言”，岂有自觉其言之未能无疵乎？

孟子曰：“养心莫善于寡欲，虽有不存焉者，寡矣。”且心非有体之物也，有体则有所，有所则可以言存；心本无体，无体则何所存？孟子之言“存”，乃存意也，存我也。有存焉有不存焉，非其真者也。人心即道，喜怒哀乐，神用出入，初无体之可执，至虚至明，如水如鉴，寂然而变化万象，尽在其中，无毫发差也。彼昏迷妄肆，颠倒万状，而其寂然无体之道心自若也。道心自若，而自昏自妄也。一日自觉，而后自信吾日用未始不神灵也，未始动摇也。不觉其未始动摇者，而惟执其或存或不存者，是弃真而取伪也。此不可不明辩。

孟子曰：“天下之言性也，则故而已。”孟子此论，足以开明人心。学者之蔽二：智与故而已。“去智与故，循天之理”，庄周则云。则知孟子之时，智、故两言，联称通义，率以为常。故孟子于此始言“故”，忽继之以“智”，不患乎人莫之晓。千载之下，时移事改，言语浸差，学者罕言“智故”，故莫之晓，不知孟子之时以为常谈。故者，事故；智者，智虑。《易大传》曰：“无思也，无为也。”为即故，思即智。学者之蔽非思则为，非智则故，言其不出于此，即出于彼，其蔽同，其受病之源同，故学者常言“智故”，不以为异。此二者，足以尽天下万古学者之蔽矣。此道坦然，不假思索，不劳作为，人性自善，人性自明，人性自具仁义礼智，自具万善，何必他求？何必更思？何必更为？故孟子曰：“人之所不学而能者，其良能也；所不虑而知者，其良知也。孩提之童，无不知爱其亲也，及其长也，无不知敬其兄也。亲亲，仁也；敬长，义也。”不学而能，不虑而知，何假思为？不属智故。天下之言性者，则异于是矣。其所言者，必有故焉，必用智焉。或有利心，心有所欲之谓利。自善性流出，顺达而无阻滞，无支离，则无思也，自仁自义，自礼自智，何故之有？何作为之有？何更以智为？何更以思虑为？然孟子所以恶夫智者，恶其凿也。如智者，若禹之行水也，则无恶于智矣。禹之行水也，行其所无事也。涤九川，疏万水，八年于外，三过家门而不入，其勤劳多事如此，而孟子以为行其所无事者。禹曰：“安汝止。”

“安汝止”者，如四时之错行，如日月之代明，不属智故也。虽思而不支，虽为而不离也。是以日应无穷之事，如无一事也。感而遂通，而无思无为也。禹之智如此，虽曰智犹未尝用智。智有邪正，有小大，有是非，故孟子于此致其议，至于“故”之为言，则断不可以为性，不必致议。天虽高，星辰虽远，苟求其故，则虽千岁之日，南至北至，善历者可以坐测，而筹之殊不难。惟此乃言性也，非“故”也，故不可以“故”言之。举天下无逃于智故，是以举天下皆不知性。孟子所以每言必称尧舜者，以天下不知人之性善，故率以尧舜为不可及，率堕于智故也。

孟子曰：“学问之道无他，求其放心而已矣。”学者皆知所以求放心，而不知何者为心，何者为放，何者为求也。“不明乎善，不诚其身矣”，要先明吾之本心，然后能知放，知放则知求之矣。吾之本心无他妙也，甚简也，甚易也，不损不益，不作不为，感而遂通，以直而动，出乎自然者是也。是心与天地同功用，与四时同变通，喜怒哀乐无不中乎道，则亦更何求也？惟蔽于物而动其心，于是始放而之他矣，故于是贵于求。然人心至于放，鲜有知所以求之者。彼且以为为悖乱、为奸诈、为淫佚、为暴酷者，吾之本心然也；一旦欲使之勿如此，遂有束缚迫急之患，则曰殆不若姑纵之，而聊以自适也。不知此心之放于外，离乎我而逐乎物者之妄心则然，吾本心何尝如此哉？知我本心广大虚明，直方刚健，外物举不可入其门，则苟求之，固在我矣，亦何惮？惟其不知也，故天下之为小人者，举不可深罪。人孰不欲为君子，为善人？不知吾心之本善也，不知乍见孺子将入井，其怵惕恻隐之心，即吾本心也；不知徐行后长者之心，即吾所自有之良心，亦尧舜之心也。既不知吾良心本若此坦易，或求之，则又苦迫而求之他，既求之他，则无斯须安者，其必至之势也。

孟子谓："志，至焉；气，次焉。持其志，无暴其气，配义与道。"与存心养性之说同。孔子未尝有此论，惟曰忠信笃敬，参前倚衡，未尝分裂本末，未尝循殊名而失一贯之实也。又惟曰"吾有知乎哉"而已，曰"何有于我哉"而已，曰"哀乐相生，正明目而视之不可得而见也，倾耳而听之不可得而闻也”而已，曰“志气塞乎天地”而已。盖曰志曰气，曰义曰道，曰心曰性，曰哀曰乐，曰忠信曰笃敬，名殊而实一。明者观之，浑然寂然，本不可以名言，圣人因人言而随之言，大旨未尝判裂，此惟内明大通者知之，虽小明而未大通犹蔽斯旨。噫！学者生而习闻人言，如是者谓之志，如是者谓之气，如是者谓之义，如是者谓之道，如是者谓之性，谓之忠信，谓之笃敬，谓之喜怒哀乐，牢不可解。一旦告之，未始不一之说，其听必惑。惟自明者，自知自信。

孔子言：“志气塞乎天地。”“志气”，亦天下之常言，未尝专指言气也，而孟子则专言乎气矣。孔子言“塞乎天地”，不言曩小而今大；孟子曰：“我善养吾浩然之气，养而无害，则塞乎天地之间。”则言曩小而今大。曩小而今大者意也，气之实未尝曩小而今大也。孔子曰：“春秋冬夏，风雨霜露，无非教也：神气风霆，风霆流形，庶物露生，无非教也。”或曰天地，或曰神气，或曰气志，或曰人物，一物也，一物而殊称也。或曰孝弟，亦是物也；或曰道义，亦是物也；或曰礼乐，亦是物也。故曰："夫孝，天之经地之义。"又曰："明则有礼乐，幽则有鬼神。"范围天地者此也，发育万物者此也，安得曩小而今大也？孟子据其所亲历而言，惟睹曩之梏束，诚觉其小，今之开豁，诚见其大，不知浑然一贯之妙。初无形气之殊，人自昏执，人自狭小，其蔽渐释，故觉渐大，其实不然。譬之鉴，有尘翳之，乃失其明，渐去其尘，其明浸广，非本明之有小大，由去尘之有次第也。

孟子曰："说大人则藐之，勿视其巍巍然。"无乃不敬乎？又曰："自反而忠矣，其横逆犹是也。君子曰，此亦妄人也已矣，如此则与禽兽奚择哉？"此亦不敬。闻之孝宗亦不以为然。

孟子谓："杨子取为我，拔一毫而利天下，不为也。"此非杨子之本心。杨子曰："伯成子高不以一毫利物，舍国而隐耕。古之人，损一毫利天下，不与也；悉天下奉一人，不取也。人人不损一毫，人人不利天下，天下治矣。"杨非取为我，惟不取不与，各安于无事而已矣。亦老子使民至老不相往来之意，非大中至正之道。人皆有道心，皆有爱人利物之心，如天地之春，乃变化之神用，而老子、杨子欲绝灭之，是犹未免于“意必”。

先生谓汲古曰：孔子言：“操则存，舍则亡，出入无时，莫知其乡，惟心之谓与！”此说如何？

汲古对曰：此言人心，操则存在此，舍则失之，所以出入无定处。孟子引此说，以明此心之不可失也。

先生曰：孔子此言，盖谓操持则在此，不操持而舍之，则寂然无所有。忽焉而出，如思念外物外事则远出，直至于千万里之外，或穷九霄之上，或深及九地之下，又忽焉而入，如在乎吾身之中。然而心无形体，无形体则自然无方所，故曰“莫知其乡”，言实无乡域也。圣人此旨，未尝贵操而贱舍，孟子误认其语，每每有存心之说，又有存神之说，失之矣。使果有所存，则何以为神？　见《诲语》。

汲古问：夏后氏五十而贡，殷人七十而助，周人百亩而彻。彻者，彻也，盖兼“贡”“助”而通用也。若谓周制，畿内用贡法，邦国用助法，何以考之。

先生曰：郑康成谓周畿内用夏之贡法，邦国用殷之助法。此亦意说，初无证验。虽云据《诗》《春秋》《孟子》，亦不无疑。鲁宣十五年初税亩，言税民夫自开辟零亩之田尔，初不见其为助也。《诗》曰："雨我公田，遂及我私。"《孟子》曰："惟助为有公田。"由此观之，虽周亦助也。孟子亦不过因《诗》而意之尔。今考《周礼》未见其有助法，然则所谓"雨我公田"者，殆官有间田之属役民，以耕者作此诗尔。《周官》化治，人皆有士君子之行，故《诗》有此先公后私之诚心，役民岁不过三日，互役之以治官田，如合方氏尚同天下之数器度量，而乃行二法乎？况无的然无疑之证。《大田》诗云："雨我公田，遂及我私。"乃幽王时诗，非侯国之诗，不可以此证侯国之助法。见《诲语》。

论诸子

老子曰："致虚极，守静笃，万物并作，吾以观其复。夫物芸芸，各归其根。归根曰静。”老子之于道，殆入焉而未大通者也。动即静，静即动，动静未始不一贯，何以致守为？何以复归为？

见《训语》。

老子曰：“视之不见名曰夷，听之不闻名曰希，抟之不得名曰微。此三者不可致诘，复混而为一。其上不皦，其下不昧，绳绳不可名，复归于无物。”曰混，曰复归，疵病大露。“混而为一”，不知其本一也；“复归于无物”，不知虚实之本一也。老子又曰“执古之道，以御今之有”，未悟古今之一也。凡此惟大通者知之，信之；未大通者，终不知，终疑也。此不可以思虑及也，不可以言辞尽也。曰有曰无，曰动曰静，曰古曰今，曰万曰一，名言之不同也，昏者则云尔也。老子又曰：“大曰逝，逝曰远，远曰反。”道体寂然，何逝何反？学道而未通者，自作此意度耳，道不如是也。孔子曰：“谁能出不由户？何莫由斯道也！”动者道也，静者道也，有者道也，无者道也，古者道也，今者道也，万者道也，一者道也。孔子又曰：“吾道一以贯之。”未尝异动静、有无、古今、万一而为殊也。

老子言："道大，天大，地大，王亦大。域中有四大，而王居一焉。人法地，地法天，天法道，道法自然。"夫三才之道一而已矣，而老子裂而四之，其言法天、法道、法自然，亢为诬言，瑕病尤著。以他语验之，老子不可谓无得于道，而犹有未尽焉尔。

庄周寓言，陋语良多。仁义蘧庐之论，惟睹夫二，未睹夫一也；亦祖夫归无之学，而未大通者也。周又曰"为是不用而寓诸庸"，意说也。曰不用，曰寓，皆意也。又曰："有以为未始有物者，至矣，尽矣，不可以加矣。"此又意说也，未悟有无之一也。又曰："仁义之端，是非之涂，樊然殽乱。"是又恶动好静，陷溺之巨病也。似广大而实小也，似高明而实卑也。又妄谓颜子忘仁义，忘礼乐。坐忘，此乃老、庄弃动趋静之偏蔽，而谓颜子亦然，其言似高妙，而未免于不一，足以惑乱学者。见《训语》。

孔子问礼于老聃，恐非庄子所谓老聃者。何以明之？所言绝不类也。岂有与孔子议礼如此之详，而又以礼为乱之首也？庄子所言老聃皆痛绝仁义。

庄子曰："以其知之所知，以养其知之所不知。"庄周何其意态之多也？孔子曰"入孝出弟，谨信泛爱"，未尝有意度也。庄子凿空为有，又屈曲其蹊，又曰"知其不可奈何而安之若命，惟有德者能之"，有德者不如是也。以为不可奈何者，非能安者也，非真知命者也。天命之妙，不可以人为参也。曰天曰人，非知天者也，亦非知人者也。天人一道也，随世而曰天曰人，可也；吾心实曰天曰人，非也。

庄子曰"一宅而寓于不得已"，又曰"不忘其所始"，又曰"以无为首"，是皆意虑之未息也。孔子曰："天下何思何虑？"未尝有周之繁说也，而万世自莫得而窥之。庄子又曰"劳我以生，息我以死"，是又思虑之纷纷也，是又乐死而厌生也。乐死而厌生，与贪生而惧死同。《桑户之歌》曰："而已反其真，而我犹为人。"以死为反真，以生为不反真，其梏于生死又如此，岂若孔子之言曰："未知生，焉知死？"明乎生死之一也？庄子又曰：

“汝神将守形，形乃长生。”既谆谆言无物之妙矣，兹又守形，陋矣，又自矛盾矣。

子思子之书，载卫公子交见于子思曰：“先生圣人之后，执清高之操，天下之君子，莫不服先生之大名。交虽不敏，窃慕下风，师先生之行，幸顾恤之！”子思曰：“公子不宜也。夫清高之节，不以私自累，不以利烦意，择天下之至道，行天下之正路。今公子绍康叔之绪，处战伐之世，当务收英雄，保其疆土，非所以明否臧，立规检，修匹夫之行之时也。”呜呼！是殆非子思之言也。夫道一而已矣，君以此使臣，臣以此事君，公子以此为公子，士以此为士，一也。今异而言之，无乃不可乎？况乎“明臧否，立规检”，矜持务外，非由中而生者，是殆非子思之言也。不然，则子思之学陋甚矣，何以能作《中庸》?《中庸》虽不无瑕病，不至如此蔽陋之甚也。孟子曰：“尽信书，不如无书。”

子思年十六而辱宋大夫乐朔，几不免。曾子亦谓其有傲世主之心，老莱子亦言其性大刚而傲不肖。然则子思亦未能无我矣。惟未能无我，故《中庸》之书亦不能无意。孔子每戒学者曰“毋意”，又曰“毋我”。

予自微觉而已，深疑子思之言曰：“夫妇之愚，可以与知焉，及其至也，虽圣人亦有所不知焉。夫妇之不肖，可以能行焉，及其至也，虽圣人亦有所不能焉。”以予所觉，心中初无浅深、前后、精粗之异，而子思异之，殊觉其碍。此乃予未觉之日所见，既觉则无是见也，乃悟孔子曰“吾道一以贯之”。又曰：“吾有知乎哉？无知也！”若孔子之言，若合符契。而子思又曰：“道也者，不可须臾离也。”亦觉其未安，当曰：道也者，未始须臾离也。不当言“不可”。“不可”云者，乃以意为之。孔子所以每每戒门弟曰“毋意”，为是类也。

自孔子殁而大道不明，自曾子殁而道滋不明，孟子正矣而犹疏，荀卿勤矣而愈远。董仲舒号汉儒宗，而曰：“道者，所繇适于治之路也，仁义礼乐，皆其具也。”又曰：“仁义礼智信，五常之道，王者所当修饬也。五者修饬，故受天之佑。”呜呼！异乎孔子之言道矣。自知道者观之，惟有嗟悯。而自汉以来，士大夫学识略同。孔子曰：“谁能出不由户？何莫由斯道也！”“由户”为喻尔，“何莫由斯”，正实无瑕。仲舒支离屈曲，不知仁义礼乐，乃道之异名，而以具言则离之矣。不知仁义礼智信，皆人心所自有，不假修饬。《皋陶谟》：“慎厥身，修思永。”修其永，永不变者。仲舒所言修饬能永乎？仲舒曰：“陛下设诚于内而致行之，则三王何异哉？”禹曰“安女止”，谓人性本静止，安之不动而已矣，何以设为？文王“不识不知”，何以设为？孟子道“性善”，又仲［舒］之所未知也。以此事君，乃反汩乱其君本有之德性，诸儒杂说芜论，所至如是，能知其非者有几？就有知其非者，又不得行其道于天下，而欲望复见三代之治，难矣！

仲舒又曰：“道之大原出于天，天不变道亦不变。是以禹继舜，舜继尧，三圣相授而守一道，亡救弊之政也。”吁，咈哉！道无本末，何出何入？天者，即此道之健行清明者也，而仲舒离而为二。舜诛四凶，亦救弊矣，初不害于三圣之一道。诬言曲说，今学者靡然从之，道何由而明？人心何由而复于正！

王通之学陋甚，其言曰："大哉周公！远则冥诸心也。心者非他也，穷理者也，故悉本于天。推神于天，盖尊而远之也，故以祀礼接焉。近则求诸己也，己者非他也，尽性者也。卒归之人，推鬼于人，盖引而敬之也，故以飨礼接焉。"通之妄至此，殆不足辩。惟其群弟子宦达，尊称其师，书行于世，其言亦足以惑乱学者。圣人之道即天地之道，奚特圣人，三才一贯也？故孔子曰："夫孝，天之经，地之义，民之行。"又曰："人者，天地之德，鬼神之会。"又曰："人者，天地之心。"而通曰"远则冥诸心"，是诬圣人也。又于心外复求理，复求天，是自诬也。"穷理尽性以至于命"，乃《说卦》之文，未尝系之"子曰"，则知非孔子之言也。曰穷理、曰尽性，使明者言之，辞旨承连，自无瑕病，而通分裂如此，良可笑也。通又曰："显仁藏用，中古之事也。"杜淹问"藏之"之说，通曰："泯其迹，閟其心，可以神会，难以事求，斯其说也。"通之陋至于此。今有司每出题于其书，以试举子，又时文习尚顺题，罕有驳议，而通之书依仿圣言，窃取其近似而实非也。学者多为所欺，故靡然从之。孔子曰"天下何思何虑"，而通曰

“仁亦不远，姑虑而行之”。孟子曰：“仁，人心也。”通之病蔽甚著。孔子虽曰：“仁远乎哉？我欲仁，斯仁至矣！”此大略明人之不远耳。欲之为言，亦常言，初无深用思虑之意。通不会圣人之旨，仿而言之，自谓无悖矣，不知冰炭之不同也。又曰：“仁义其教之本乎！先王以继道德而兴礼乐者也。”通乃效《易大传》“一阴一阳之谓道，继之者善也”，遂妄意仁义为非道，妄意礼乐出于仁义之下，不知仁义礼乐乃道德之异名。先王顺道而行，非能有所作而次第之也。“继善”之言，《大传》不系之“子曰”之下，则非孔子之言也。通又曰：“不以霍光、诸葛亮之心事其君者，皆具臣也。”霍光阴妻邪谋，非忠也；刘备受刘璋宾客之礼，而反目夺之，亮辅之又立同姓之妇为后，此何心也？霍、葛诚有他善，可爱可敬，而王通概取之则不可也。房玄龄、杜如晦传其学，辅太宗杀建成、元吉，乱巢妃，亦通此等学术议论有以启之也。李密问王伯之略，通曰：“不以天下易一民之命。”此论正矣。惟余论则驳，滋惑后世，不得已致辩。

道无穷无方，学者自有浅深、有不尽。昔孔子遇程子于途，与语，悦之，取其善者尔，非尽与孔子同也。程子名本，号子华子，程子固曰：“仲尼天也，本也何足以望夫子！”程子曰：“我之百骸九窍、毛发膏泽、藏腑肝鬲、吹嘘吸引、滋液吐纳，无非道也。”斯言善矣！其曰：“上气曰始，中气曰元，下气曰玄。玄资于元，元资于始，始资于初，太贞剖割。”斯则蔽矣。夫太贞者，道之异名尔，何得言剖割？道一以贯，孔子犹欲无言，而况于本无可言之中，而强裂初、始、元、玄四者之名？其曰：“孰究其所以来？谁使其所以然？”未见其疵也，而继曰：“因其然也。”意状可睹。已而又曰：“然不然也。然乎然，不然乎不然。”言虽似深，实积意说。又曰：“吾亦不知所以然也。”此庶几矣，犹有所倚也。其之齐，知齐国大危，答景公之问，一本诸道，深知非道无以已乱也，善矣。

《列子》道壶丘子林之言曰：“有生不生，有化不化。不生者能生生，不化者能化化；生者不能不生，化者不能不化。阴阳尔，四时尔，不生者疑独，疑独其道不可穷。”壶丘之言，似实而非。夫天下气化物理，一贯无二，而壶丘裂而二之。孔子曰："哀乐相生，是故正明目而视之，不可得而见也；倾耳而听之，不可得而闻也。"孔子之言实理也。明乎此，则壶丘之蔽可观矣。阴阳四时生化，皆不可见，不可闻也，即不生不化者也，皆非有无所可言也。

列子曰："天地无全功，圣人无全能，万物无全用。"列子虽能御风而行，乃清虚之功，其于道则未也。物物皆全，心心皆全。列子知异而不知同，不知一以贯之之妙。

圣学之不传，学者之过也。学者之过，在于不求之心而求之名也。此心之中，孝弟、忠信、仁义、礼智，万善毕备，惟所欲用，无非大道。其见于事亲，则谓之孝；见于从兄，则谓之弟；见于事君，则谓之忠；见于朋友，则谓之信；居家而见于夫妇，则谓倡；随居乡而见于长幼，则为有序。是心之发，虽纷纭万殊，而非万殊也。一气运而为四时，其始达谓之春，盛长谓之夏，肃杀谓之秋冬。时虽四而气一也。钦明文思，一尧也；温良恭俭，一夫子也。今夫见孺子入井，而怵惕隐恻者，仁也；及遇大宾，则又升降揖逊而为礼。此时也，岂一人而二心也耶？嗟乎！学者藩以私情，蔀以小智，绝圣人之大道，昧人心之固有，持异端邪说，而欲立乎清虚无为之境，吁，可伤哉！

荀卿子言性恶而自背驰。“听”“讼”两词不同，静听久之，而真情自露。荀卿曰：“人之性恶，其善者伪也。”其《大略》篇则曰：“虽桀纣，不能去民之好义。”然而能使其好义，不胜其欲利也？夫不能去民之好义，则人性之本善验矣。见《训语》。

先生问汲古：曾看《老》《庄》之书否？

汲古对云：《老》《庄》非圣之书，多害道，特以声律为习，不容尽废。因问：道体至大，何所不该，老子“四大”之说，似亦支离。

先生曰：三才无二道，老子却裂而四之，如言“人法地，地法天，天法道，道法自然”，尤为诬言意说，瑕病尤多。以他语验之，不可谓无得于道，惟其有蔽，故犹有未尽。

汲古问:《老子》言“礼者，忠信之薄，而乱之首”，是不知其礼矣。而《家语》乃云“夫子闻其通礼乐之原，而往师之”，又云“问礼于老聃”。

先生曰：圣人无常师，师其是，不师其非也。先生曰：师者所以传道也，道非自外至，所以启吾心之所自有也。教者岂能于学者所自有之外，别取一物而教之耶？亦使之复其所固有尔。若使之不由其诚，则所教者皆外物，无与学者事也。故《记》曰：“今之教者，使人不由其诚，教人不尽其材。”

汲古：尝见张横渠云：“不尽材，不由诚，皆是施之妄也。”教人至难，必尽其材，乃不误人。若曰勉率而为之，则岂由诚哉!

先生曰：是!

汲古问：先儒谓董仲舒云：“正其谊，不谋其利；明其道，不计其功。”此董子所以度越诸子。此说如何?

先生曰：董仲舒学不知道，如曰“仁义礼智信所当修饰”，又曰“设诚于内，而致行之”。此道人心之所自有，何以修饰设为？其不达大本如此。互见《诲语》。

家记九　泛论学　论文　论字义　论历数

泛论学

自古人之知道者寡，是以其言之害道者多。就有知焉，有偏全，有浅深，未全未深，其言犹有害道。然则非圣人之书，诚虽读，孔子之言，奚可不精而思之、熟而复之？今天下非圣人之书何限，无非惑乱人心之具。孔子之言，出于古者所记录，犹或失真，而况于非圣人之书，其害道者多矣。

学者当先读孔子之书，俟心通德纯，而后可以观子、史。学者道心未明，而读非圣之书，溺心于似是而非之言，终其身汩汩，良可念也！孔子之言，奚可不精而思之、熟而复之？今孔子之言出于学者之所记录，犹或失真，况于非圣人之书，其害道者多欤！　　见《训语》。

呜呼！今天地之间，孔子之言无几，而非圣之书充栋宇。非圣之言，知道寡。知道者而不尽其言，犹足以害道。然则害道之言满天下，不害道之言甚无几。学者诚不宜泛观，必遭眩惑。唐虞有纳言之官，周有训方氏，《易》曰“正辞”，为是故也。　　见《训语》。

百圣传授，唯曰一中。初疑其肤近，疑其庸，又疑其若未免乎意，而百圣一辞，莫知其所为。一日觉之，百圣之切谕明告，诚无以易。斯人心即道，故大舜曰“道心”，本无可疑。意起而昏，为非为僻，始知其有学者亦意起，又从而过之，凡思凡为，皆离皆非。故告曰中，平平庸庸，事亲从兄，怡愉敬恭①，岂学而能？油然而生，莫究厥始，

① 此“敬恭”，《四明丛书》本作“恭敬”。

莫穷厥终。应酬万端，忠信全功，不习无不利。曾子谓之“皜皜”，简亦谓之“融融”。道固不离乎常，故孔子曰“中庸”。毋动乎意，清明在躬，自无所不通。发育万物，人心所同。

觉者通患[①]，患在思虑议论之多，而不行孔子忠信笃敬之训。　见《训语》。

学者初觉，纵心所之，无不玄妙，往往遂足。不知进学，而旧习难遽消，未能念念不动，但谓此道无所复用其思为，虽自觉有过而不用其力，虚度岁月，终未造精一之地。日用云为，自为变化[②]，虽动而非动，正犹流水日夜不息，不值石险，流形不露，如澄沚不动，而实流行。予自三十有二微觉已后，正堕斯病。后十余年，念年迈而德进不进[③]，殊为大害，偶得古圣遗训，谓：“学道之初，系心一致，久而精纯，思为自泯。”予始敢观省，果觉微进。后又于梦中，获古圣面训，谓简未离意象。觉而益通，纵所思为，全体全妙。其改过也，不动

① 此“觉”字，《四明丛书》本作“学”。

② 此“为”字，《四明丛书》本作“谓”。

③ 此“德进不进”，《四明丛书》本作“德不加进”。

而自泯泯然无际，不可以动静言。于是益信孔子“学不厌”乃是“知及之”已后事，是谓用力于知者①，虽动而得不动之妙，终未及仁者胥觉、常明、常不动之为至静。故孔子曰：“知者动，仁者静。”予何敢言仁，用力于仁者也。恐同志者复蹈前患，故备记如右。

以舜大圣，而犹不知十二章之象，使禹明之。以孔子大圣而犹不知鲁庙。此盖臆断之说。而后世之士，耻于一物之不知，亦愚矣。详于其所不必尽知，而略于其所不可不知，故终身由之，而不知其道者众也。　见《训语》。

孔子吹律，自知殷后。此岂心思推测之所能至哉？如日月自无所不照，如水鉴自无所不明也。此心神明，有甚于日月水鉴。

孔子称子路不耻缊袍之善，引《诗》“不忮不求，何用不臧”。子路终身诵之，则其诵久矣，岂

① 此“知”字上，《四明丛书》本有“仁”字。

无以告孔子者？子路既没，门人语及，始曰："是道也，何足以臧！"于以见圣人广大虚静如天地。

程伯淳云："形而上者谓之道，形而下者谓之器。如若或者以清虚一大为天道，此乃以器言而非道也。"伯淳断然谓"以清虚一大为天道"为以器言，甚善！非知道者岂能道此？然未能见《易大传》"形而上者谓之道，形而下者谓之器"，非圣人之言。随世俗流传，而遂信此，亦有此未至。

伯淳谓："颜子默识，曾子笃信。得圣人之道者二人也。"此语亦有未安。谓二子得圣人之道诚然，然不当谓一人"默识"，一人"笃信"。信者必默识，默识者必信，自不当分裂。又不详考"日月至焉"者，非得道何以言"至"？所谓至者，必如颜子之不违仁，所谓不违仁者，必"无思无为"，"寂然不动，感而遂通"，动静一贯方可言仁，方可言至。然则孔门得圣人之道者，亦不止二人而已。

伯淳言："大人与天地合其德，日月合其明，非在外也。"斯言甚善。

伯淳言："惟神也，故不疾而速，不行而至，神无速亦无至。"惟伯淳而后有此言。

伯淳谓："至诚可以赞天地之化育，可以回造化者，诚有此也。"伯淳名颢，门人尊之曰明道先生。伯淳谓："穷神知化，化之妙者神也。"又差矣！何精何粗？何妙何不妙？化即神。

或问仁，程正叔曰："此在诸公自思之，将圣贤所言仁处类聚观之，体认出来。"虽然，使未有《论语》《孟子》时无可类聚，又将若之何？孔子未尝教人类聚，类聚体认无非意路。且孔子曰"居处恭"，恭而已，无意也；"执事敬"，敬而已，无意也；"与人忠"，忠而已，无意也。微致意焉即迂曲，即造为，即不正直，即不忠信。所谓"复礼"，复我本有之礼，三千三百经条明白，不留作意。"出门如见大宾，使民如承大祭"，亦何意之有？

正叔又言："性中只有仁义礼智四者，几曾有孝弟来？"异哉，正叔之蔽，一至于此！"孝弟""仁义"名不同耳，强立藩篱，固守名意，陷溺于分裂之学，障塞圣人坦夷之道。孟子谓“徐行后长”，即尧舜之道；以羊易牛，即王者之心。发明孩提爱亲、及长敬兄为不学而能、不虑而知，而正叔分裂体用而言之，不可以为训也。

伊川谓：“动容貌，整思虑，则自然生敬，敬即是主一也。主一则既不之东，又不之西，是则只是中。”苦也！人性自善何必如此拘束！孔子未尝如此教人，但曰“居处恭，执事敬”耳，但曰“出门如见大宾，使民如承大祭”耳，但曰“约之以礼”耳。伊川之教固愈于放逸者，然孔子曰“过犹不及”，何则？其害道均也。

或问：“荧惑退舍果否？”程正叔曰：“观宋景公不能至是。”问：“反风如何？”曰：“亦未必然。成王，一中才之主，圣人为之臣，尚几不能保。非有动天之德，不能至也。”

正叔未明道，故有此论。人心即道，无所不通。善心兴起，如其真切，岂无感通之理？而正叔谓景公不能至是，又谓成王未必能然，贼天下万世之良心，此说不可长。尧舜与人同耳，其不善之心既足以感动灾异，则其善心岂不足以感动而消弭之？不知道者其轻有所立论哉！

濂溪《通书》亦尚有疵，自明乎道者观之，可以一见决，不劳多议。今自二程尊师之，其书盛行乎天下，不得已姑指众人之所未晓者言之。濂溪曰："元亨，诚之通；利贞，诚之复。"于天下至一之中，忽起通、复之异说，穿凿为甚。又曰："诚精故明，神应故妙，几微故幽。"异哉！裂一道而三之。诚未始不精，何必更精？诚即神，神即几，或曰诚，或曰神，或曰几，皆所以明道心之妙。如言玉之莹，又言其白，又言其润，非有三物。人之道心未尝不诚，未尝不神，其动之始曰几，此万古人心之所同，非圣人独有之。今周子又谓诚、神、几，曰圣人，是谓众人无之。此正孟子所谓："谓其君不能者，贼其君者也；谓民不能是，贼其民者也。"孔子明道，未尝有精粗之论，乃起于后学之意说。孔子每每戒学者"毋意"，为是之类也。

周子又曰："《洪范》曰：'思曰睿，睿作圣。'无思，本也；思通，用也。几动于彼，诚动于此。"

吁！《洪范》惟言思，未尝言无思，而濂溪必取乎无思者，是犹未识乎思也。“思曰睿”，明乎思未尝不睿，未尝不妙，未尝不神。此不可以有无解，何复取乎无思哉！离思而取无思，是犹未悟百姓日用之即道也。孔子曰“何莫由斯道也”，周子犹未悟思之即道，思之即无思也。况又裂几于彼，裂诚于此，于至一之中而强分裂之，殊为害道。

横渠《牖铭》云：“居则存其心，曰存否、继否、化否、无意否?”张子则勤矣，不草草矣，惜乎其未解。解者不如此。曾子之“日三省”，异乎是矣。曾子之省，不过不忠、不信，传授弟子，而实未尝习之，过皆芸苗，改过未尝助长，如横渠乃揠苗助长之学也。化者自化，岂容问耶？自省本心者自无意，意岂屡省之所能无耶？自省本心者自未始有间断，何患乎不继耶？尧 舜虽有惟精惟一之功，要非继续之所可言。孟子之存心，又岂横渠之所云？欲存愈不存，欲继愈不继，欲化愈不化，欲无意愈不已。不省吾心自善，吾心自神，吾心自寂然不动，自无体。无体则无始终，继不足以言之；云为变化，自不凝滞，自不可致诘，夫是之谓自化。此不可以有无言，而况于意乎？

此万古人心之所同也，顾自觉者寡耳。孔子曰："天下何思何虑。"横渠之书深自病其定性未能不动，正以其学未免乎助长也。故孟子曰："天下之不助长者寡矣。"言，心声也，其最著见者。《芭蕉诗》有"愿学新心"之句，此未悟本心之至善，而于心外求新心也①。《墓志》有"精魄反原"之言，夫血气有聚散，精神无所生②。孔子"心之精神是谓圣"，神心无体，即本即原，死生一贯，何以反为？"原始反终"，乃作《易大传》者之言，非孔子也。《与李和叔书》曰："天德虽能尽其说，然后大本可立。"天德岂说之所能尽？说之所可尽者，尚不足以尽意，而况于天德乎？大本岂可徐徐而立？孔子所谓"可与立"，不失其所本立也。人之本心，自寂然不动也。

子思问于夫子曰："物有形类，事有真伪，必审之，奚由？"子曰："由乎心。心之精神是谓圣。

① 此"求"字，《四明丛书》本作"觅"。
② 此"所"字，《四明从书》本作"死"。

推数究理，不以物疑，周其所察，圣人难诸!”孔子斯言，见之子思子之书，世又谓之《孔丛子》，世罕诵习。乌虖！圣人有如此切至之诲，而不载之《论语》，致学者求道于心外，岂不大害？简谨取而为《集语》，觊与我同志者，或未观《孔丛子》而偶见此书，庶早悟此心之即道，而不他求也。至哉，人心之灵乎！至神至明，至刚至健，至广至大，至中至正，至纯至粹至精，而不假外求也。人皆有此至灵之心，而不自知，不自信，偶昏偶蔽，遂寖而至于恶积而不可掩，罪大而不可解，大可惜也，大可念也！心无体质，德本昭明，如日月照临，如水鉴烛物，不必劳神而自能推见，自能究知。若驰神于彼，周悉致察，虽圣人不能。何则？劳动则昏。不必逆诈，不必亿，不信，而自有先觉之妙也。人皆有此灵。 见《训语》。

曾子曰：“参尝闻之夫子曰：‘阳之精曰神，阴之精曰灵。神灵者，品物之本也，而礼乐仁义之祖也。善否之气，治乱所起。’”云云。是故“圣人为天地主，为山川主，为鬼神主，为宗庙主”云云。天地之间，非阳则阴，非阴则阳，阴阳之气虽二，而神灵之道则一。风雷、电雾、雨露、霜雪、霰雹之所以变化者，此也；羽毛、鳞介、倮虫之所以生成变化者，此也。万化万物，虽自神自灵，而不自知；惟圣人自神自灵，而又自知。自知则明，明则通，通则无所不通，故四灵役于圣人。圣人为天地主，为山川主，为鬼神主，为宗庙主。圣人之知，如日月之明，如水鉴之明，非思非虑，自明自照。孔子曰"不逆诈，不亿，不信而亦先觉"者，此之谓也。又曰"天下何思何虑"者，此之谓也。生而知之者，上也；学而知之者，次也。其次第不同，而其知则一也，其知无次第之差也。是知至神，至灵，至精。视听言动，何本何根？爱敬和乐，智虑应酬，何终何始？始不可得而知也，终不可得而知也，中亦不可得而知也。顺是而行之，为善，为治；逆是而为之，为否，为乱。知则顺，不知则逆。吁！人皆有至神至灵至精之心，而不自知也。孔子曰"心之精神是谓圣"，《中庸》曰"圣人之道，发育万物"，《易大传》曰"范围天地之化"。故圣人之道无所不通，圣人之事无所不行，守日月之数，察星辰之行序，四时之顺逆，截十二管以察八音之上下、清浊，其道一也，其事一也。

立五祀，制五典，和五声，合五味，正五色，成五穀，序五牲，其事整整，其伦叙叙，皆神灵之变化，精一之散殊，可观而不可测，可言而不可诘，可以默识而不可以容思。夫是之谓品物之本，礼乐仁义之祖欤！

先生曰：人心何尝不正？但要改过，不必正心。一欲正心，便是起意。

汲古对云：此即孔子“毋意”。意一起，即有过；要无过，但不起意便了。意不起，则此心安然莹静虚明。若子贡言：“君子之过，如日月之食焉。过也，人皆见之；更也，人皆仰之。”此是改过后，私意不起，此心明照，况此心明照愈于日月，日月虽容光必照，尚不及蔀屋之下，此心则无所不照，无所不通。安有隐显之间？

先生曰：此说却是。

先生曰：少年闻先大夫之诲：宜时复反观。其后于循理斋燕坐反观，忽然见我与天地万物、万事、万理澄然一片。向者所见万象森罗，谓是一理通贯，尔疑象与理未融一。今澄然一片，更无象与理之分，更无间断。不必言象，不必言理，亦不必言万，亦不必言一，自是一片，看唤作甚么？句绝[①]。唤作天亦得，唤作地亦得，唤作人亦得，唤作象亦得，唤作理亦得，唤作万亦得，唤作一二三四皆得。

先生谓汲古曰："圣人犹兢兢业业，岂学者不兢兢业业？汝当庸言之信，庸行之谨[②]，兢兢业业用力于仁，为之不厌。"又曰："学者切不可观非圣人之书，当师孔子之言。"

先生曰："学不可躐等，亦不可操之太急。故虽息焉游焉，孙而顺之，无害于事。但于其间不失敬心，不失时敏之心，则厥修自然，日进无疆。易曰：'益动而巽，日进无疆。'天下事皆然。彼苦涩不易乐者，必无成效。"

汲古问：圣贤言性，何以多不同？

---

① 《四明丛书》本无此"句绝"二字。
② 此"行"字，四明丛书本作"言"。

先生曰：性字解释有不同。如“性相近”与“节性惟日其迈”，此是随俗泛言性质，如《易》曰“各正性命”，《孟子》道“性善”，则言性之本。

论 文

孔子谓巧言鲜仁，又谓“辞达而已矣”。而后世文士之为辞也异哉！琢切雕镂，无所不用其巧，曰“语不惊人死不休”，又曰“惟陈言之务去”。夫言，惟其当而已矣。谬用其心，陷溺至此，欲其近道岂不大难？虽曰无斧凿痕，如大羹元酒，乃巧之极功，心外起意，益深益苦，去道愈远。是安知孔子曰“天下何思何虑”？是安知文王“不识不知，顺帝之则”？如尧之文章，孔子之文章，由道心而达，始可以言文章。若文士之言，止可谓之巧言，非文章。　见《训语》。

天下有累数百年之风俗，既成而不可拔，士生其中，沉浸深入，有不自省，吾徒不可不疾而察之。圣人曰：“众好之，必察焉；众恶之，必察焉。”吾非求异于众也，诚有所不自安于中也。自三代衰，孔子没，义利之辨寖不明。汉兴君臣相与，以权术取天下，大略本以利，文之以义，孝宣亦谓“汉家自有制度，本以霸王道杂之”。岂惟汉规模如此？历三国、晋、南北、隋、唐、五代大抵一律。岂惟人主规模如此？士大夫惟上所好，其规模皆如此。岂无善者？其略则同。后世之经术，异乎孔子之经学矣；后世之文章，异乎三代之文章矣；后世之字画，与钟鼎篆刻不同矣。一经说至百余万言，大师众至千余人，时为利禄之路则然，取青紫有拾芥之喻，指所蒙以稽古之力，公言侈说，不以为耻。三代之时无此风俗也，无此等议论也。孔子曰“辞达而已矣”，《书》曰“辞尚体要”而已。后世之为辞者大异，冥心苦思，炼意磨字，为丽服靓妆，为孤峰绝岸，为琼杯玉斝，为大羹元酒。夫子之文章不如是也。夫子之所以教诲其子弟，亦不闻有是说也。甚者韩愈敢以孟子与司马相如比而同之。相如何人，跻之至此？专以文称也。以《易》为奇，以《诗》为葩。三极六爻之旨如此乎?《三百篇》无邪之义如此乎?甚至于序送李愿,有曰:"粉白黛绿者,列屋而闲居;妒宠而负恃,争妍而取怜。"此何等法语?而敢肆言无忌如是耶!此无他,举天下之风俗皆然,不以为异也。故学者仰韩如太山北斗,心服其文,莫见其过。至于字学,尤足鄙笑。

书者,六艺之一,古所不废,然非学者之所急,游之则可。后世之为字画者,异哉!皓首习之,秘术不露,此周、孔事业耶?尝观钟鼎古文,如精金美玉,齐庄冕弁,使人起敬起爱,真三代时风度也。衰世所谓草圣者何哉?以放逸为奇,以变怪为妙。后世之俊杰,三代之罪人。王逸少独步一时,流芳千载,《兰亭》遗墨秘藏昭陵,老师宿生无敢拟议。虽则云然,有圣言在,"众好必察",窃未所安。如妇人焉,清神丽色,雅服妙妆,美则美矣,而非公庭之所当言。非君子之所好乐,施之于晋宋以来则善,施之于三五之上则悖。何者?无淳古质厚之体也,无庄敬中正之容也。书,心画也。使逸少之书盛行而不少衰,则人心风俗终不反朴,终不可以庶几三代。吁,可念哉!

累数百年来风俗如此，习尚如此，论议如此，牢不可破如此，今也一旦欲排万众之所嗜好，尽反之于古，殆犹回急注于悬崖，止奔马于峻阪，徐而思之，亦有可觊。良心人所具有也，尧舜与人同耳，圣人先觉我心之所同然耳。孔子曰："心之精神是谓圣。"孟子曰："仁，人心也。"仁圣之性，人所同有，昏而蔽之，如丧其灵①，如尘积鉴，本明犹在，一日启之，光烛天地。孟子言必称尧舜于战国之时，今之时顾不胜于战国之时耶？岂战国之人皆可以为尧舜，而今之人皆不可也？必不然也。放情逸意，固众人所不能免，而亦不可肆也。父肆其欲，子将甚焉；上肆其欲，下必仿焉。仿而不已必甚，甚而不已必乱。至于乱，则祸及其长，上稽之往史，可想可戒。然则放逸之习，不可纵也；庄敬之学，不可废也；浮薄之务，不可亲也；朴古之事，不可厌也。不惟不可厌而已，又有乐焉。人心即道，至乐中存，昏者失之，明者得之。无谓诗文之放逸，非放于恶也；无谓字画之之纵逸，非流于不善也。商之木辂，周之麻冕，孔子独意向之，取

---

① 此"如"字，四明丛书本作"始"。

其质也。道二，正与不正而已矣。庄也，敬也，古也，朴也，善也，皆正之类也；不庄也，不敬也，不朴也，不古也，皆不正之类也。故《书》曰："与治同，道罔不兴；与乱同，事罔不亡。"故相如至于见贤，韩愈至于宣淫，岂不异哉！差之毫厘，谬以千里，胡可忽也。况所差犹不止于毫厘乎？草圣之差远矣，宣淫之差不知几千万里矣。无怪后世之祸乱相寻于无穷也。明君良臣知治乱之岐于是乎分，则乌得不戮力划剔文士墨客滋蔓之邪说，而无使启乱也。　　见《训语》。

文士有云："惟陈言之务去。"又有云："文意切忌随人后。"近世士大夫无不宗主其说，不知几年于兹矣。《书》曰："辞尚体要，不惟好异。商俗靡靡，利口惟贤，余风未殄。"近世王风好意滋甚。以某言平常，易以他语，及世效之者浸多，则又易之。所务新奇，无有穷也。不思乃利口惟贤之俗，士大夫胡为不省不告诸上而痛革之，乃相与推波助澜？

论字义

古者制字，一而已矣。其有转音，多后世所增益。孟子凡与齐宣王言，“王”皆如字耳①，而后儒读者多转为去声，非也。夫齐宣王昏愚特甚，使当日孟子牵作去声言之，宣王必不听解，况作去声则不文。后儒鄙陋好异，音释奚可尽信？《曲礼》“欠伸”据《方言》俗音则如是耳，而音释家作“丘敛反”，至于《论语》“知者乐水，仁者乐山”，并“五教反”，则尤为害道。云“五教反”者，好乐切著之谓也。若夫“知者乐水，仁者乐山”，则不可以好乐切著为义也。自孔子犹无得而形容，姑托喻于水，托喻于山而已。圣人尚不得而言，岂好乐切著之可言哉？后世陋儒不知道，拘于音训家转音一定之说，至于害道，殊为不可。

《论语》“去丧无所不佩”，口举反，则失君子

① 《四明丛书》本无此“王”字。

不忍除丧之本心，反有恶其丧之意，尤其不可。“去丧”，乃记者之言，非圣言，惟当如《书》言“免丧”。《礼记》言“除丧”，亦未安，犹愈于“去丧”口举反之太甚也。就“去丧”定读，惟可口据反，离丧而去，犹云可也。

大抵天下事，自不可以一定论。言欲信，行欲果，而子又曰：“言必信，行必果，硁硁然小人哉！”尧舜揖逊，汤武征伐，孔子序书“桀受”，不书王，不以征伐为非也。然则天下奚可执一定而以为义？且“下”字，有上去二声，《唐韵》于上声为“降也”，于去声谓“行下也”，义亦相通耳。今方言为消减、降下，亦作去声。然则音义亦无定论，“共”字平、去二音亦通，“选”字上、去二音亦通。《唐韵》于“选”字二音无异，而《论语》音唯从去声。《曲礼》“供给鬼神”，音恭，或作供。方音俗语率用平声，而《论语》“子路共之”，居用反，与僧释语则同，皆偏拘也，通用可也。

“尽信书，不如无书”，诚哉是言！简自总角读书，音“大”为“太”者多也。率从陆德明音，从旧从众不复考究。今老，始致疑而考焉。《周礼》“大宰”“小宰”，乐官之“大师”“小师”，祝官之“大祝”“小祝”，史官之“大史”“小史”，若此类，皆当如字，大小相对。《尚书·周官》：“立太师、太傅、太保，兹惟三公，论道经邦，燮理阴阳，官不必备，惟其人。少师、少傅、少保曰三孤，贰公弘化。”礼之“太牢”“少牢”，若此类皆当音“太”，“太”与“少”对，三公所以音“太”者，三公论道经邦，燮理阴阳，官不必备，惟其人乃任之，尊之之至，故音“太”。牢祀天神，亦尊其称，音“太”，以“三少”“少牢”推之，则三公、太牢，音“太”可知矣。陆德明于“大牢”，初音如字，次音“泰”，陆凡百好异，率类此。

今世所传《尚书》，凡“太史”皆音太者，鼂错汉儒，随俗苟称，而不考诸《周礼》也。古书虽音“太”者皆作“大”，今《尚书》于“太师”“太傅”“太保”皆作“太”者，鼂错欲记音而加点欤？抑后传《书》者误加欤？《史记》太史公皆加点，若非传录者误，则司马迁习汉儒之陋尔。迁之误多矣，不止是。《曲礼》六大，曰“大宰、大宗、大史、大祝、大士、大卜”，陆德明音云：“除大宗，余皆音太。”德明好异，又不考古，故有此陋。自鼌、马犹尔，而况于德明乎？

《诗补音》考究精博，然亦有过差。《桑中》“采麦”，讫力切；“采”，牟也，引《易林》“（麦）[麦]”与“得”叶，与“国”叶，韦鋋《叙志赋》“麦”与“则”叶，柳宗元《荣门文》“麦”与“惕”叶，吕温《观野火诗》“麦”与“戚”叶。盖不知京师语音“麦”音“默”，自与“得”“国”“则”“惕”“戚”叶。今改作“讫力切”，则全差矣。

《山有枢》“隰有栲”，去九切。陆机《草木疏》云：“许慎读栲为糗，今人言考，失其声也。《尔雅》：‘栲，山樗。’”疏亦云许慎正读“栲”为“糗”，糗去九切。言去九切，特不明尔，至于曰“今人言考，失其声也”，差矣。音转而浸讹，今九亦有音“苟”者，“栲”作“苟”，切则通矣，亦与“糗”同音，非失其声也。今礼部韵则失其声矣。闽人又以“九”音“狡”。《斯干》，居焉切，又云居闲切，亦可。《角弓》“胥远”，于圆切，亦差。引《易林》“远”与“言”叶。韩愈《闵已赋》“远”与“漫”与“言”叶。然则从平声盈元切，则不差矣。今作于圆切则失其母，大差矣。况又曰：“韩愈此赋，用韵难知。”盖愈此赋又用难为韵，亦不甚叶，故转而为切曰：“漫，弥延切。”“难，泥沿切。”兹其所谓“难知”者欤？大抵古人亦不拘乎切叶，其大概叶尔，而《补音》必欲句切叶，故碍而不通。其于《颂》多曰未详，盖《颂》不叶韵。《节南山》“人殆”养里切，又失元音，作廷里切，可矣。所引《楚辞·天问》与“止”叶，《九章》与“特”叶，《龟筴传》与“起”叶，《易林》与“齿”“祉”叶，亦无相妨。廷里切与今俗呼“殆”同母，至于养里切，则大差，异母。

凡“服”字，皆蒲比切，虽引《士冠礼》“服”与“德”叶，《秦泰山刻石》与“饬”叶，《之罘刻石》与“德”叶，《碣石刻石》与“息”叶，《诗》一十有六，无“房六切”者，然安知非扶北切？“扶北”与“房六”同母，亦与“德”“饬”“息”叶，何必“蒲北”异母？“莱菔”或名“萝卜”者，方言特异，乃作“蒲北切”。今欲一切合异方之音，无乃不可乎？

凡“弓”“躬”，皆姑弘切，亦失母。古诗乃与“朋”叶，《楚辞·九歌》“弓”与“惩”叶，引班固《东都赋》“躬”与“棱”叶，崔瑗《和帝文》“躬”与“惩”叶，然则经棱切可矣，何必姑弘切。又凡“国”字皆越逼切，其所据亦不明白端的。盖意度牵合。“爱”字，许既切。亦失母，缨既切可矣。《尚书》古“爱”字，《集韵》许既切，亦未可据信，或以方言特异欤?

《诗补音》:《行苇》“大斗”瞳庾切，十升也。《沟洫志·白渠之歌》:“泾水一石，其泥数斗，且溉且粪，长我禾黍。”《补音》所引证止此尔，殊不明著，何以验其果瞳庾切?《白渠之歌》，大略叶尔。亦有《关雎》“左右芼之”“钟鼓乐之”，“芼”与“乐”大略叶尔。而或读“芼”如“邈”亦过矣。《抑》“话言”与“行行”，亦不甚叶。又“黄耇”果羽切，别无证验，徒以欲叶韵而为此切。台皆必墨切，亦曰叶韵尔，无证。凡此类，皆难用。《抑》“孔昭”之笑切，“靡乐”，鱼教切，“为虐”，宜昭切，皆无谓。

论历数

丁丑孟秋朔，日食；望，月食。汲古云："日月薄食，或谓天之定数，非与？"

先生曰："日食虽因日月交会，而历家亦莫能皆中。历家咸服唐一行之精，而一行所中十仅七八。诸儒泛闻历算每中，不究其详，遂归之定数，此言害道。《大戴记》孔子之言曰：'古之治天下者，必圣人。圣人有国，日月不食，星辰不悖。'世罕诵习。不知日月薄食，实关君德。三才一体，元气混全，逮重浊下凝，故轻清上浮，重浊静止而积阴，轻清上浮而生阳，阴阳交而人物生，故曰'人者，天地之心'。人道乱，则天地之气亦乱，君人者其可不反而求诸己乎？此心本与天地为一，意作而昏，始乱始悖。唐虞三代之时，历年多无日食，至太康失邦始日食。历家虽谓日月薄食可以术推音，此衰世之术，安能一一皆中？"

汲古又问："《周官》：'鼓人救日月，则诏王鼓。’其救日伐鼓，取其有声，以压阴气，而充其阳也。如月食亦鼓，岂充阳乎？”

先生曰：“此言皆未达乎阴阳之实。人知日之为阳，而‘离’为日，不知《离》，阴卦也。如月之为阴，而‘坎’为月，不知《坎》，阳卦也。以此推之，阴阳之实则一，三才一也。人道悖逆，其气发于上而为日月之食，则人心恐惧而鼓于下，其气岂不应乎？故鼓人救日月，则诏王鼓。” 见《诲语》。

历家之好为欺罔也甚哉！不知历者率为其所欺，及知历者又复与之为徒，欲自神其术，故凡为是纷纷名数之浩繁参错者，大抵诡辞饰说，务使人莫之遽解，以自神奇而已矣。独司马迁之历书良为简易，特曰大余小余而已，而亦不明著其说。至于班固之志《大初历》，何其为欺之甚也！大初立法之疏，已不足道，司马迁悟其非，不敢笔之于书，复用古历九百四十分，而固尊称八十一分之善，又从而肆陈其饰说。所谓《大初历》之本法，以一日为八十一分，月行凡二十九日八十一分日之四十三，复与日会，而为一月。如此言足矣，何必秘其说？而日月法二千三百九十二也？二千三百九十二，即二十九日又八十一分日之四十三之数也。以月法二千三百九十二而四之，弦、望、晦、朔，于是乎定尔，又分何必复立通法五百九十八也？此犹云可，十九年而七闰，初无深秘，乃立为章岁之名，又曰合天地终数得闰，法地数于十，天数于九，十九年而七闰耳，何必诡为是强合之说？自此积之，至千五百三十九年而为统，何法之有？又何必言以闰法乘日法得统法？其章二十七章而为会，三会而为统，初无关乎以闰法乘日法也。秘其本实之说，诡饰偶合之文。所谓章月二百三十五者，十九年之月数耳，殊不必言，何必复立其数？又何必言五位乘会数得章月也？所谓会月六千三百四十五者，二十七章之月数耳，亦何必言？又何必曰以会数乘朔望之会得会月也？所谓统月万九千三十五，元月五万七千一百五，皆不必言也。所谓章中二百二十八，即十九年之中气除七闰月之无中气者，其数如是耳。所谓统中，即统月之除闰。所谓元中，即元月之除闰。徒为浩繁之数，以助神奇之状。盖不神其术，无以言功于上，功无足言，则名誉不彰，利禄患失，此汉以来历家胸中默符之利心。

历法精备，世服《大衍》之为法。其要在乎通法三千四十，凡二十九日三千四十八日之一千六百一十三，则月复与日会，是为一月耳。何必饰而为说曰四象之策，又曰揲法八万九千七百七十三。揲法之数，即二十九日与夫余分一千六百一十三之数，每一日为分三千四十即得其数，何奇之有？何揲之有？如曰四，四揲之象，夫四方其数而定弦、望、晦、朔，则明曰四分之，以定弦、望、晦、朔足矣，何必为是诡饰之辞？不务以明告天，而专务以滋惑人。周天三百六十五度三千四十分度之七百七十九太，如此言周天度分，岂不明白简易？何必易其名曰乾？实又积每度三千四十分而为一百一十一万三百七十九太也，日行不尽天度，岁差三十六分，如此言岁差，又岂不明白简易？又何必变其名曰策？实一百一十一万三百四十三也。所谓减法，尤其无谓。所谓九万一千二百者，三十日之数耳，既不合日之行，又不合月之行，乃先布此数，复减朔虚一千四百二十七，是为揲法。一月之数，八万九千七百七十三耳，不必立此数可也。所谓所差一万七千一百二十四，即十二月之朔虚一千四百二十七也，朔余一千六百一十三，其数不可废，至于虚分一千四百二十七，不必言可也，又何必诡其名曰用差？积其虚数，至于一万七千一百二十四，若此之类奚可殚举！自时厥后，诸历迭兴，岂能果有所改作哉？皆不过舄《大衍》之分，或以八千四百为日法，以四千四百五十七为朔余，或以一千三百四十为日法，以七百一十一为朔余，其数自异，其实即《大衍》之日法三千四十，即《大衍》之朔余一千六百一十三。诡名饰诈以欺不知历者，忠信道丧一至于此！欧阳永叔既知其诡，又备载其诡辞，相与为欺，何也？岂诡辞为文士之常邪？

家记十 论治务　论治道　论封建　论兵择（师）［帅］　始谋　谕敌　军法　赏罚　生直

论治务

方今治务其最急者五：一曰谨择左右大臣、近臣、小臣；二曰择贤久任中外之官；三曰罢科举，而乡举里选贤者能者；四曰罢设法导淫；五曰教习诸葛武侯之正兵，以备不虞。其次急者八：一曰募兵屯田，以省养兵之费；二曰限民田，以渐复井田；三曰罢妓籍，俾之从良；四曰渐罢和买、折帛、暨诸续增之赋及榷酤，而禁群饮；五曰择贤士聚而教之于太学，教成使分掌诸州之学，又使各择邑里之士聚而教之，教成使各掌其邑里之学；六曰取《周礼》及古书会议熟讲其可行于今者，三公定其议而奏行之；七曰禁淫乐；八曰修书以削邪说。

何谓谨择左右大臣、近臣、小臣？周公作立政之书，专言王左右常伯、常任、准人、缀衣、虎贲为出治之本。至于默然良久，太息曰“甚休”，而人主知以是为忧恤者鲜哉！盖周公深知熟谙治乱之机在此而不在彼，在近而不在远，的然无疑，确然无易，故特而言之，其情状切至至于此！近治而后远治，近臣贤而后远臣贤。小臣虽卑贱，而人主之德性实熏染渐渍于左右亲近。孔子谓：“居室出其言善，则千里之外应之；居室出其言不善，则千里之外违之。”治乱安危之机皆自乎近，可不谨乎！讲筵宜择有道盛德之士，使得从容问答，又使忠信秉正之士，得应奉代内侍之雅寻。内寺内人，有一语一事之善，上即称善，或有赏。宫闱善心兴起，则小人无隙可投，君子可以安，民安，宗社安。

何谓择贤久任中外之官？今夫官不择贤、不久任之害，人皆知之。所患员多阙少，今选人三年为京官，二年为任，吏部犹病其冗，而况于久任？则何以处夫至多之员？故士大夫一闻久任之说，不复长思，辄以为不可行，不思国家设官分职，将以治民治国，非徒欲给养天下逐逐群群、无德无行之士也。士大夫不念夫下民被害，怨及朝廷。苟曰久任之不可行，盖不以国事为家事，视国之利害终不如己家利害之切，故不复深思；亦其人自度其德之非贤，其才之无能，知其必不在选用之内，故决然以久任为不可。或又曰：惧失士大夫之心。吁！士大夫之贤者能者，国家既选而用之，其不贤无能者奚足恤？贤者甚无几，不肖者满天下，不肖多临民，故多怨嗟，郡邑无久远安固之备，其患不可胜言。送往迎来，徒劳徒费，居官不为长久之计，贪墨以为待阙之资。虽间有贤者，方谙物情利病，又已将代而治归装。守御无素备，寇至辄溃。民知其不久于位，不服从其教令，奸顽好讼，俟新更诉，幸新至未谙情伪，姑肆其欺，扰害善良，无有已时。使久任，则不敢矣。官司数易苟且，图书散亡，本末无考，吏弊滋蠹，民病滋深，怨积于中，安保他日无一夫大呼，同声相应，祸有不可言者。是故当今治务，择贤久任为急。宜升县为州，大州为监司，各辟其属，谨简乃僚。先王令典，县称百里，奚止百里？久任虽非世继，亦几于古之侯国，事力不可太厚，立法当关盛衰，故必县升为州，大县即大州，凡州皆得专达于朝。苟非其人则罢去，无古者诸侯难制之患。其甚贤有功者，有褒焉，有赐焉，有增秩焉，有贴职焉，虽终其身可也。必不可不升于朝，则升。

何谓罢科举而乡举里选贤者能者？自汉以来，古道滋丧，学徒陷溺于经说，琢坏道心，不务实德。唐鸟兽行，君臣相与其势，竞趋于粉饰华藻，十八学士以诗咏为事业，刘考功加进士以杂文。幼能就学，皆诵当道之诗；长而博文，不越诸家之集。六经未尝启卷，三史皆同挂壁。本朝虽不废经史，而虚文陋习，尚踵余风。士子所习，唯曰举业，不曰德业。高科前列，多市井无赖子弟；笃实端士，反见黜于有司。何以德行为？文华而尊荣，相师成风，沦肌浃髓，欲使事君而君获其忠，使临民而民不被其害，可得哉？虽间得其人，而亦无几。仕宦大概惟群饮，惟求举，惟货，惟色，惟苟且，甚者民思寝处其皮而食其肉。或曰：乡举里选善矣，任选之官牵于私，压于势，贤者不举，不肖者举矣！能者不选，无能者选矣。曰：既择贤，则举选之官贤矣，自无私，私则罢黜，终其身不得复用，敢私乎哉？况监司贤，察官贤，敢私乎哉？况今日罢科举，行乡举里选之制，天下士心即趋于善，而况于举选之官乎？或曰：诗赋、经义、论策，亦无害于取士，奚必革？曰：骈俪之文，大不典雅，惟助浮华，不可不罢；经义、论策，虽不必于废，而袭今时文可笑之式，则亦不可为士，而言辞大不成文，亦难断不可糊名棘围。月书季考，唯考实德实行，言辞不拘，乡里自有公论。三岁大比，兴其贤者能者，以礼礼宾之，献贤能之书于朝，三省奉其书，献于上。《周礼》："王再拜受之，登于天府。"今若未能遽行拜礼，则圣躬宜兴，以敬受取书，藏于至尊严之所。

何谓罢设法导淫？《周书》痛禁群饮，至于杀之。《汉律》犹禁群饮，罚金四两，施大恩则弛其禁，谓之酺。至五代犹有酺，知其犹有禁也。今既纵民群饮，又群官婢盛妆丽服，饰花木之房，导民为淫。盖自夫犒设军将之法尝用官婢，今乃用以导民群饮，官司沿袭，不知愧耻，殊可怪叹！而进言之臣未敢请革者，亦有说。行都繁丽淫侈之地，恐一日不设法，则饮者必顿减，课入必大匮，大军乏支，祸在朝夕，故不敢轻罢，循仍到今。然某究知情状利害曲折甚久，行都诸库设法，课利反少，诸店不设法，课利顾多，以饮者惮库设法支费多。某为乐平，为东嘉，皆罢设法，酒禁亦宽，而酒课无损。

何谓教习诸葛武侯之正兵以备不虞？夫举明主于三代之隆，士君子至愿，而武备不修，空谈不详虑，为宋襄为成安，贻笑百世不可。李卫公入对，太宗曰："陈数有九，中心零者，大将握之，四面八向，皆取准焉。陈间容陈，队间容队，以前为后，以后为前，进无速奔，退无遽走，四头八尾，触处为首。敌冲其中，两头皆救，数起于五，而终于八。此何谓也？"靖曰："诸葛亮以石纵横，布为八行方陈之法，即此图也。臣教阅必先此陈，世所传握奇文，盖得其粗也。八陈本一也，分为八焉。黄帝始立丘井之法，因以制兵，故井分四道八家处之。其形井字，开方九焉。五为法天，四为法地。"靖曰："臣讨突厥，西行数千里，若非正兵安能致远？项羽所以败于垓下者，以不知触处为首之法，故为孔、费二将军夹攻其两旁。韩信反，力攻其前，三面受敌，故败也。武侯之七擒七纵孟获者，此法也。”今州郡教阅犹有古制，其圆陈，此法也。将敕圆陈咸内向者，谀佞特改旧制，曰捉将团，非正兵之法也。有曰弩斗枪者，此法也。顾知者鲜，以为古法不可用者，所至如是也。今《七书》首《孙子》，孙子善用兵者，譬如率然。率然者，常山之蛇也。“击其首则尾至，击其尾则首至，击其中则首尾俱至。”孙子之书非无善者，而率然之喻，验其不达正兵之法。正兵者，不可败之法也。马隆用此法，以三千余人而平凉州，谓奇兵在陈内。唐太宗善用兵，犹不知此法。某屡闻兵将官，知此法者，殊不易得。古者六军，军将皆命卿。孔子曰：“我战则克。”学者不可不讲习。他日得君行道，有文事而无武备，不可。

何谓募兵屯田以省养兵之费？古者兵出于农，无坐食之费。今国家财计，大概十九养兵。今将理财，罢横敛，不屯田何以省费？法当因募补籍之兵，而新其制，曰：吾授尔田，以为衣粮之资。兵多死亡，补以屯田，兵则费可渐省。得良将善教之，可用也。况诸州守久任，则守御自备，大军亦可渐减。

何谓限民田以渐复井田？诸儒言井田详矣，田不井，则贫富不均，贫民仰不足以事父母，俯不足以育妻子。乐岁终身苦，凶年不免于死亡。救死不瞻，奚暇治礼义？无礼义则乱，乱则国危。限田，井田之渐也。初限以宽，在限外者，可减不可增。民析产异户，无时无之，渐析则渐均矣。再立限渐减，又几年则又渐析渐均矣。

何谓罢妓籍俾之从良？坏乱人心，莫此为甚！盛妆丽色，群目所瞩，少年血气未定之时，风俗久坏，其能寂然不动者有几？至于名卿才士，亦沉浸其中不知愧耻，每每发诸歌咏。举世一律不以为怪。人心蠹坏，邪僻悖乱，何所不至！前代乱亡之祸，皆基于人心之不善。周家德行道艺之俗成，而绵祚八百。后世君臣胡得无惧？而官僚士夫，中怀大欲，袭循流俗，重于罢去，致国家受末流之祸，呜呼痛哉！

何谓渐罢和买、折帛暨诸续增之赋及榷酤，而禁群饮？所谓和买，初未尝不给钱，今直取于民，又不止于直取而已。又俾纳折帛，每匹六贯五百，其价大过于绢直。至于夏税折帛，则每匹七贯。以折为名，实强取多，此类奚可殚举！榷酤虽非强取，而坏乱人心为甚。《酒诰》谆谆禁群饮，至于杀，今反导之群饮，世以酒为狂药。“民为邦本，本固邦宁。”士大夫当爱护邦本，爱护人心，使毋致于坏乱。

右所条邦赋，国家方资以给军，未能省费，未可省赋，次第而举可也。故次于省兵费之后，禁群饮，不禁礼饮。

何谓择贤士聚而教之于大学，教成使各掌其邑里之学？自孔子殁，学者异说到于今不胜其纷纷，似是而非，似正而邪，各狥偏孤，罕由中正。不得大贤教救之，则刑名者自刑名，清静者自清静，杨者自杨，墨者自墨，任侠者自任侠，文华者自文华，议论者自议论。其孝弟忠信修谨之士，虽未知道，未至背道，至于无忌惮之中庸，虽亦罕见，而不可谓无。一二十年来，觉于道者寖多，古未之见，幸多笃实，吾道其亨乎！孔子曰：“知及之，仁不能守之，虽得之，必失之。”唯大贤可以司教。

何谓取《周礼》及古书会议，熟讲其可行于今者，三公定其议而奏行之？不以尧舜三代所以治民者治民，贼其民者也；不以尧舜三代所以治国者治国，败其国者也。由汉而下，其规模皆本以霸王道杂之。霸以利，王以义，义利杂施犹不可，而况于以利心为本乎？“上帝降衷于民，若有恒性，克绥厥猷惟后。”人主本职如此，汉唐诸君安知此？汉唐士夫孰深知此？周六官分职，皆为民极，汉唐君臣所以治其民者皆极乎？舜特命纳言一官以治谗说殄行。谗说，不正之说；殄行，不中正之行。训方氏布训四方，以观新物，训士民如训子弟，皆后世未之识，未之知。《周官》有比闾族党之教，有德行道艺之书，汉唐无此政事也；司市之属，不一而足，市井小人皆教之以善，道之以政，汉唐无此政事也；职方氏，其任甚重，其属甚盛，周知中国、外域人民与其财用、九穀、六畜之数，要周知其利害，则无有一民不获其所者矣，汉唐无此政事也。略举数端，则三代而上，两汉而下，其规摹不同，如冠如屦。士大夫不能举明主于三代之隆，而袭汉唐治少乱多可耻之规摹，顾又不逮汉唐，殊可惜也！某末学，不敢企望三代诸圣贤，而中心所安，终不肯为汉唐规摹。始亦不敢自必，曩宰乐平，后守东嘉，略行己志，颇有验效。于是益信其可行，又信古者成人有德，小子有造，亦非高绝不可企及之事。考诸古书，固自有其道也，固自有其政也，举而措之尔。人性无古今，感之斯应。

何谓禁淫乐？孔子曰：“移风易俗，莫善于乐。”盖声音之感人也易，其入人心也深。今之妓唱与夫双韵鼓板之属，其气志不为之浮动者有几？某初入大学，闻太常古乐，庄敬中正之心油然而生。移风易俗，于是乎切，是故淫乐宜禁。

何谓修书以削邪说？夫聚贤士而教之，固已明圣道之大体，指异说之谬误，而经子史集，差失已久，其惑乱人心已深，不修成书则邪说不衰熄，正道不开明，人心乖乱，人心乖乱则祸作国危。孔子赞《易》道以黜《八索》，述《职方》而除《九丘》，以其害道坏人心不可得而已。孔子曰：“《诗》三百，一言以蔽之，曰思无邪。”此“思无邪”，至简至易，老师宿儒不知大道平夷，反疑惑莫之解。孔子不作序，正以“思无邪”之道自发见于《诗》章之中，无庸为赘，自能兴起人之善心，奚必究见何世何人？及卫宏作《序》，冠诸篇端，而学者见《序》而不见诗，见其序说而不见“思无邪”之大旨，害道为甚，使学者皆面墙。《芣苢》平常无说，大道自明，宏必欲求其说，曲推穿凿可笑！《摽有梅》，男女失时，诗章甚明。宏不详观虽失时而不敢萌淫奔之意，不明此无邪之情，而曲取以为及时，此类不一。戴圣何人，其为《曲礼记》，首言“傲不可长”，亦可有而不可长欤？是何言欤？是何言欤！又叙“博闻强识”于善行之先，皆衰世小人之言，此类奚可不削！《易大传》多非圣言，害道者多。《左氏》《公羊》《穀梁》三传，《春秋》虽因是有考，而失圣人之志不一。诸子史集，是非混殽，蠹人心为多，可削者甚多。扫云翳，昭日月，斯任至重，非得有道盛德之大贤同寅协心，难乎有就！ 已上见《遗书》。

论治道

或曰：“为治在转其机而已矣。其机一转，治功自成，不必言三代之制也。”简谓：图治而不本之三代之制，终苟道也。汉唐之治，所以民不得其所者，多祸乱，多风俗不善，享国不久者，职此之由也。如欲生民之皆安，祸乱息，风俗善，国祚久长，则三代之制不可不详考熟讲而图复之也。自汉以来，公卿大夫不知王道，无王佐之学，虽有《周官》之书，不能随缓急次第以图复之，惟定杂霸之规模，以《周官》为无用之空文。就有慕而行之，惟行其末，不治其大者急者，诚可为长太息也！

择贤久任，诚为当今大利。或者惮于改为，姑循其旧，守宰数易，曾无固志，岂不思沿边诸州军守臣，果能固守以当他日数百里之敌骑乎？不能乎？甚可畏也。而犹惮于改为，岂不误国家大事乎！阙少员多，为今论治者之巨患，而贤能之员，殊不多也。吾犹惧其不足以充数，阙少员多非所患也。

古者王畿千里，天子所自治者不过千里，余皆侯国。后世人主德不逮禹、汤、文、武，而统理四海之内，宜其治不及古。然封建有春秋、战国之祸，宜择贤久任。职方氏虽通理九州岛、四夷，而实分国以治。

晋人之觇宋者，反报于晋侯曰：“阳门之介夫死，而子罕哭之哀，而民说。殆不可伐也。”孔子闻之曰：“善哉，觇国乎！《诗》云：‘凡民有丧，匍匐救之。’虽微晋而已，天下其孰能当之！”后世士大夫观此，虽知其善，往往窃疑何以使天下之莫当也。呜呼至哉！此道神灵，通天地贯古今，而况于人心乎？即一验百，知宋之有政。政者，正也。故孔子曰：“为政以德，譬如北辰，居其所而众星拱之。”确信此者，可以治天下国家矣。子又曰：“敬一人而千万人说。”所敬者寡，而说者众，此之谓要道。

人性自善，人心自仁。其于父自能孝，其于君自能忠，其于天下事自能是是非非，善善恶恶。此之谓天下同然之心。孔子曰：“心之精神是谓圣。”言乎人心之灵与圣人同也。深惜夫人皆有至善至仁与圣人同然之性，偶为利欲所昏，遂迷遂乱，遂惟利是从，而不顾夫大义也。人性自清明，自广大，自中正，自无所不善。无动焉，无作焉，直而出之自不肯行不义，自不肯杀不辜。使行一不义，杀一不辜而得天下，自不肯为也。此非独孔子、伊尹、伯夷及古列圣如此，举天下之人心未动利欲之意，则皆不肯如此也。三代衰，孔子没，义利之辨寖不明，利欲之说滋炽。秦汉以来，人心益昏益乱，有君如汉高，出秦民于汤火之中，大惠也，大功也，独惜夫以利心为之了，遂陶冶一世之心术尽入于利欲。秦之祸止于毒人之身，汉之祸乃足以毒人之心。嗟乎！纵观秦皇帝曰：“大丈夫当如此矣！”此何等意念，而不自知其可愧，史氏又从而侈言之也！阳城、颍川之民何辜而尽屠之也？三川李由为秦守，忠也，何罪而斩之也？类张耳者，何罪而又杀之也？啖秦将以利义乎？非义也。从三老、董公仁义之说，以利心从之也。其处心积虑，率利而为之，约三章，除苛禁，非一出于义也。四海之内，块土耳，何足为意？而自溃乱至此也。孝宣曰：“汉家自有制度，本以霸王道杂之。”此灼见高祖之心术，灼见自汉高以下之规模。高祖未尝口传面授于其后人也，而后人默而承之，如出一人，何也？利心之同，习俗之成，不以为异也。吾深念夫汉以来诸君，其性即尧、舜、禹、汤、文、武之性也，其本心之不肯为不义，亦与尧、舜、禹、汤、文、武同也。有尧、舜、禹、汤、文、武之心，而以利欲昏之，殊可惜也。孔子以“喻于义”为君子，“喻于利”为小人，吾深惜汉诸君之不得为君子也。吾非不乐于成人之美也，汉诸君之善政善令出于义者，吾所爱也；而其出于利者，吾不敢妄是之以乱惑后世也。王通以仁义称七制之主，所以导后世入于利欲之途，致祸乱于无穷也。房玄龄、杜如晦传其学，故玄龄首劝太宗用周公之迹以文其利心，而如晦赞之决，又使太宗不自以为耻，欲史氏明书之，以比于周公。乌虖痛哉！周公岂诈为？隋帝诏太原、西河、雁门、马邑民年二十至五十悉为兵伐辽，以激民思乱之心者也。周公岂乱巢妃而生曹王者也？彼君臣之微情，相与为奸利，又相与勤施宽利之政以惠百姓，以干其誉，以欺一世，故人咸以太宗为贤君，房、杜为良相，一君二巨非无善者，而总名之曰贤、曰良，则未可也。乙太宗为贤君，是教后世之君为悖、为逆、为奸乱而文以饰之也。以房、杜为良相，是教后世之臣为悖、为逆、为奸乱而文以饰之也。痛哉！吾惧君不得为君，臣不得为臣，父不得为父，子不得为子，兄不得为兄，弟不得为弟，夫不得为夫，妇不得为妇，天下之乱无时而已也。此亦非有甚高难行而不可及者也。使人心不起而为意，则不入于奸利，清明未尝不在躬，天下之所同也，万世之所同也，皆不肯行不义，杀不辜也，虽禄之以天下，皆弗顾也。谓人之本心无此善者，贼夫人者也；谓己之本心无此善者，自贼者也。孟子所以谆谆必称尧舜，灼见人皆有尧舜之心，病弗知耳，弗信耳。孟子知之，而举天下之人皆不知不信，是以劳孟子之谆谆也。吾徒不可以不熟讲也，不可以不自信也。以此事君，则可致君为尧舜之君；以此治民，则可使民为尧舜之民。至易也，至简也。或者终疑尧舜之不可及，汉唐之未可轻议，此乃悖逆奸乱之源也。此说不可长。 见《训语》。

世论有唐盛时，房玄龄、杜如晦、魏徵，贤名特著，及考本末，玄龄乃首发乱谋，如晦赞决。建成、元吉谋害太宗，元吉秘计又将并除建成，社稷倾危，民将涂炭，此固可诛也。然惟天吏则可以诛之，秦王安得而诛之？玄龄首谋，借周公以文其奸，其辞则周公也，其情则非周公也。以晋阳宫人私侍高祖，周公固如是乎？行不义，杀不辜，其谆谆号于天下，则曰义师也，天下之人心则未服其为义也。自古君臣大抵同德，德不同则不合，不合则不能久。此三臣者，惟其与太宗合，故深相得。杜则早卒，房、魏则久于其位。其所以合者非他也，本以利杂以义，正犹孝宣之言曰："汉家自有制度，本以霸王道杂之。”此岂惟汉之规模如此，而两汉、三国、晋、南北朝、隋、唐、五代之规模，皆如此也。幸而不遭变故，其迹不露，不幸而遭亟变，履危祸，则胥而入于奸利，为悖为乱，为大恶势之所必至也。人心自灵，人心自明，其隐然不安于中者，即天下人心之所不服也。其余众善诚有可观论者，乐成其美，是以多称其良。不知夫义利之不明，善恶之相掩，启奸雄自便之门，开后世恶逆之路，君子惧焉。魏辅建成犹房、杜之辅太宗也。巢妃之秽，三臣者熟视，莫敢言。魏虽言之，仅使勿后。使言而不听，则何不去？至此而犹不去也，夫是以太宗不亲享太庙而不言也。幸九戎避暑，不念太安之在暑而不谏也，与驺子倡人比肩，于朝行而不知耻也。三臣者，殆欲为乡原而又不及焉者也。而俗儒之论，每概称其贤，吾恐奸乱之祸，接迹于来世未已也。　见《训语》。

陆宣公可谓社稷之臣，不可谓天民。社稷之臣，以安社稷为悦，虽义可以已亦不已；所谓天民者，可则进，否则退。德宗昏疑猜忌，其不可告语之状，昭昭为日已久矣。宣公为宰相，而进议不行，已累累矣，而犹强其所不欲，犯其所甚怒，其得死，幸矣。使谏官无阳城，殆哉！盖其才有余，其学犹有不足，诱人名利之论，非正也。宣公之意则善，宣公之号则非。执序迁之失说，病久任之确论，汉唐人物有如宣公，可谓桂林一枝，昆山片玉，而犹不满人意至此，所以愈使人遐想三代之世也。 见《训语》。

范氏《唐鉴》美太宗听谏，而曰："虽过，庸何伤乎?"予心深所未安。夫惟士大夫不知改过之为至善也，致久主终耻于从谏。尧、舜舍己从人，禹好善言，仲虺称汤曰"改过不吝"，伊尹称汤曰"从谏弗咈"。孔子曰："五十学《易》，可以无大过。"曾子曰："我过矣夫。"夫如是也，子夏投其杖而拜曰："吾过矣。"孟子切戒揠苗，取芸苗。芸苗，改过而已。学道之极，终于改过，无他奇功。然则改过者，圣贤之所尚，进德之极致，而范公轻言之，默沮人主改过之心，殊为不可。道二，是与非而已矣。过则为非，改则为是。是则为贤为圣，与尧、舜、禹、汤、文、武、周公、孔子同道：非则为愚为不肖，与朱、象、桀、纣、盗跖同道。是无二是，非无两非，范公于一是之中而分为浅深，过矣。圣人复起不易吾言。及考范公《古文孝经说》尤为蔽窒。 见《训语》。

范氏《唐鉴》论明皇友爱曰："苟能充是心，则仁不可胜用也。至于为人父则以谗杀其子，为人夫则以嬖黜其妻，为人君则以非罪殄戮其臣下，是皆不能充其类也。苟不能充其类，则其为善岂不出于利心哉?"范公诚贤，明皇诚有大恶，因其不充类，而遂谓其为善皆出于利心则不可。《春秋》不以善掩恶，不以恶掩善。以明皇友爱之心为皆出于利心，窃意万世公论，未必皆以为然。方其为长枕大被，殿设五幄，与诸王更处其中之时，虽非正礼，谓之不出于诚心可乎？人虽至不肖，良心终不磨灭。《春秋》于鲁威书"至"，至者，至于庙是之也。鲁威大恶滔天，而圣人是之者，非是其弑君也，是其至于庙也。鲁威至庙，未必不出于利心，而《春秋》犹书之，而况明皇之友爱乎！明皇不足惜，而人良心之所发，使不自知其为是，不自知其即道，则道心沮遏而不伸，善心愈消，不善之心将愈长。吾为此惧，故谆谆乎为是辨。

欧阳公作《唐纪》，皆书其君曰“大圣”。夫为唐臣，犹曰不敢不书，欧阳公宋臣，而书唐君曰“大圣”，是将以为后世之公言耶？是诲天下后世胥为乱逆，胥为鸟兽行也，可乎？正道不明，奸邪杂说公行于天下，学者不知其非，此有国有家者之巨害，未有发之者。明哲之主，一旦觉省，痛祸乱之浸淫，坏人心，危国家，则削除邪说若斯类者，急于救焚拯溺可矣。不知世称名卿贤大夫者，胡为思不及此也！

王明清《挥麈录》谓蔡元长父子既败，其门下士杨中立、孙仲益之徒，攻其奸恶不遗余力。观此，则亦讥诮杨、孙太过矣。又记蔡元长晚年语其犹子耕道曰：“吾欲得一佳士以教诸孙，汝为我访之。”耕道云：“有新进士张觷者，游太学有声，学问正当有立，足可备其选①。”元长（领）［颔］之，涓辰延致入馆，数日之后，忽语蔡诸孙云：“可且学走，其它不必。”诸生请问其故，云：“君家父子奸憍以败天下，指日丧祸，惟有奔窜或可脱免。”诸生泣以愬元长，元长愀然不乐，命置酒谢之，且

① 此“足”字，《四明丛书》本为“作”。

询救弊之策。翛曰："事势到此，无可言者。目下姑且收叙人才，改往修来，以备万一，然无及矣。"元长为之流涕。所以叙刘元城之官，召张才叔、杨中立之徒用之，盖由此也。简谓孔子曰："苟有用我者，期月而已可也，三年有成。"杨、张未能因蔡悔过之机，导之十分，诚实改过。自暴其罪，自求削夺，尽反前为，天岂不容人改过？人心亦将大服，社稷可以复安，蔡氏亦保无虞。　见《训语》。

本朝召命官谓之召，唐谓之追。圣朝可谓君使人以礼，有三代之遗风，唐陋矣。　见《训语》。

尝观唐人《本政》之说，不胜叹息，既久曰：比世士大夫议论略相似。尧、舜、禹、汤、文、武、周公、孔子没，道本平常，人自无睹。《本政》之说曰："长民者发一号，施一令，民莫不悱然非矣。谓不可守，遽变而从之。譬将适千里，虽矻矻，不可暨。原其始，固有启之者。闻于师曰：古之君天下者，化之不示其所以化之之道。及其弊也，易之不示其所以易之之道。政以是得，民以是淳。其有作者，知教化之所由废，抑诡怪而畅皇极，伏文貌而尚忠质，茫乎天运，窅尔神化，道之行也，其庶矣乎！”吁！斯言似正，其实失之。夫政之本，固不在于发号施令，失其本而事于末。实德未孚，实德未用，而发号施令，宜其悱然非矣。孔子曰：“示之以好恶而民知禁。”古无不示之说。《易》曰：“圣人以神道设教，而天下服。”又曰：“圣人久于其道，而天下化成者，本德性而行之，无非正道。”诚而无为，久而无违，默感天下同然之性，故靡然化服，是之谓神，而非术也，非为也。禹曰：“克艰，政乃乂，黎民敏德。”克艰者，不放逸之谓。又曰：“安女止。”谓性本静止不动。此政本也，此孔子曰“为政以德”也，此伊尹暨汤“咸有一德”也，此文王“不识不知，顺帝则”也。《书》又曰：“惟几惟康，其弼直，惟动丕应，徯志。”几者，初之心发，不失本。止则康矣，安矣。又得正直之臣弼以行之，则动而民咸应矣。自汉以来，罕闻正德之论，故论治者惟睹其难。德性，人所自有，士大夫自明其德者寡，故无以启其君。　见《训语》。

汉唐苟就私刑，亦明知人心之未深服，岌岌乎曰“安得猛士兮守四方”，而反者亦数起。士大夫学业卤莽，大智不明，不深知三代所以治天下之本末，弃固安，取岌，殊可惜也。汉唐岂乐于岌岌哉？诚不知所为，竭思尽虑，所见止此。汉宣曰：“汉家自有制度，本以霸王道杂之。”自汉迄唐一律也。本以霸者，本以利也。以利为本，虽杂以王道，人心岂服？人心不服，危乱之道也。诚纯于王道，则人毕服①，四海之内仰之若父母矣。夫谁与之敌！ 见《训语》。

董仲舒之告其君曰：“愿设诚于内，而致行之。”呜呼！诚岂可设也？设则非诚。仲舒尚不明己之心，何以启君之心？孟子曰：“仁，人心也。”又曰：“恻隐之心，人皆有之；恭敬之心，人皆有之；是非之心，人皆有之。”又指齐王易牛之心曰：“是心足以王矣。”又言必称尧舜，盖深知人性之本善，故每每言之。人心本善，当时虽战国之君而兴起者众，或议武帝不能用仲舒，予谓武帝未可罪，仲舒有可罪。学者所治何事？日夜口诵圣人之言，心惟圣人之道，今也己之心不自知，奚以告君？汉有君如文帝，罢兵卫，不私其子，此古帝王之器质

① 此“人”字，《四明丛书》本作“人心”。

也，惜乎其无臣！贾谊诚美才，其学疏，未知道，故帝亦窥见其短。

治天下之道，本诸君心。古圣王以我所自有之本心，感天下所自有之本心。《书》曰："若有恒性，克绥厥猷惟后。"礼乐刑政，皆所以维持斯事。今《周礼》一书可观也。士大夫不知道，故不识礼乐刑政之原，是故礼非礼，乐非乐，刑非刑，政非政。岂无善者，大体失之，皆非所以若恒性绥猷也。失上帝所以命君司牧斯民之本职矣。见《训语》。

人心皆善皆正，惟上之所以治其民者反以坏乱之，故虽有本善之性，如金混沙，如云翳月矣。必如《周礼》所以治其民者治民，而后庶几乎不失上帝所以命我司牧之职，而后成人有德，小子有造，而后兔罝武夫皆公侯之腹心，而后"执讯连连，攸馘安安"，而后"汉有游女，不可求思"。呜呼！《周礼》之书至矣！见《训语》。

古圣王之所以教其民者，每每因其日用而寓教焉。《书》曰："正德、利用、厚生，惟和。是谓三事。”生民之所日用，非利用则厚生，圣人于民利用、厚生之中而寓正德。车不雕，器必度，斑白者不提挈，饮食必后长者，童子不衣裘，庶人耆老不徒食。三《易》之占皆有书，因致其教。今《周易》之书具存，其所以启导人心至矣。《周官》因宾兴贤能而致德行道艺之教，苟惟民之所不用而特致其教则难，以至于因民之婚姻，而致婚姻之礼，以寓其正德，因民之祭祀，而为祭祀之礼，以寓其正德。后世之为教也，徒恃诏令戒谕之暂听暂观，其何能致化？是无惑乎后世之风俗不如古也，无浩叹乎后世之民不可化也！终年耳目之所接，心思之所及，非淫声则奸色，非利欲则邪伪，日夜沉浸乎匪僻浮荡之中，而欲以数行之诏令拔其久固之习，难矣！

人心易感化，以其性本善故也。曩宰乐平，政事大略如常，间有施行，而人心率向于善。由是知人心果易感化。若先谓民顽不可化，则必无可化之理。　见《训语》。

古者纳言之官出纳五言，训方氏诵四方之传道，布而训四方，以观新物。自比长而上，无非师儒教之德行。今之五家为甲，甲有长，又有小保长、大保长、保正副，皆古制之道。择保甲之所推重者而长之，仿古相教相纠，礼敬其长，又宾兴其贤能，则唐 虞三代之化，复行于今日矣。

今之通议大夫以上，即古之上大夫，周之卿。周有卿而无上大夫。今之大中大夫、中大夫、中散、中奉，即古之中大夫。今之朝议大夫以下，古之下大夫。朝请、朝散、朝奉，即古之上士，今谓之员郎。今之升朝、承议、奉议、通直郎，即古之中士。今之京官，宣教郎以下，即古之下士。今之选人、承直以下，即古之不命之士。古简而今繁尔，非古制泯绝也。大治之后，徐厘正之。

古者论道经邦，三公之职也。汉则转而为大夫，为议郎矣。汉大夫多至数十人，议郎员益多。夫以三代盛时，犹难其人，曰“官不必备，惟其人”。盖论道者，非聪明睿智深达乎道者不能。自秦灭先王之学，士失教养，故人才欲求其有如三代者绝无而仅有，而况于有如三代之三公，能论道经邦者乎？诸大夫、诸议郎所论，大抵浅陋，是无惑乎自汉而下，不复有三代之治也。汉虽有相、御史大夫、太尉为三公，名则半存，实则俱亡。

《挥麈录》载：徐敦立语明清云："凡史官记事，所因者有四：一曰《时政记》，则宰执朝夕议政，君臣之间奏对之语也；二曰《起居注》，则左右史，记言动也；三曰《日历》，则因《时政记》《起居注》润色而为之者也，旧属史馆，元丰官制属秘书省国史案，著作郎主之；四曰臣寮墓碑行状，则其家所上也。四者惟《时政记》执政之所日录，于一时政事最为详备。左右史虽二员，然轮日侍立，榻前之语既远不可闻，所赖者臣寮所申，而又多务省事。凡经上殿，止称别无所得。圣语则可得而纪录者，百司关报而已。《日历》非二者所有，不敢有所附益。《新唐书》载事信于旧事，皆取小说。本朝小说尤少。士大夫纵有私家所记，多不轻出之。简窃谓左右史不可轮日，所立之位不可去榻前远，二史因仍，故事失于厘正。

先生尝言治道只在择贤久任。又曰：宰相贵知人，知人甚难，安得人人皆知？但一路择得一贤明监司，使监司择一路郡守，使守择诸邑令，则得人久任而无不治矣。久任则诸县皆得上达，郡守亦止治附郭县，治国小阙。

论封建

诸儒论封建详矣，而犹有未深当乎人心者。今具论之，以俟明智者择焉。

封建有一利一害：利谓藩维固可御寇，害谓久则有背叛相侵伐屠杀之祸。郡县亦有一利一害：利谓无背叛侵伐屠杀之祸，害谓藩维不固，寇至莫御。二者均有利害，而封建之害重难救，郡县之害轻，亦可使之无封建之害难救。考之春秋、战国可睹已。或谓用贾谊“众建诸侯而小其力”之策则易制，而夏万国非不众小，至商侯国归者三千，周八百，虽有不在其数中，无数矣。强凌弱，小并大，以至于浸寡，势也。郡县之害，何以能使之无？择贤久任，则亦可以固藩维，亦可以御寇，亦封建之意也。或曰：“封建公也，郡县私也。”吾今举天下之贤者，而郡县之，久任之，其公犹封建也。矧封之始公矣，一再传之后，安能保其皆如父与祖之贤也？乱礼虐民，天子之六师未能亟至其国而移之也，是乃所以成其私。郡县则审其果乱虐，下一纸之令罢之矣，不得肆其私也，不至于必劳天子之六师也。或曰："封建则有百里、七十里、五十里之国，有井、邑、丘、甸、县、都之夫数，有百乘、千乘、万乘之车数，有五两、卒旅、师军之制，而兵农可以合。"今能屯田、营田、限田，渐寓兵于农，则古亦可渐复也。或曰："封建，古列圣之遗法；置郡，秦乱世之法。舍三代而从亡秦，不可。"此则不究事实，以非乱是，以恶揜善。自古圣人，非谓世袭至善，断不可废侯国之封，其来尚矣。汤、武岂能尽削而去之？周所灭者五十国耳，余无大罪，固不得而废者，势也。周之所封藩，屏王室，亦势也。使武王历见春秋、战国之祸，而又当秦已并天下之后，未必以置郡为非也。秦之亡也则有由，尽扫先王之道，焚书坑儒，杀人如刈草菅然，洊兴大役，民不堪命。一夫大呼，奔溃四出，而不可收拾矣，非罢侯置守之故也。汉四百年，唐三百年，郡县之亦足以绵长，不为无效也。或曰：

"柳宗元匪人，其言不足用也。"吁！以人废言，君子不尔。矧马周亦言之，李百药亦言之，不较是非利害、民被祸之轻重，而贪慕古之虚文，受执古之实祸，智者切哂！矧今又补群论之阙而为久任，合封建、郡县之意而通之，守令无罪终其身，朝选上佐，如古者一卿命于天子，余从辟召而责治效焉，责贡士焉，称职则有赏增秩，否则有罚镌秩，甚则罢县统于州，州统于帅府，帅府统于朝廷，帅守令皆达于天子，诸路州县之大者，析之可也。县不治并责帅，诸路不治责御史、宰相。或曰："任之莫久，自历代未之能改。阙寡员众，何以处此？"曰：才德之足以父母，斯民寡矣。吾犹虑其不足以充数，夫何患？况当渐举比闾族党之制，分职多矣，邻里推服即可任。世变风移，人心本善，改过移善即可任，阙寡非所虑也。

论　兵

圣人未尝废武备，而后世之为将者至于用诈，此天渊之不相及，冰炭之不相入也。自宋襄公、成安君以好行仁义不达其道致败，而后人惩创之者亦不达其道，遂谓古道不可复行于今。是岂真不可行哉？夫道，一而已矣。孔子曰：“君子喻于义，小人喻于利。”君子于武事，每求诸义，每喻于义，得义之趣；小人于武事，每求诸利，每喻诸利，得利之趣。君子之兵，岂若宋襄、成安之为哉？且彼二君，岂真得仁义之道而用之哉？由道而行，何往弗利！风后之《握奇》，武侯之《八阵》，未常用诈也。自司马懿莫之能当，而况于余乎？马隆、李靖皆得正兵之法，皆规《八阵》而用之，皆根本乎黄帝丘井之制。二子之为将，亦古今名将之所畏仰，然则正兵何畏乎大敌？岂正道独可行于古，而不可行于今乎？岂正道独可行于平时，而不可行于战阵乎？正道之足以倚辨如此，足以致效如此，而小人志不在道，不得道义之趣，苟于目前之利，遂至于诈。古志谓“言不必信”，谓义在于变，不可固也。小人直狙诈而已矣，以诈而胜，既胜之后，其祸方长。求其如古者“天子有道，守在四夷”，不可得也；求其折冲千里之外，还师衽席之上，不可得也。自周衰，道义不明，义利杂施，以诈术相鱼肉，可痛可念！又自汉以来文武之道益离，士大夫往往耻于言兵，而狙诈狠暴之徒，始得以攘臂于其间，益肆其毒，权谋益张，忠信益泯，良心益斲丧，几于磨灭矣。相凌、相诈、相篡贼之风，何时而已！有志于善世之君子，安得不精究乎风后之《握奇》、武侯之《八阵》也。　见《训语》

汉高曰："安得猛士兮守四方！"不知猛士安能守四方！天子有道，守在四夷；诸侯有道，守在四邻。韩信、彭越、黥布非不猛，反以起乱。夫武备不可已，而非所尚也。虎贲虎士，所以行吾之德威也。礼乐刑政有一不于德，则人必有不心服者矣，是为祸基。自汉以来，诸将多以智勇，勇智如成汤斯善，如后世则非道矣。岂有不以其道而能安能治者乎？诸葛之《八阵》，李靖之正兵，略近古矣。　见《训语》。

今之五家结为一甲，则《周礼》之五家为比，为邻也。今小保长、大保长、保正、副，即闾胥、族师、党正、州长之类也。县令得贤久任，行乡举里选，德行道艺之法，则比、闾、族、党之制可修矣。所谓族师，其贤可师者欤！二十五家为闾，百家为族，百家之中必有贤者可师，闾胥、比长，皆儒士。故曰“儒以道得民”，此都邑之法也。《周礼》六乡之制如此。若六遂农民，则所以教之者略，其官亦降一等。诚使乡举里选、德行道艺之法，复行于今，则士民亦何敢为不善？此势之所必至也。县令苟徇私则废之，终身将不复，亦何敢以私？比、闾、族、党之制行，则德行孝弟之俗成，三代之治复见于今，国祚之长，亦可数百年，汉唐之祸可息也。

岳飞用兵，有胜而无败。闻其欲有所举也，必尽召诸统制官环坐饮食之，而与之谋。先谋夫敌之所以败我者，至于六七，备谋详虑，竭智共攻，而终于无败也乃行，故飞每战无敌。　见《训语》。

今之枢密、元帅即古之大司马，必得夫大公无私，大智无我，大勇无动之人而任之，庶乎可以为吾民之司命。用不仁者为帅，侥幸成功，其祸方长。魏之司马，晋之刘裕，其事可考。　见《训语》。

盖尝窃笑世有御将之说，说者每难之，讲其说者辄归诸术，且曰“惟英雄之主善御将”。呜呼！既曰御将矣，安得有善？岂不危哉！唐虞三代之君不御将，将未尝为乱。后世以术御将，术易穷，将多乱。盖后世不用贤将，而用智将勇将。后世所谓智，不本于正，率出于术。用任术徒勇之将，授之以专杀用众之权，是使之为乱也。夫既已使之为乱，又为小术以御之，彼一日觉之，适足激怒。凡曰御将者，皆可笑也。此其患起于儒者不知兵，然世亦或有之。苟得而礼用之，可以措国于泰山之安，奚俟于御将！　见《训语》。

古志曰：“天子守在四夷，天子卑，守在诸侯；诸侯守在四邻，诸侯卑，守在四境。”简初疑焉，邈乎其不可以企而及。意或谓时移世异，古道不可行于后欤？厥后忽省而言曰：我爱彼，彼如何不我爱？我敬彼，彼如何不我敬？诚心感通，四夷可使如一家。然而舜诛四凶，周公灭国五十，其不可告语，启谕再三，或于四于五，有大义不可宥，不得已用师，则有法如后。　见《训语》。

择（师）[帅]

《周官》：六军军将皆命卿。谓冢宰、司徒、宗伯、司马、司寇、司空，即今之左右丞相、枢密使、知枢密院事、参知政事、同知枢密院事。孔子曰："古之治天下者，必圣人。"三公论道经邦，燮理阴阳，官不必备，惟其人。三公，圣人也。伊尹与汤咸有一德，武王师尚父、周公，然后可以作帅，帅奉上帝之命以行。上帝视天下生灵如子，帅亦视天下生灵如子，道全德备。有一亏焉，必于此乎受败。敌窥吾隙以投之兵，如水，器虚必入。帅不能不动于色，则以色诱之；帅不能不屈于威武，则以威武屈之；帅不能不动于富贵，则以富贵诱之。帅之聪明知睿不能无所不照，又不能稽于众，舍己从人，则于其知所不及之隙以败之。帅好名，则以名取之，帅不能不动于玷辱，则玷辱以动之。此类不可殚纪。

始 谋

有友为平寇之策曰："歼厥渠魁，胁从罔治。"简曰："胁从罔治"，善矣；愿亦毋置"歼厥渠魁"一语于胸中。足下置此一语于胸中，口虽不言，而精神之所发，施行之所形，见识之所在，不可掩。彼如足下欲歼之，遣一刺客至，如之何？生灵皆吾赤子，今守令不能一一皆得其人，守令害虐小民，小民困苦无告，无所逃命，聚而为盗，未可遽取而戮之，当谕之平之，于再于三，虽于五于六可也，已上亦可也。万有一义，不可不杀，如杀吾之子，则杀。友不用简言，取七贼剮之，或谓脍其心肝而食之。彼虽尝破县，未尝攻州。至是拥大众欲取州，以友在焉。友及其未至，用五六百骑摧其前锋，寇乃遁。捷则捷矣，亦危哉！又闻寇果尝遣刺客至，所幸免于难。免则免矣，危哉！何如用守在四夷之道！

谕 敌

谕敌之词曰：有国有家者，必顺承上帝之旨，乃吉乃福；拂逆上帝之旨，必凶必祸。此天下所共知。上帝岂欲两阵交锋，使无罪之民就死地？今兹已令诸军不得擅发一矢，唯设布幔以待敌矢，愿同奉帝旨，同享吉福。人皆乐生畏死，愿同奉帝旨，俾两阵生灵均获生全。不惟两阵生灵大喜，两阵诸军之父母、妻子、兄弟、甥舅、亲戚、朋友、邻里，不知其几千万人皆喜。不惟两阵诸军之父母、妻子、兄弟、甥舅、亲戚、朋友、邻里，皆喜见者闻者，不知其几万万几亿亿皆喜。然则上帝恶得而不大喜！吉福恶得而不大至！

军　法

军法本于伍法，五人为伍，四人四隅，长居其中，长即四人之将也。以此推之，击其左则左应，击其右则右应，击其后则后应；以后为前，以前为后，四头八尾，触处为首。此不可败之法也。孙子谓："纷纷纭纭，斗乱而法不乱；混混沌沌，形圆而不可败。"似矣。而又曰："击其首则尾应，击其尾则首应。"非也。垓下之陈，韩信得此法故胜，项羽失此法故败。五伍为两，两有司马，即此法也。四两为卒，卒有长，亦此法也。整于百人，易于算也。自此而上皆五，五卒为旅，旅有帅，五旅为师，师有帅，五师为军，军有将。皆五法之推也。

赏　罚

吴子谓："能使众整者，智将也。"诸葛武侯之师，止如丘山，进如风雨，整也。能使诸军不畏敌，则整矣。诸军之爱敬主帅如父兄，又赏信以诱于前，必斩以俟于后，则不畏敌矣。必教习熟而后可。

生　直

孔子曰："人之生也直，罔之生也幸而免。"谓夫不直者当死，其不死者，幸而免也。异哉，衰世之言兵也！曰："兵者，诡道也。"诡而胜者，幸胜也，适值夫彼之不善也，非常胜之道也。不直，鬼神之所恶也，上帝之所恶也，不即死者幸也，祸在其后也。孔子曰："好谋而成。"非谋为诡也。正直之道中，自有深虑远计。诸葛武侯不用诡，而司马仲达畏之如虎。李靖之取突厥，止用正兵。善谋者审诸此。　已上见《训语》。

先生谓汲古曰："武备曾讲究否?"汲古曰："愚陋未能尽达，惟知守战之要，当以将帅为要，得人为先。虽坚甲利兵，高城深池，不足恃焉。汉有飞将军，则匈奴避之而不敢入境。唐有王佐才，则能提孤军以取定襄。汲古又尝闻高宗皇帝圣训云：'选用将帅，下至偏裨，必审知其才，能然后用之。'将兵之官，所系非轻，岂可不选择。"

先生曰："建炎间如岳都统，欲有所举，必尽召诸兵官环坐饮食之，而与之谋。先谋夫敌之所以败我者，至于六七，详备乃行，故有胜无敌。又如德安守陈规，备御有方，具见于《守城录》。向者陈待制初镂版于九江，知某喜此书，遂取以纳东嘉郡库，即命为帙，分遣士夫，以广国家武备。"汲古曰："有是人则必能成是事，但患无若人也。"先生曰："是。"　见《诲语》。

“新编儒林典要”已出书目

《太极图说、通书 述解》　　（宋）周敦颐 撰，（明）曹端 述解

《近思录集解》　　（宋）朱熹、吕祖谦 编，（宋）叶采 集解

《慈湖家记》　　（宋）杨简 撰